오픈소스 기여를 위한 안내서

윤대석 · 최종무

지코사이언스

본 저작물은 2018년도 과학기술정보통신부 SW중심대학사업 사업비를 지원받아 수행한 연구결과입니다.

오픈 소스 기여를 위한 안내서

발행일 2019년 12월 26일
지은이 윤대석, 최종무
발행인 이윤아
총 괄 박성율
발행처 지코사이언스

출판등록 제2-4387호
주 소 서울시 서대문구 모래내로 211 대광빌딩 2층
전 화 02-2279-9771
팩 스 02-2279-9259

ISBN 978-89-93601-70-1 03000

값 15,000원

차례

PART II

1장

프롤로그

어릴적 보았던 "은하수를 여행하는 히치하이커를 위한 안내서"라는 영화를 어렴풋이 기억한다. 정말 상상하기 힘든 설정이란 생각이었지만, 영화는 말 그대로 은하수를 여행하게 되는 히치하이커에 대한 이야기를 엉뚱한 상상력으로 이어간다. 어쩌면 오픈 소스 기여에 대한 책을 쓰는 것이 많은 상상력(?)을 동원해야 하는 일이 아닌가 하는 생각에 이 영화가 문득 떠오르게 된 것이다.

오늘날 오픈 소스는 우주의 행성들과 같이 많은 종류가 있을 뿐더러 서로 다른 언어와 규칙을 가지고 있다. 이러한 오픈 소스 중에서 좋은 프로젝트란 무엇인가? 자신이 개발한 내용을 오픈 소스 커뮤니티에 어떻게 기여할 수 있는가? 이 책은 독자들이 자신이 원하는 오픈 소스를 찾고 개발하는 방법을 함께 고민하는 안내서가 되어 줄 것이라 기대한다.

이 책은 세 개의 파트로 구성된다. 첫 번째 파트는 3개의 장으로 구성되어 있으며, 오픈 소스의 정의와 검색 방법 그리고 기여의 의미 등 다소 이론적인 내용을 다룬다. 두 번째 파트는 역시 3개의 장으로 구성되어 있으며 실질적인 오픈 소스 기여 방법을 논의한다. 구체적으로 오픈 소스 개발 환경 구축, Git 사용, 코딩 스타일 및 분석 방법 등을 살펴본다. 세 번째 파트는 4개의 장으로 구성되어 있으며, 오픈 소스 기여에 대한 본인의 경험, 다양한 사례, 그리고 커뮤니티 등에 대하여 알아본다.

●Part Ⅰ

2장은 오픈 소스에 대한 개념적 이야기로 시작한다. 오픈 소스란 어떻게 발생했고 어떤 식으로 발전해왔는지에 대한 내용과 오픈 소스에 기여한다는 것은 어떤 의미를 가지고 있는지를 중점적으로 논의한다. 많은 개발자들이 다양한 오픈 소스를 회사나 개인을 위해 사용하지만, 실제 그 오픈 소스에 기여를 하는 일들은 상대적으로 소홀하게 진행되는 측면이 있다. 하지만, 시간은 조금 더 걸릴지는 모르지만, 오픈 소스에 기여를 함으로써 진행 중인 프로젝트를 더욱더 견고하고 좋은 소프트웨어로 만들 수 있다. 이 장의 마지막 부분에는 오픈 소스 라이선스에 대한 소개가 포함되어 있다. 오픈 소스는 다양한 라이선스를 가지고 운영되고 있으며, 이를 이해하는 것도 기여에 많은 도움이 될 것이다.

3장은 오픈 소스 생태계를 이해하는 것을 목표로 한다. 또한 자신이 집중적으로 살펴 볼 또는 처음으로 가볍게(?) 참여할 수 있는 오픈 소스 프로젝트를 찾는 방법을 소개한다. 이미 오픈 소스에 관심이 있는 개발자들에게 많은 오픈 소스들이 "당신과 같은 개발자가 필요합니다" 라는 메시지를 다양한 방법으로 공유하고 있다. 그 메시지를 확인하거나 직접 자신이 원하는 키워드 검색을 통해 오픈 소스 프로젝트를 찾는 방법을 안내한다.

4장은 오픈 소스는 어떤 형태로 기여가 될 수 있는지 알아 볼 것이다. 오픈 소스 기여에 대한 많은 어려운 부분 중에 하나는 "정말 내가 오픈 소스에 뭐라도 하나 남길 수 있을까?" 하는 의심이다. 사실 오픈 소스는 쉽게 생각하면 정말 간단하게 기여를 할 수도 있다. 결국 이 장에서는 오픈 소스 기여에 대한 다양한 형태를 알아보게 된다.

●Part II

5장은 좀 더 실질적인 내용으로 오픈 소스가 실제 사용하는 환경에 대해 알아보고 어떻게 설치 및 설정할 수 있는지 살펴본다. 오픈 소스는 대부분 윈도우나 리눅스 환경에서 개발 가능하며, 대부분의 좋은 프로젝트는 개발을 위한 문서를 제공한다. 제공되는 문서를 이해하는 방법을 예를 들어 설명하고, 대부분 프로젝트가 공통으로 사용하는 개발 환경을 소개한다.

6장은 Git 에 대한 연습이다. 오픈 소스에 참여하면, 가장 많이 사용하고 또한 가장 발전시켜야 할 능력(skill)이 아닌가 한다. Github / Apache / Mozilla / Linux Kernel / Android 등 대형 / 소형 프로젝트들은 대부분 Git 을 통해 자신들의 소스를 관리한다. 많은 사람들이 함께 개발할 때 같은 파일을 함께 수정하는 충돌(conflict)이 발생할 수 있다. Git은 이러한 충돌을 해결하는 방법을 제공하며, 이 덕분에 오픈 소스 개발에 필수가 된 것이다. 이 장에서는 Github의 PR(Pull Request)이 어떻게 진행되는지 간단한 시나리오로 실습을 해 볼 것이다. 다른 프로젝트들은 조금 다른 형태의 도구를 사용하지만, Github를 충분히 연습하고 이해한다면, 다른 프로젝트도 쉽게 접근할 수 있을 것이다.

7장은 4장의 확장이다. 큰 틀에서 기여에 대한 형태를 4장에서 확인했다면, 7장은 오픈 소스에 참여하는 구체적인 방법과 어떻게 재미를 붙일 수 있을지에 대한 실용적인 내용으로 구성된다. 오픈 소스의 코딩 스타일을 살펴보고, 소스를 분석하는 정적/동적 방법, 문서화 규약, 이슈를 재현하고 해결하는 방법 등이 논의된다.

●Part III

8장은 실제 오픈 소스 기여를 진행한 사례를 소개한다. 리눅스 커널 / Quiv (Deep learning 관련) / Godat (게임 엔진) 을 찾게된 배경, 접근했었던 방법, 최종적인 기여 등을 통해 겪었던 내용을 공유한다. 이를 통해 향후 오픈 소스 기여를 진행하려는 개발자들이 시행착오를 줄일 수 있기를 기대한다.

9장은 오픈 소스 프로젝트가 가지는 다양한 형태의 커뮤니티를 살펴 본다. 구체적으로 메일링 리스트, 홈페이지, Google Plus, Facebook 등을 살펴볼 것이며, 이들이 어떤 식으로 활용되고 있는지 알아본다. 커뮤니티에서는 해당 프로젝트에 특화된 정보를 많이 얻을 수 있으며, 또한 특정 문제를 어떤식으로 접근하면 좋은지에 대한 아주 기초적인 토론이 진행될 수도 있다. 커뮤니티를 잘 활용하면 좋은 선생님을 둔 것과 같다.

10장에서는 오픈 소스 기여에 필요한 자료 구조와 프로그래밍 언어에 대해 살펴본다. 오픈 소스에 기여한다는 것은 사실상 관심만 가지고서는 쉽지 않다. 이전 장의 내용들이 오픈 소스 기여에 대한 관심을 증폭시킬 수 있지만, 또한 필요한 것은 소프트웨어 개발에 대한 기반 지식이다. 많은 학생들과 개발자들이 회사나 학교에서 프로젝트를 진행하면서 다양한 경험적인 배움을 습득한다. 뿐만 아니라 그런 배움의 기반이 되는 지식들은 어떤 것이 있는지, 자신의 실력을 키우기 위해 어떤 노력을 해야하는 지에 대한 고민도 꾸준하게 진행하여야 한다. 필자도 끊임없이 더 좋은 개발자가 되기위한 다양한 접근을 해왔고 그런 내용들을 정리해왔다.(아직도 더 좋은 방법을 찾는 중이다.) 이 장에서는 그 정리된 내용을 공유하고 오픈 소스 기여에 대한 끊임없는 관심과 동시에 자신의 능력을 차근차근 향상 시킬 수 있는 방법을 논의한다.

마지막 11장에서는 2018년 기준에서 오픈 소스 동향을 살펴보고, 어떤 종류의 오픈 소스가 유행하고 그에 따라 어떤 언어가 많이 사용이 되었는지 알아본다. 오픈 소스 트랜드는 결국 최근 주목받고 있는 기술들을 반영하며, 이에 대한 이해는 결국 산업계와 사회에서 필요한 개발자로 성장하는 좋은 방법 중에 하나이다. 특히 최근 회사들은 다양한 오픈 소스를 자신의 제품에 실제 활용하고 있으며, 오픈 소스의 이해는 자신의 경쟁력을 높일 수 있다.

PART I

2장

오픈 소스 중요성

2.1 오픈 소스란?

오픈 소스 소프트웨어에 대한 사전적의미를 인터넷 백과사전인 위키 페이지[1])에서 참조하면 다음과 같다. 만약 어떤 프로그램이 오픈 소스라면, 그 프로그램의 소스 코드는 그것을 사용하는 사용자가 아무런 제약없이 접근 할 수 있다. 아무런 제약이 없다는 것은 사용자가 그 프로그램의 소스 코드를 볼 수 있고, 수정 할 수 있으며, 사용자가 만든 버전으로 배포 또한 가능하다는 의미이다. 누구든 어떠한 라이선스 비용 없이 어떠한 목적으로 사용하더라도 제약이 없다. OSI(Open Source Initiative) 단체 사이트[2])에서는 더 자세한 정의를 볼 수 있다.

이쯤에서 오픈 소스라는 것의 탄생 배경을 살펴보자. 왜 오픈 소스가 만들어지게 되었고, 이렇게 번창하게 된 이유가 무엇일까? 1970년대까지 소프트웨어 개발은 다양한 방법으로 기술들이 공유되어 졌다. 하지만 70년대 말부터 소프트웨어 제조사들이 소유권이 있는 소프트웨어(proprietary software)를 개발하게 되고, 서로 공유하지 않는 라이선스를 주장하게 되었다. 오픈 소스의 선도자 중에 한명인 리처드 스톨만(Richard Stallman)[3])은 이런 상황에서 다음과 같은 질문을 하게 된다. “진정 사회(society)가 원하는 방향은 무엇인가?”.

리처드는 소프트웨어가 공기처럼 자유롭게 사용되어야 한다고 생각했다. 누구든 소프트웨어를 보고, 배우고, 고치고 또한 발전시킬 수 있어야 한다. 하지만, 제조사의 라이선스에 묶여있는 소프트웨어는 마치 블랙박스(Black box)처럼 가려져 있어, 그것을 통해 배우거나 협력하거나 발전하는 것이 불가능하였다. 안타까움을 느낀 리처드는 1984년에 GNU 프로젝트를 시작하게 된다. GNU 프로젝트는 자유롭게 사용할 수 있는 운영체제와 생태계를 구성하는 시스템 프로그램들을 만들고 있다. 이를 통해 free 소프트웨어를 위한 커뮤니티가 자연스레 발생하게 되었고, 현재까지 진행되고 있다. GNU는 free 소프트웨어가 되기 위해서는 다음 4가지 자유를 제공해야 한다고 정의하였다.

- 프로그램은 누구나 어떤 목적으로든 실행가능해야 한다 (The freedom to run the program as you wish, for any purpose).
- 당신의 요구에 맞게 프로그램은 수정 가능해야 한다 (The freedom to study how the program works, and change it so it does your computing as you wish). 이를 위한 선행 조건은 소스 코드에 대한 접근이 가능해야 한다

1) https://ko.wikipedia.org/wiki/오픈_소스
2) https://opensource.org/osd
3) https://ko.wikipedia.org/wiki/리처드_스톨먼

- 다른 사람들을 위해 재배포 가능해야 한다 (The freedom to redistribute copies so you can help others)
- 수정된 버전의 배포를 통해 해당 커뮤니티가 이득을 볼 수 있어야 한다(The freedom to distribute copies of your modified versions to others. By doing this you can give the whole community a chance to benefit from your changes)

GNU 프로젝트는 1990년대에 Linux와 함께 진행된다. Linux는 현재 서버와 스마트폰 환경에서 가장 많이 설치된 범용 운영체제로 거듭났다. 이런 대형 프로젝트들을 관리하던 에릭 레이몬드(Eric Raymond)는 GNU 프로젝트와 Linux 프로젝트를 합치기 전에 두 가지 모델을 만들었다.

- 소스 코드는 작은 그룹의 개발자들이 만들고, 각 소프트웨어 배포를 자유롭게 진행한다.
- 소스 코드는 인터넷에 공공연하게 개발된다.

이 모델이 제시된지 얼마되지 않아, Netscape Communications사에서 인터넷 브라우저의 시초가 되었던 Netscape 브라우저 소스를 오픈 소스로 공개한다. 이는 향후에 Firefox 프로젝트로 발전하게 되었고, 오픈 소스 커뮤니티를 성장시키게 되는 계기가 되었다. 오픈 소스 진영의 이러한 움직임은 투명한 개발 프로세스와 개발자간 리뷰를 가능하게 하였고, 결국 강력한 소프트웨어를 만들어가는 데 기반이 되었다.

그렇다면 오픈 소스의 장점에는 어떤 것이 있을까? 다음 4가지가 대표적인 장점이다.

- 자유롭게 프로그램의 소스 접근
- 수정 및 재배포
- 제조사 의존적인 부분을 제거
- 높은 수준의 협력

이 장점들에 대한 간단한 예를 들어보도록 하자. 데이브라는 사람은 멋진 스케이트 보드를 가지고 있다. 그는 자신의 팁과 트릭을 커뮤니티에 공유한다(소스 접근). 커뮤니티에서 공개된 팁과 트릭을 자신만의 것으로 발전시키려고 한다(수정 및 재배포). 그러다 스케이트 보드가 부서지면 제조사를 찾아가 수리를 맡기지 않고 커뮤니티의 협력자(높은 수준의 협력)를 통해 수리할 수 있다(제조사 의존적인 부분을 제거). 소프트웨어가 오픈 소스로 개발된다면, 다양한 개발자들과 협력 개발을 하고 다양한 요구사항을 반영하여 더 나은 프로그램으로 발전할 수 있는 것이다.

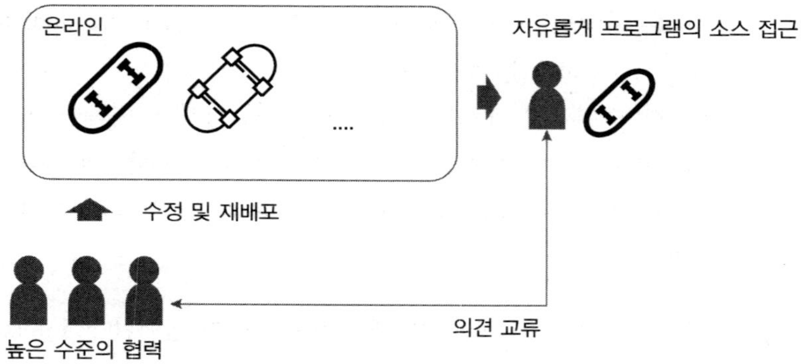

그림 2.1 오픈 소스와 스케이트 보드 비유

정리하면, 오픈 소스 소프트웨어라는 것은 다양한 사람들이 코드가 공개된 소프트웨어에 자신들만의 팁과 기술을 공유하고 수정 및 향상시키는 노력들을 표출할 수 있는 공간을 만들어가는 과정이다. 오픈 소스에 참여하기 위해서는 다양한 활동들을 적극적으로 진행하여야 하고 스스로 그 프로젝트에 대한 애착을 표현할 수 있어야 한다. 하지만, 오픈 소스에 참여하는 것에 대한 진입장벽이 없는 것은 아니다. 이 진입장벽을 낮추거나 부수기 위해서는 어느정도 노력을 해야하는데, 이 안내서가 그 노력을 할 수 있도록 도와줄 것이다. 결국 이 책의 목표는 많은 사람들이 오픈 소스에 기여 할 수 있는 개발자가 될 수 있도록 안내하는 것이다.

2.2 오픈 소스 기여에 대한 의미

오픈 소스 기여는 참여하는 개발자들에게 많은 이득을 가져다 준다. 사실 해보지 않았다면 느낄 수 없는 것들을 글로 설명하기란 여간 어려운 일이 아니다. 좀 더 효과적인 전달을 위하여 선행 사례[4]와 함께 몇 가지 필자가 느낀 점을 함께 소개하려 한다.

어떤 소프트웨어 개발 회사에서 신입 사원을 채용하려 한다고 가정해 보자. 당연히 회사에서는 개발 능력이 있고 다른 사람들과 잘 협업하는 사람을 선발하려 할 것이다. 어쩌면 프로젝트 진행 경험을 요구할 수도 있다. 신입 사원을 채용하는데 프로젝트 경험을 요구하는, 어쩌면 모순과 같은 이 현실에 어떻게 대응할 것인가? 오픈 소스 소프트웨어 개발에 참여해 본 경험이 이러한 모순과 같은 상황에 적절한 대답과 증명이 될 수 있다.

오픈 소스 소프트웨어 개발에 참여를 했다는 것은 다음의 의미를 포함한다.

4) https://opensource.guide/ko/how-to-contribute/#what-it-means-to-contribute

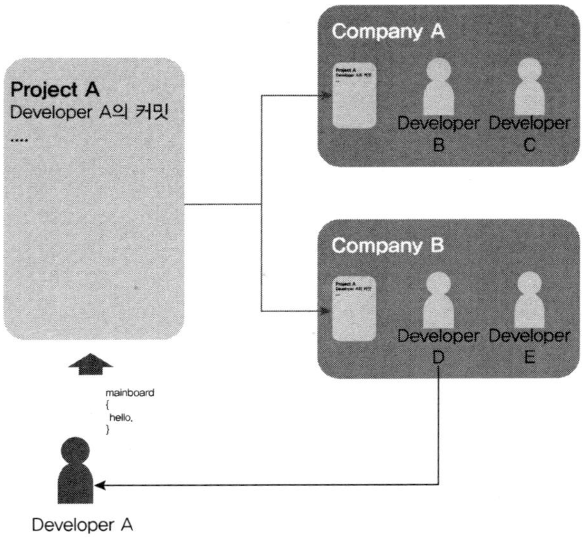

그림 2.2 Open resume, 오픈 소스 소프트웨어 개발 경험은 좋은 이력서를 만들어 준다.

- 참여하고 있는 다른 개발자와 논의하고 협업을 수행함.
- 자신이 개발한 코드의 질적(Quality) 검증을 받음(좋은 개발자들이 review 하고 검증이 완료되어야 코드가 적용이 됨)
- Code review에 대한 대응과 이슈에 대한 해결 경험이 있음
- 형상관리(git)의 협업자들과 충돌(conflict)을 제거하면서 사용하는 방법을 경험함
- 관련된 프로젝트에 commit을 했다는 것은 그 프로젝트의 속성(빌드 / 문서 / 테스팅)을 이해하고 있으며, 요구 분석과 설계 과정을 이해하고 있다는 것을 반증.

이러한 내용을 이해하고 있다면, 결국 자신이 회사에서 원하는 개발 능력이 있고 다른 사람들과 잘 협업하는 개발자라는 의미가 된다. 즉, 오픈 소스 소프트웨어에 대한 개발 경험은 위 내용들에 대한 검증이 되며, 자신의 이력서에 매우 소중한 내용이 된다. 그래서 "Open Resume"라고 불릴만큼 좋은 경력이 된다. 최근에 많은 소프트웨어 개발 회사들은 오픈 소스에 기여하는 개발자들을 많이 채용하려는 움직임이 많이 있다. 사실 이정도만 해도 오픈 소스에 참여해야 하는 이유는 충분할 것이다.

하지만 오픈 소스 소프트웨어의 가치는 좋은 이력서를 만드는 것이 그치지 않는다. 취업준비 뿐만 아니라 이미 현직에 있는 개발자들에게도 오픈 소스에 대한 기여는 자신의 개발 능력을 향상시키고 소프트웨어의 트렌드를 파악할 수 있는 안목을 키워준다. 사실 가장 중요한 것은 오픈 소스가 "재미있다"라는 것이다(가끔 뉴스에서 좋은 대학에 입학한 학생들이 공부가 재미 있다고 인터뷰를 하곤 했다. 그때 인터뷰 내용을 잘 이해 못하던 내가 지금 글을 쓰면서 재미있다라는 단어를 사용하려니 어

색하기도 하지만 왜 그 단어를 사용할 수 밖에 없었는지 이해가 된다). 필자가 경험한 오픈 소스 기여에 참여함으로써 느낄 수 있는 재미를 나열하면 다음과 같다.

- 나의 이름이 전세계 사람들이 바라보고 있는 소스 코드에 남는다. 굉장한 명예를 갖게 되는 듯한 기분을 즐길 수 있으며, 이 부분이 자랑하기도 좋다.
- 다른 개발자와 토론을 할 수 있다. 코드를 수정하고 리뷰를 받는 과정에서 다양한 나라의 개발자 분들과 의견 교류가 발생한다. 간단한 내용도 꼼꼼하게 대화하는 과정에서 내가 그 프로젝트에 큰 부분을 담당하는 듯한 느낌을 가지게 해준다.
- 내가 스스로 배우게 된다. 발전한다는 것을 실감할 수 있다. 이 부분은 점점 프로젝트에 애착을 갖게하고, 더 나은 개발을 할 수 있는 좋은 동기가 된다.
- 문제를 해결해 나가는 것이 재미있어 진다. 오픈 소스에는 내가 해결할 만한 "문제"들이 항상 존재한다.

추가적으로 많은 기간 동안 배워왔던 영어를 실질적으로 사용할 수 있는 기회들을 자주 가지게 된다. 필자는 영어를 오랫동안 배워왔지만, 실제 사용한 적은 인터넷 검색으로 원하는(?) 코드를 찾을 때 혹은 해외 여행을 가서 조금 써본 것 말고는 거의 없다. 하지만 오픈 소스 개발에 참여하면 자연스럽게 영어를 사용하게 된다. 못하는 영어라도 들어주는 사람이 있게 되면 차근차근 문법을 갖추게 된다. 자주 사용한다면 느는 것이 영어다. 아직도 잘 하진 못하지만, 최소한 겁내지는 않게 되었다. 이런 장점도 있는 것이 오픈 소스의 참여이다.

앞으로 개발에 관련된 일을 하면서 많은 오픈 소스 프로젝트들을 복제(clone)하고 빌드하고 사용을 하게 될 것이다. 이런 사용을 하면서 그 속(소스 코드)을 알려고 하지 않는 것은 개발의 깊이가 다르다. 예를 들면, 어떤 응용 프로그램을 개발할 때, 사용하는 라이브러리의 API 설명 만 읽어보고 개발을 할 수도 있다. 한편으로는 그 API의 내부를 보고 좀 더 이해하고 개발을 할 수도 있다. 전자와 후자는 단순한 차이를 만들수도 또는 수십억불의 차이를 만들 수도 있다. 일반적으로 내부를 제대로 이해하고 개발을 하면 훨씬 빠르고 강건한 소프트웨어를 만들 수 있다.

오픈 소스를 개발하는 것은 앞서 설명한 것처럼 많은 즐거움이 기다리고 있다. 또한 많은 배움을 요구한다. 멘토의 가이드를 받을 수도 있고, 다른 개발자들의 진행사항에 참여하면서 배울 수도 있다. 이런 과정에서 자신의 실력이 향상된다. 또한 회사나 학교에서 진행하는 프로젝트에 반영되어 결과물의 수준을 높일 수 있다. 뿐만 아니라 주변의 다른 개발자들에게 좋은 영향을 줄 수 있다.

"이렇게 좋은 점이 많은 오픈 소스의 참여, 당연히 해야 하지 않을까"

– 오픈 소스 기여에 조금 맛들인 어느 개발자

2.3 오픈 소스 라이선스

오픈 소스 라이선스는 너무나 종류가 많고 다양하다. 정말 엄격한 라이선스로부터 아주 가벼운 라이선스까지 다양한 스펙트럼이 존재한다. 오픈 소스 라이선스인 만큼 매우 자유스럽기도 하다. 예를 들어 "Beerware" 라는 라이선스가 있는데, 언젠가 프로젝트의 개발자를 만났을때 사용한 오픈 소스가 가치가 있었다면 맥주 한잔을 제공할 의무(?)가 있는 라이선스이다. 반면에 상당히 엄격해서 어느 한 부분을 수정해도 관련된 내용과 수정된 부분을 공개하고 문서화를 해야하는 경우도 있다. 이 절에서는 이러한 라이선스 중에서 대표적인 것을 소개한다.

2.3.1 라이선스 범주

1) 공용 도메인 라이선스(Public Domain Licence)
   저작권이 소멸되었거나 포기된 라이선스이다. 라이선스가 없는 것이다.

2) Zero/public domain (CC0)
   저작권이 없는 것은 마찬가지이며, 상업적 이용도 가능한 최소한의 양심만의 요구로 쓸 수 있는 라이선스 범주이다.

3) Permissive Software License
   관대한(Permissive) 소프트웨어 라이선스이며, BSD-like 혹은 BSD-style 라이선스라고도 불린다. 재배포에 최소한의 요구사항만 있는 자유 소프트웨어 라이선스이다. 대표적인 라이선스들은 MIT/BSD/Apple Public Source/Apache 등이 있다.

4) Copyleft Software License
   Copyleft는 저작권에 보호를 받는 Copyright 소프트웨어, 즉 소스가 공개가 되지 않는 소프트웨어에 대한 반대 개념에서 나온 것이다. 결국 소프트웨어 지식과 기술이 공개되고 함께 개발될 수 있다는 취지의 오픈 소스 라이선스이다. Copyleft는 앞에서 설명한 Permissive 라이선스와는 철학이 다르다. 근본적으로 Permissive 라이선스가 개발자에게 최대한의 자유도를 주는 것이라면, Copyleft 라이선스는 사용자에게 최대한의 자유도를 주는 것이다. Permissive 소프트웨어 라이선스는 개발자가 어떤 수정을 해서 배포를 했고 빌드를 했는지에 대한 내용을 공개할 의무는 없다. 소스 코드 공개의 의무조차도 없다. 하지만 Copyleft 계열의 라이선스는 소스코드의 공개 및 그 소스와 빌드되어 연결(Link)과정에 있는 코드들도 공개를 해야 한다. 물론 무조건 사용함과 동시에 공개하는 것은 아니고 요청이 있을 경우에 빌드하기 위한 문서 및 바이너리 일체를 제공해야 한다. 즉, 개발자가 재배포한 소프트웨어는 다른 사용자에 의해 재 빌드할 수 있어야 하고 수정 또한 가능하게 만들어 줘야 하는 것이다. 대표적인 라이선스는 GPL/IBM Public license가 있다.

5) Hybrids (Combinations of Permissive and Copyleft licenses)
 앞서 소개한 Copyleft 라이선스에는 너무 강력한 제약사항이 있었기에, 회사들이 자신들의 기술 유출에 대한 우려 때문에 다른 대체할 수 있는 오픈 소스를 찾게 되었다. 이때문에 Copyleft 라이선스를 갖는 소프트웨어에 대한 사용이 적어지는 현상이 나타나게 되었다. 이러한 문제를 해결하기 위해 나타난 좀 더 완화된 형태의 라이선스가 Hybrid 라이선스이다. 이것은 단순 사용이라면 사용한 오픈 소스의 링크만 제공하면 되고, 수정을 했다면 수정한 파일만 공개하면 된다. 대표적인 라이선스는 LGPL이다.

2.3.2 라이선스 종류

최근 많이 쓰이는 대표적인 라이선스들을 정리하면 아래 표와 같다.

라이선스	범주	허용	불포함	이행 조건
MIT(expat)	간단, Permissive 라이선스	상업적 사용 수정 / 배포 사적 사용 서브 라이선스	사용에 대한 책임	CopyRight 명시 라이선스 명시
Apache 2.0	Permissive 라이선스	상업적 사용 수정 / 배포 사적 사용 서브 라이선스 보증서 적용	사용에 대한 책임 트레이드 마크 사용	CopyRight 명시 라이선스 명시 중요한 수정 사항 명시 주의 사항 명시
GPL v3.0	CopyLeft 라이선스	상업적 사용 수정 / 배포 보증서 적용	서브 라이선스 사용에 대한 책임	원본 포함 변경 상태 소스 공개 라이선스 명시 CopyRight 명시 설치 가이드

라이선스	범주	허용	불포함	이행 조건
BSD3-Clause	Permissive 라이선스	상업적 사용 수정 / 배포 보증서 적용	사용에 대한 책임 트레이드 마크 사용	CopyRight 명시 라이선스 명시
LGPL v3	Hybrid 라이선스	사용적 사용 수정 / 배포 보증서 적용	서브 라이선스 사용에 대한 책임	원본 포함 변경 사항 소스 공개(일부) 라이선스 명시 CopyRight 명시 설치 가이드

2.3.3 대표적인 프로젝트와 라이선스

라이선스	대표적인 프로젝트	설명
MIT	Bootstrap, Angular.js, jQuery	모든 소스 코드 공개 및 사용에 대한 제약이 없음
Apache	안드로이드, 하둡	모든 소스 코드 공개 및 수정/배포의 자유로움
GPL	리눅스 커널(v2.0), Git(v2.0), 모질라 파일어 폭스(v2.0)	모든 소스 코드 공개, 설치 문서 공개

자신이 참여한 오픈 소스 프로젝트를 활용할 때 어떠한 라이선스를 기반으로 하고 있는지 잘 고려하여야 한다. 물론 오픈 소스 프로젝트에 기여하는 입장이라면 라이선스는 크게 문제가 되지는 않을 것이다. 오픈 소스 및 라이선스에 대한 설명은 각각 https://www.olis.or.kr/와 https://tldrlegal.com 사이트에 잘 소개되어 있다.

연습문제

1 오픈 소스 소프트웨어 프로젝트를 개설하는데, 해당 프로젝트를 다른 회사나 개인이 수정 개발하여 사용할 때, 독점적으로 사용할 수 없도록 하고 수정된 내용과 빌드 배포한 내용을 모두 공개하도록 하여 오픈된 상태로 유지할 수 있도록 강제하기 위해서는 어떤 라이선스가 적합한가?

2 GPL 라이선스를 가지는 모듈을 자신이 개설한 프로젝트(상용)에 일부로 사용되고 하나의 프로그램으로 제공이 된다면, 해당 프로젝트는 어떤 라이선스를 가

질까?

3 상용 소프트웨어에 플러그인 형식으로 GPL 라이선스가 있는 소스 코드를 개발하여 배포할때, 상용 소프트웨어는 GPL 라이선스의 요구사항을 따라야하는가?

4 GPL로 개발된 소프트웨어를 상용으로 판매 및 배포가 가능한가?

5 GPL로 개발된 소프트웨어를 특정 그룹이나 사내에서만 사용할 경우 저작권의 위반 사항이 발생하는가?

6 관대한 대표적인 라이선스로는 BSD/MIT/Apache 등이 있다. 누구든지 수정/배포/상용화에 자유롭다는 장점이 있다. 이 라이선스들의 단점이 될 수 있는 부분을 알아보자.

3장

오픈 소스 찾기

기여는 좋은 오픈 소스를
찾는 것에서 출발한다.

이 장에서는 오픈 소스를 찾는 방법을 소개한다. 구체적으로 분산 버전 관리 도구인 Git을 기반으로 프로젝트 호스팅을 지원하는 Github, 현재 3천여개 이상의 프로젝트가 진행 중이며 주기적으로 이슈를 선별하여 알려주는 CodeTriage, 선도적인 오픈 소스를 찾을 수 있는 Google 오픈 소스 프로젝트 등을 소개하고 자신에게 맞는 오픈 소스를 찾는 방법을 논의한다.

오픈 소스 기여를 위해서는 기존에 존재하는 오픈 소스를 분석하고 이해할 수 있어야 하며, 그 이전에 자신에게 맞는 오픈 소스를 찾을 수 있어야 한다. 하지만 자신이 원하는 오픈 소스를 찾는 과정은 사실 매우 험난하다. 단순한 몇번의 검색으로 찾을 가능성은 거의 제로에 가깝다. 검색할 때 읽은 소개 문서에는 좋아 보였으나, 실제로 빌드하는 과정에서 문제가 있거나 막상 소스를 분석하다보니 내부는 상당히 복잡한 경우가 빈번하게 발생한다.

하지만 자신에게 꼭 맞는 오픈 소스를 찾는 것은 오픈 소스 기여를 위해서 꼭 필요한 과정이다. 단순한 몇번의 클릭만으로 찾기가 어렵다면 발상의 전환을 해 보는 것은 어떨까? 언젠가는 자신이 원하는 프로젝트는 찾을 수 있다는 조금은 편한 마음으로 시작해 보자. 그리고 다음과 같은 3 규칙을 만족하는 오픈 소스 프로젝트를 찾아보자. 첫째, 자신이 익숙한 또는 선호하는 언어로 작성된 프로젝트를 찾는다. 진입 장벽을 낮추어 찾는 과정에서 재미를 느낄 수도 있다. 둘째, 빌드 및 테스트가 쉬운 프로젝트를 선택한다. 진행할 때 겪는 어려움을 줄여 줄 수 있다. 셋째, 초보자를 위한 프로젝트를 선택한다. 흥미를 계속 유지할 수 있으며, 또한 쉽게 오픈 소스 프로젝트 참여로 발전해 나갈 수 있다. 이러한 규칙은 많은 오픈 소스 프로젝트 홍수 속에서 헤매다 지치지 않고 자신에게 맞는 프로젝트로 나갈 수 있는 가이드가 된다.

지금까지 언급한 세 가지 규칙을 기반으로 오픈 소스 프로젝트 선택 방법을 정리하면 다음과 같다.

- 선택 1: 선호하는 개발 언어 선정하기
  - 방대한 종류의 개발 언어들이 있지만, 특별한 이유가 있는 경우가 아니라면 자신이 익숙한 언어로 진행하는 것이 좋다.
  - C++ / Java / C# / Python / Javascript로 작성된 오픈 소스 프로젝트들이 상대적으로 많으며, 접근하기 좋은 것들도 많다.
  - 말 그대로 선호하는 개발 언어이다. 굳이 하나만 선택해서 진행할 필요는 없다.
  - 위의 언급된 언어들은 https://www.sololearn.com/Courses/에서 기본적인 내용을 배울 수 있다. 오픈 소스를 시작하기 전에 최소한의 내용으로 빠른 시간 내에 언어를 이해할 수 있을 것이다.

- 선택 2: 오픈 소스 프로젝트의 형태
  - 오픈 소스 프로젝트 형태는 응용 프로그램(Web / Android / iOS / Desktop), 서버 프로그램 (Apache / DB 서버 등), 도구 (Tools) 등의 형식이 있다
  - 이 중에서 빌드 및 테스트가 상대적으로 쉬운 응용 프로그램 형식에서 부터 시작하는 것이 좋다.
- 선택 3: 초보자(Beginner) 전용 프로젝트
  - Github에서는 초보자를 위한 프로젝트들을 쉽게 검색할 수 있다.
  - 오랫동안 진행하기에는 부족한 점이 있을 수도 있다는 단점이 있지만, 개발 언어 및 오픈 소스 프로젝트의 형태와 무관하게 쉽게 접근해 볼 수 있는 장점이 있다.
  - 특히 오픈 소스 기여를 빠르게 경험해 보고 싶다면 추천해 주고 싶은 방법 중에 하나이다.

선택을 위한 기본적인 고민으로는 위 세 가지만 하면 될 것이다. 더 많은 선택의 조건을 고려하는 것은 자신에게 맞는 오픈 소스 프로젝트를 찾는 것을 너무 복잡하게 만들 수도 있기 때문이다. 세 가지 중, 앞선 두 가지는 다양한 언어와 다양한 형태의 오픈 소스 프로젝트들 중에서 개발언어와 형태를 기준으로 범위를 줄인 것이다 (자신이 선호하는 것을 명확하게 할 수 있으면 더 좋다). 한편, 이미 설명했듯이 오픈 소스 기여라는 것을 중심으로 진행해보고 싶다면, 소개되는 초보자 전용 프로젝트들을 먼저 시도해보는 것이 좋다. 자. 이제부터 오픈 소스 프로젝트들을 호스팅해주는 사이트들 중심으로, 어떻게하면 본인들이 찾고 싶은 프로젝트들을 검색할 수 있는지 구체적으로 알아보자.

3.1 Github

3.1.1 가입

1. https://github.com 접속 및 우측 상단에 "Sign up" 클릭
2. 가입 폼을 작성한다. 계정 이름 / 이메일 / 비밀번호

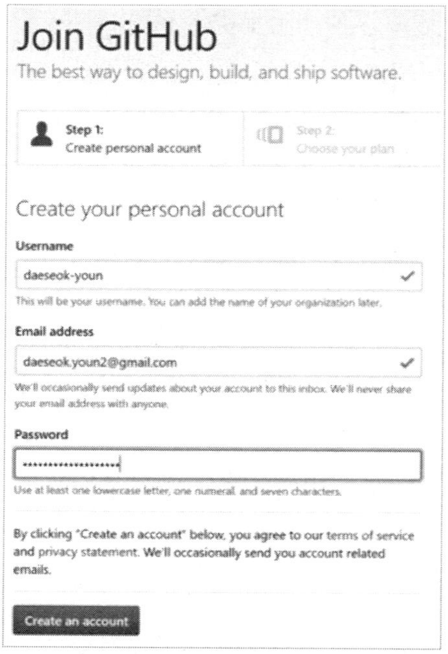

그림 3-1 Github 가입 폼

계정을 생성하면, Github 사용 plan을 지정하게 되어 있는데 무료 사용으로도 모든 기능을 사용할 수 있지만, 모든 프로젝트는 "공개(public)"해야 한다. 유료 버전은 "비공개(private)" 프로젝트 생성이 가능하다. 이번 예에서는 무료 버전으로 생성하자. 가입시 작성한 이메일로 확인 메일이 온다면 확인후 내용에 따라 진행하면 완료된다.

3.1.2 주제별 프로젝트 정렬

https://github.com/explore으로 접속하면, 다양한 정렬방법으로 프로젝트를 정렬해준다. 또한 프로젝트 트렌드를 소개해준다. 이제부터 주제별 또는 트렌트 중심으로 오픈 소스 프로젝트를 찾아가 보자.

https://github.com/topics에 접속하면 상단에 추천 주제의 프로젝트 3개 정도가 랜덤하게 보여지고, 그 아래에는 알파벳 순으로 주제별 프로젝트 카테고리(All featured topics)들이 선택가능하게 나열되어 있다.

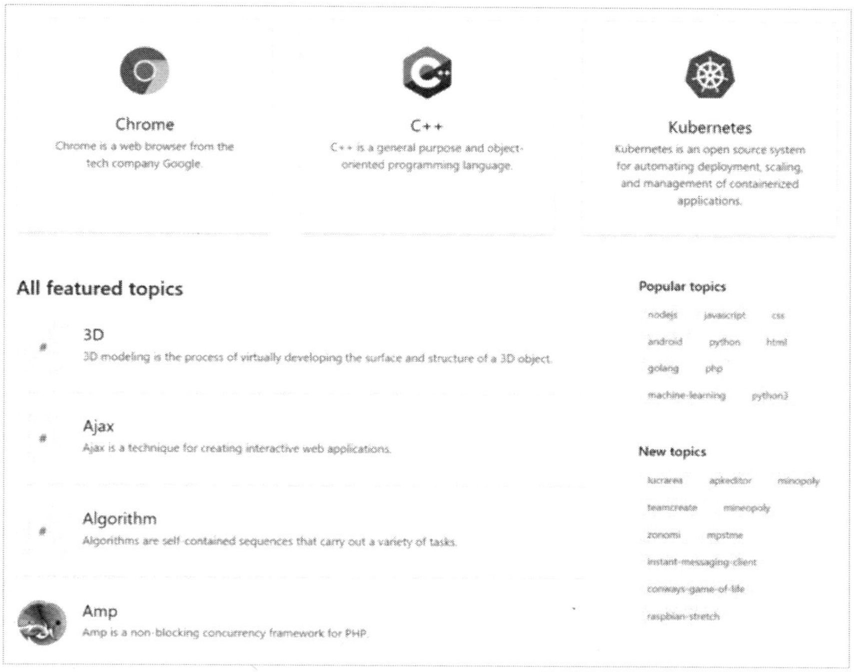

그림 3-2 Github 주제별 카테고리 리스트

- 만약 선호하는 특정 개발 언어를 중심으로 프로젝트를 검색하고 싶다면, 주제별 프로젝트 카테고리에서 찾아 선택한다. 예를 들면 C++, C, JAVA, Javascript 등의 언어로 구현된 프로젝트를 검색할 수 있다.
- 만약 선호하는 응용 프로그램의 형태에 대한 선택을 하고 싶다면, 주제별 프로젝트 카테고리에서 관련 키워드를 찾아 선택한다. 예를 들면 Blockchain, Android, Chrome extension, Algorithm, Deep Learning 등의 검색이 가능하다.

이는 각 오픈 소스 프로젝트들이 자신의 속성에 대한 태그(tag)를 설정해 두었으며, 이를 기반으로 분류되어 있음을 의미한다. 여기서 어떤 키워드들이 오픈 소스 프로젝트에 있는지 한번 쭉 훑어 보는 것도 좋을 것이다.

3.1.3 주제별: beginner-project

주제별 프로젝트 정렬에서 "beginner-project" 속성 태그가 설정된 오픈 소스 프로젝트들만 모아 놓은 것도 있다. https://github.com/topics/beginner-project에 접속을 하면 관련 프로젝트들을 볼 수 있는데, 여기서는 초보자들이 참여하면 좋을 만한 프로젝트들이 존재한다. 특히 문서 프로젝트들이 참고할만 하다. 괜찮은 내용의 프로젝트가 있다면 fork 한 뒤에 한글화를 하여 기여하는 것이 가능하다. 한글화와 관련해서는 4장에서 좀 더 자세히 살펴 보도록 하자. 대부분 간단한 개인 프로젝트들이 많으니, 어떤 식으로 오픈 소스 프로젝트를 생성할 수 있는 지에 대한 예제 또는 견본을 확인할 수 있는 좋은 공간이다.

3.1.4 트렌드 기반의 프로젝트 정렬

https://github.com/trending 에 접속해보자. 최근 트렌드가 되고 있는(star 점수의 상승) 프로젝트들을 정렬해준다. 금일/금주/이번 달 기준으로 정렬이 가능하며, 이는 최근에 많은 사람들이 참여 했거나 이슈들이 많이 생겼다는 의미가 있을 수 있다. 이와 관련해서 언어별 정렬도 가능하니까, 잘 정렬하여 프로젝트들를 탐방해보자.

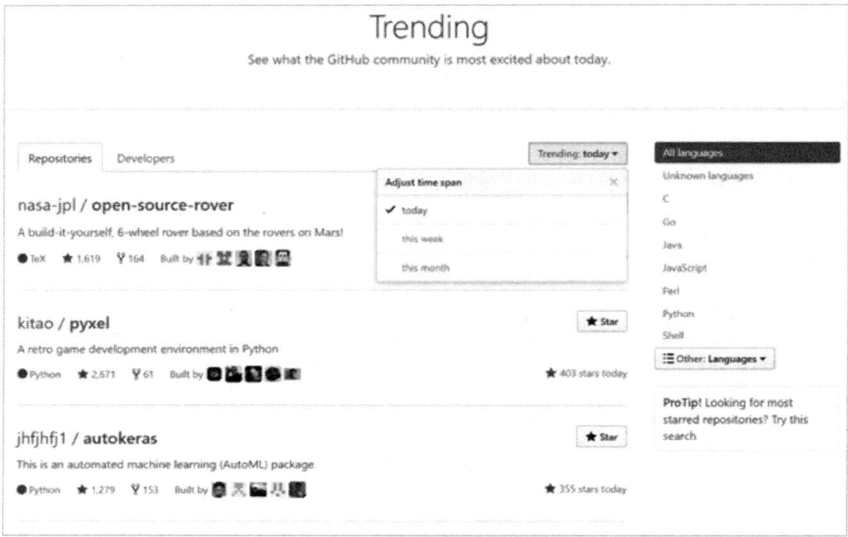

그림 3-3 Github 트렌트 정렬

3.1.5 “good first issue” 또는 “beginner” 라벨 검색

Github의 각 프로젝트들은 이슈 게시판을 가지고 있다. 이슈들을 각 특징에 맞는 라벨들을 붙여 놓게 되는데, 그 중 “good first issue” 또는 “beginner” 라벨이 붙여 놓은 이슈들이 있다. 이 라벨들을 붙여 놓은 이슈들이 있다는 것은 해당 프로젝트가 많은 개발자들의 참여를 유도 하고 있으며, 진입장벽을 낮추기 위한 시도를 하고 있다고 생각해도 좋다. 이런 이슈들을 갖고 있는 프로젝트 검색을 진행해보자.

우선, github에 로그인 한 후, 우측 상단 검색창에 label:“good first issue”으로 검색하자. 그렇게하면 아래와 같은 결과를 볼 수 있을 것이다.

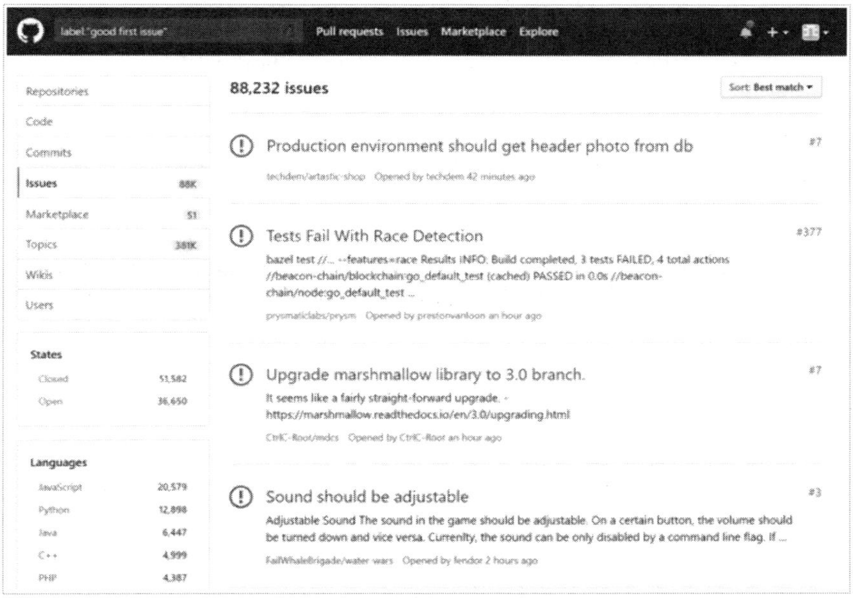

그림 3-4 라벨 "good first issue" 검색 결과

여기서는 왼쪽 카테고리에서 Issues로 선택하여 정렬한 후 검토하는 것이 좋다. 앞서 프로젝트 선택 접근방법은 프로젝트 주제/트렌드별 이지만, 이번 검색으로는 프로젝트가 갖고 있는 이슈의 태그 중심으로 검색을 하는 것이다. 대부분이 쉽게 처리 할 수 있는 내용들로 보여지며, 이슈를 통해 들어간 프로젝트를 더 자세히 검토할 수 있다. 이 방법으로 진행될 수 있는 키워드들은 github의 검색 키워드인 "label:" (따옴표 제외)과 함께 "good first issue", "beginner" 그리고 "help wanted"이다(따옴표 포함). 즉, 앞서 예제로 든 "good first issue" 의 경우에는 검색창에 label:"good first issue"로 입력해야 한다.

3.1.6 프로젝트 북마킹

앞서 설명한 프로젝트 검색법을 이용하여 찬찬히 어떤 프로젝트들이 있는지 살펴보고, 괜찮아 보이는 프로젝트들이 있다면, 북마킹을 해놓도록 하자. 몇몇 프로젝트들을 북마크 했다면, 빌드도 해보고 실행도 해보면서 프로젝트를 분석하면 될 것이다. 우선 어떤 식으로 북마크를 진행해야 하는지 살펴 보자. 일단 프로젝트 북마크는 두 가지로 진행할 수 있다. 하나는 Star (별 점수)를 주어 자신의 프로파일에 남기는 방법과 다른 하나는 fork를 해서 프로젝트를 특정 시점 기준으로 복사를 하는 방법이 있다. 이제부터 이 두 가지 방법을 자세히 살펴보자.

만약 어떤 프로젝트에 들어가서 내용을 보니, 추가적으로 자세히 살펴봐야 하는 부분이 있다면, star 를 준다 (나중에 별로다 싶으면 다시 빼어도 된다.). 프로젝트에 진입하면 화면 우측 상단에 "Watch", "Star", "Fork" 의 버튼이 순서대로 있고, 해당되는 숫자가 있을 것이다. 숫자는 얼마나 많은 사람들이 그 해당 버튼을 클릭했는지에 대한 카운트 값이다. 관련 숫자들이 높을 수록 관심있는 개발자들이 많다는 얘기이니 이 점수도 선택에 중요한 참고 사항이다.

그림 3-5 프로젝트의 Watch, Start 그리고 Fork 버튼

위에 그림에서 Star와 Fork를 클릭하면, 본인의 프로파일로 이동 했을 때, Star를 한 프로젝트와 Fork된 프로젝트가 서로 다른 탭으로 구분하여 보여 진다. 참고로, Star는 단순히 링크만 저장하는 것이고, Fork는 실제 그 프로젝트를 나의 개인 저장소에 복사를 해놓는 것이다. 즉, Fork를 해놓은 프로젝트는 원본 프로젝트의 업데이트가 있더라도 Fork 된 프로젝트에 자동으로 반영이 되지 않는다. 북마크 용으로 Fork를 하는 경우는 변경이 많이 있지 않을 문서 프로젝트의 경우에는 해놓아도 무방하지만, 수정 내용을 계속 추적하고 싶으면 Star로 링크를 남겨 놓는 것이 좋다.

Star를 클릭한 후 우측 최상단에 프로필 사진을 클릭하면, 아래와 같은 메뉴가 나온다.

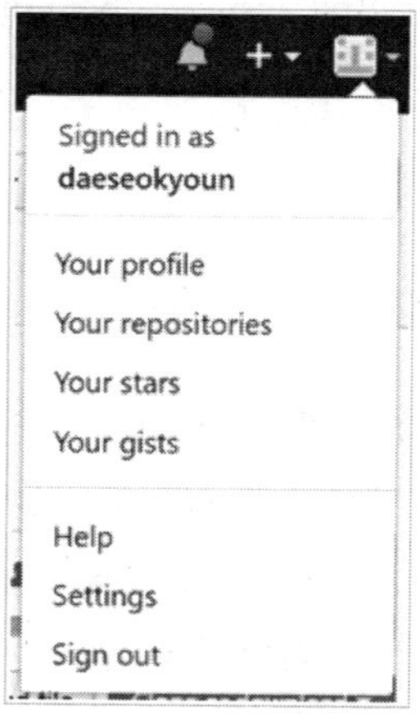

그림 3-6 Github 개인 메뉴

이 메뉴중, "Your profile"을 클릭하자.

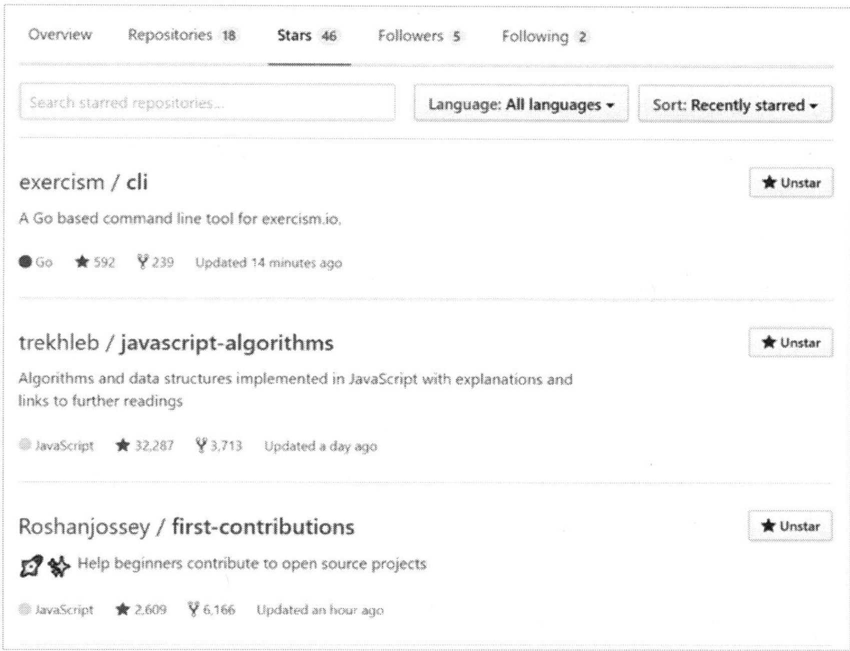

그림 3-7 Stars로 지정했던 리스트

화면 가운데에는 자신과 관련된 정보가 출력되는데, 그 중 Stars 탭으로 이동하면 자신이 별 점수를 준 프로젝트들이 시간 순서대로 출력이 될 것이다. 이런식으로 북마크를 하고 추후에 살펴볼 수 있다.

프로젝트를 단순히 북마킹만 하는 것 보다는 왜 선택을 하였는지, 어떤 것이 궁금한지, 어떤 느낌이 들었는지 등에 대한 메모를 해 두는 것이 좋다. 나중에 다시 보았을 때 이러한 메모는 북마킹한 동기를 설명해 주고, 처음부터 다시 프로젝트 설명을 봐야하는 수고를 피하게 해 줄 수 있다(대부분의 프로젝트 설명은 영어로 되어있음을 기억하자). github에서는 이러한 메모를 쉽게 하도록 지원하기 위해 github markdown 언어를 지원한다.

다음의 순서로 프로젝트를 생성하고 메모가 추가하여 보자.

1. 일단 새로운 프로젝트를 생성
   로그인 후 첫 화면에서 “Start Project” 를 선택하자.
2. 새로운 프로젝트에 대한 정보 입력
   우선 Repository name에 findingOSSProject라는 이름을 입력한다. 이 이름은 프로젝트의 저장소이며 향후 복제(clone)할 때 url로 사용된다. 저장소 이름을 각자 잘 기억될 수 있는 이름으로 생성을 하도록 하자. Description은 선택적 즉 작성해도 되고 안해도 된다. 이 내용은 README.md 파일의 상단에 나타나게 된다. 그리고 저장소는 유료 결제를 하지 않았다면 Public만 선택될 것이다. 마지막으로, 생성된 저장소의 메인 페이지에 보여질 README.md 파일에 markdown을 작성하여 관리할 것이므로 "Initialize this repository with a README"를 선택해 준다. 물론 나중에 생성해도 되지만 일단 편의를 위해 선택을 해두자.

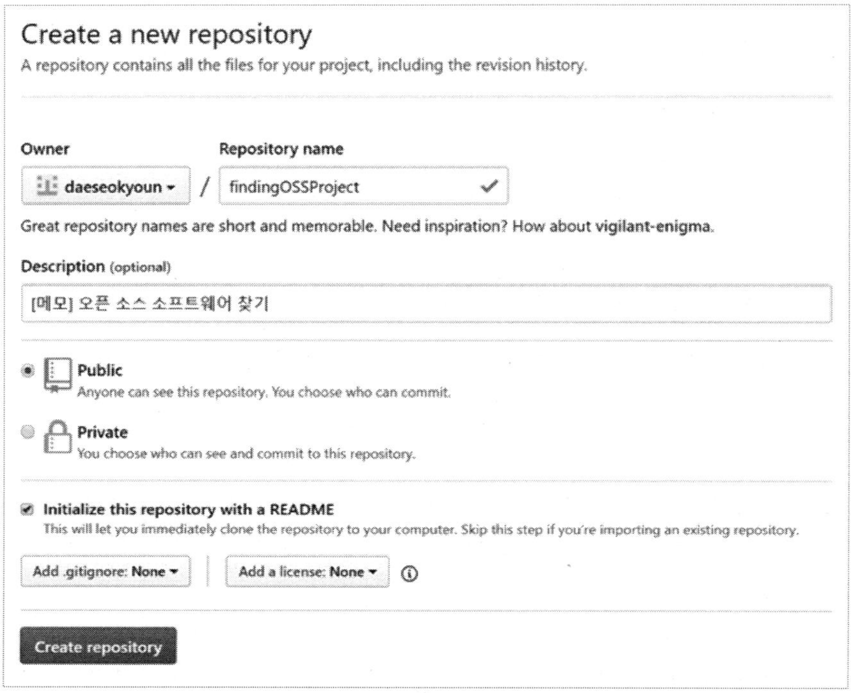

그림 3-8 새로운 저장소 생성 메뉴

3. 생성된 프로젝트 확인

"Create repository"를 클릭하면 아래 그림과 같은 프로젝트가 생성된다. 프로젝트 생성자와 이름이 가장 상단에 보이며, 그 아래로는 여러 탭, 메모, 그리고 README.md가 나타난다. 이 프로젝트는 단순히 메모를 연습하기 위한 것이기 때문에, 로컬 PC로 clone(복제)하지 않고 github 가 제공하는 웹 에디터를 바로 이용할 것이다. 캡처 화면 하단에 있는 README.md 뷰어의 우측 끝자락에 보면 연필 모양의 아이콘이 있는데, 아이콘을 클릭해보자.

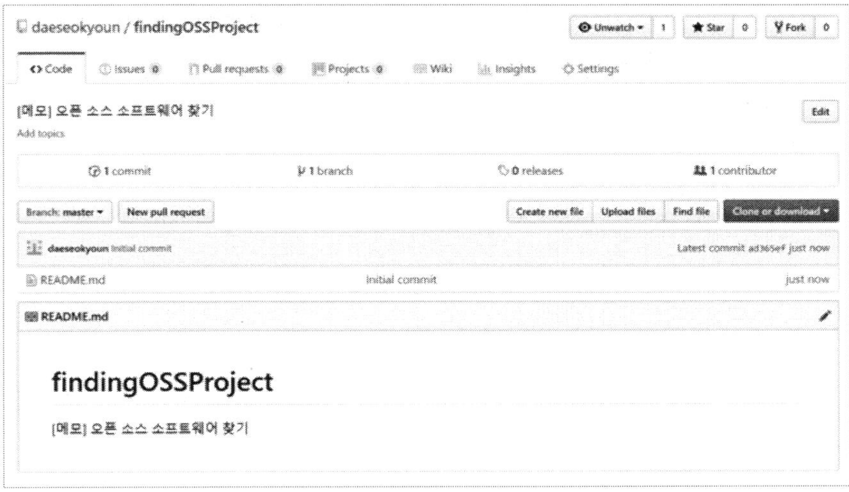

그림 3-9 생성된 "findingOSSProject" 프로젝트 홈페이지

4. Github가 제공하는 웹 에디터
   아래 그림은 연필 모양의 아이콘을 클릭했을 때 나타나는 Github가 제공하는 웹 에디터이다. 이를 이용하여 텍스트 기반 파일을 수정하고 커밋하는 것이 가능하다.

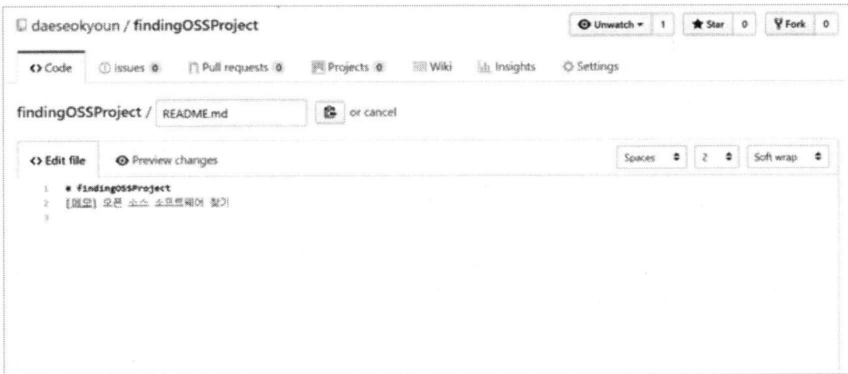

그림 3-10 Github 마크타운 편집기

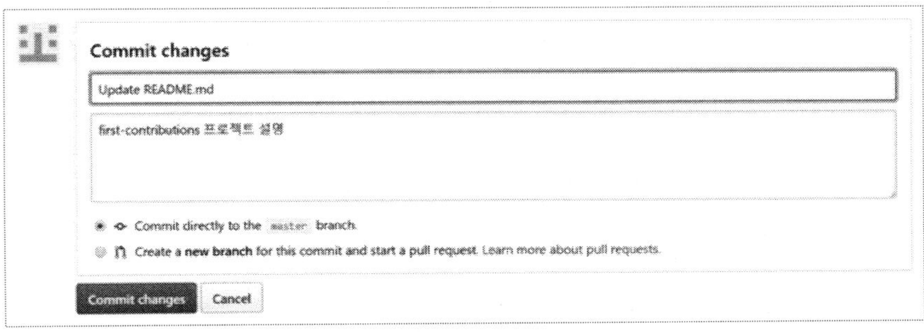

그림 3-11 README.md 수정 적용

4.1 내용 추가: 웹 에디터에 아래의 내용을 추가를 해보자.

```
# findingOSSProject
[메모] 오픈 소스 소프트웨어 찾기

## 방문해본 프로젝트 리스트 및 내용
### first-contributions
- link : [first-contributions](https://github.com/Roshanjossey/first-contributions)
- 내용 : github 에 PR (pull request)를 진행 할 수 있도록 도와주는 프로젝트
- 기여 내용 : 한글화로 하면 좋은 자료가 될 것임.
```

4.2 커밋: 위와 같이 메시지를 적고 "Commit changes"를 클릭하여 적용해보자. 아래와 같은 메모가 나타난다.

그림 3-12 마크다운 내용 수정 내용 반영 결과

Github의 markdown 언어를 잠시 살펴보자. '#' 하나는 큰 제목이고, # 이 하나씩 더 붙을 때 마다 상대적으로 작은 제목을 만들수 있다. 링크는 [링크 제목](링크) 식으로 first-contributions의 링크를 만들 수 있다. 그리고 ###의 하위 내용으로 -(dash)를 사용하면 link/내용/기여 내용에 보여지듯이 목록의 형태로 생긴다. 이 정도만 사용해도 훌륭한 노트를 만들 수 있다. 프로젝트를 탐방하면서 Github markdown을 더 사용해보도록 하자. Tip: markdown의 문법을 더 자세히 보고 싶다면, 여기[5]를 참고하자. 5분~10분이면 훌륭한 문서를 작성할 수 있는 기술을 배울 수 있다.

5) https://bit.ly/2neoN5i (편의를 위해 bitly에서 url을 짧게 만들었다.) 원본 url은 https://gist.github.com/ihoneymon/652be052a0727ad59601 이다.

3.2 CodeTriage

Github 기반의 계정으로 로그인 가능하며, 개발 언어 및 이슈(issue) 기준의 검색 필터를 제공하여 원하는 프로젝트를 찾는데 도움을 주는 사이트이다. 또 다른 특징은 선택한 프로젝트의 이슈를 메일로 보내주어 빠르게 대응할 수 있도록 하는 것이다. Triage(선별기)의 기능에 충실한 사이트이다. Github에 있는 오픈 소스 프로젝트들을 선별해주는 것이니 앞서 설명했던 방법에서 크게 벗어나지 않지만, 뉴스레터처럼 관심있는 프로젝트의 이슈를 메일로 받아볼 수 있어 지속적으로 관심을 가질 수 있게 도와주는 도구라 보면 될 것이다.

Github 계정을 기반으로 가입을 할 수 있으니, 가입도 간편하다. Github 계정이 없다면 3.1.1절의 내용을 참조하여 가입하면 된다. 그리고 codetriage 사이트에 접속한다. 맨 첫 화면 가운데에 "SIGN UP WITH GITHUB"라는 버튼이 보인다. 클릭해서 가입하도록 하자. 가입이 끝나면 첫 페이지에 Github 오픈 소스 프로젝트들이 박스의 형태로 나열되어 있고, 스크롤을 조금 내리면 "Filter list by Language"에서 개발 언어별로 필터를 적용할 수 있다.

그림 3-13 CodeTriage 메인 화면[6)]

각 박스마다 프로젝트 이름과 간단한 설명이 있고, 현재 열려있는 이슈의 개수를 보여준다. 이슈가 많으면 빨간색, 적으면 파랑계열의 색으로 보여진다. 설명을 살펴보고 프로젝트를 선택을 하면, 관심 프로젝트로 등록을 할 수 있다. 하나의 프로젝트를

6) https://www.codetriage.com/

선택해보자. 아래의 그림은 cython이라는 프로젝트를 선택했을 때 나타나는 화면이다.

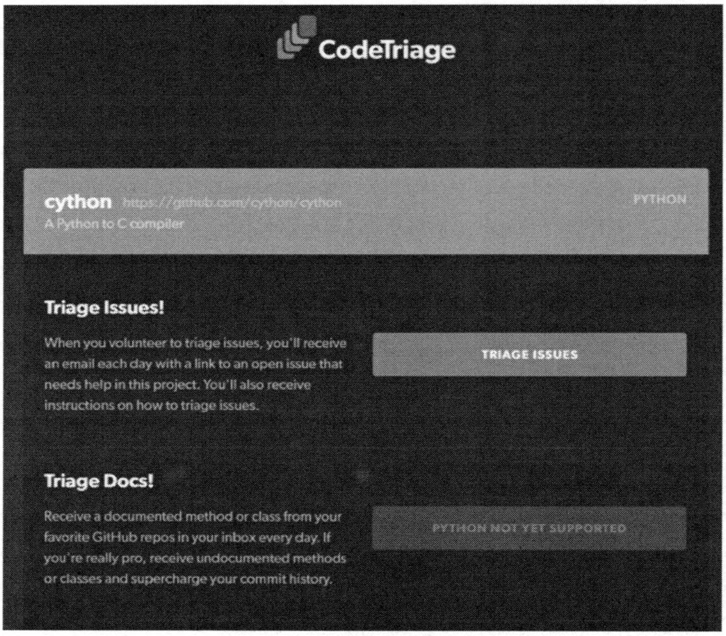

그림 3-14 cython 프로젝트 선택 화면

프로젝트를 선택하면, URL/Triage Issues/Triage Docs 등에 대한 선택 버튼들이 나온다. 일단 상단에 프로젝트 이름을 클릭하여 해당 프로젝트로 진입해서 프로젝트 참여를 고민해보자. 아니면, 일단 "TRIAGE ISSUES"를 클릭하여 관심 프로젝트로 등록하자. 등록을 하면 이 프로젝트의 이슈 및 답변들을 메일로 받아 볼 수 있다.

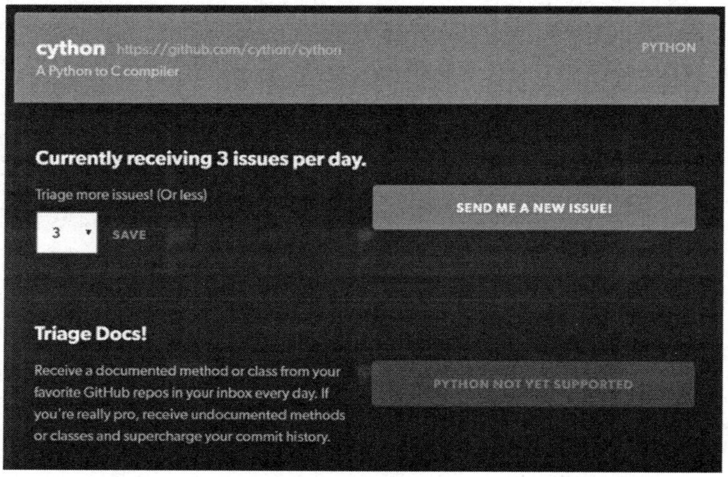

그림 3-15 CodeTriage를 통해 cython 프로젝트 이슈를 메일로 받기

"TRIAGE ISSUES"를 클릭하면 간단한 설정 화면이 나오고, 하루에 몇 개 정도 이슈를 받을지 설정할 수 있다. 이러한 메일은 오픈 소스 프로젝트 기여에서 중요하다. 어떤 이슈들이 어떤 방법으로 해결이 되어가는지 살펴볼 수 있기 때문이다.

3.3 오픈 소스 프로젝트 그룹

Github나 CodeTriage 외에도 다른 오픈 소스 프로젝트 그룹들이 존재한다. 전통적인 아파치나 리눅스 커널도 유명한 오픈 소스 프로젝트 그룹이다. 각 프로젝트 그룹은 자신만의 독특한 관리 체계를 가지기도 한다. 예를 들어 GNOME 그룹의 Gstreamer project 는 bugzilla 라는 이슈 및 패치 관리 시스템을 통해 패치와 토론이 일어나며, 리눅스 커널과 같은 경우에는 메일링 리스트 그룹과 메일을 통해 패치 관리 및 토론을 진행한다. 그런데, 대부분의 오픈 소스 프로젝트 그룹들은 Github 저장소에 미러링이 되어있다. 그리고 Github에서 처럼 PR(Pull Request) 방식으로 관리된다 (PR에 대한 내용은 6.6절에서 자세히 논의된다). 결국 기초적인 오픈 소스 기여를 하기 위해서는 Github 만으로 충분하다. 하지만 다양한 오픈 소스 프로젝트 그룹을 알고 이들의 관리 방식을 이해하며 더욱 풍부한 기여를 할 수 있게 된다. 이제부터 우리의 시야를 좀 더 넓혀보자.

3.3.1 Apache

오래된 프로젝트 그룹 중 하나이며 아직도 활발한 활동을 하고 있는 그룹이기도 하다. 아마도 아파치 웹서버로 가장 유명한데, 그 프로젝트를 기점으로 발전한 단체인 것으로 보인다. 아파치 프로젝트 리스트 페이지[7]에 접근을 해보자.

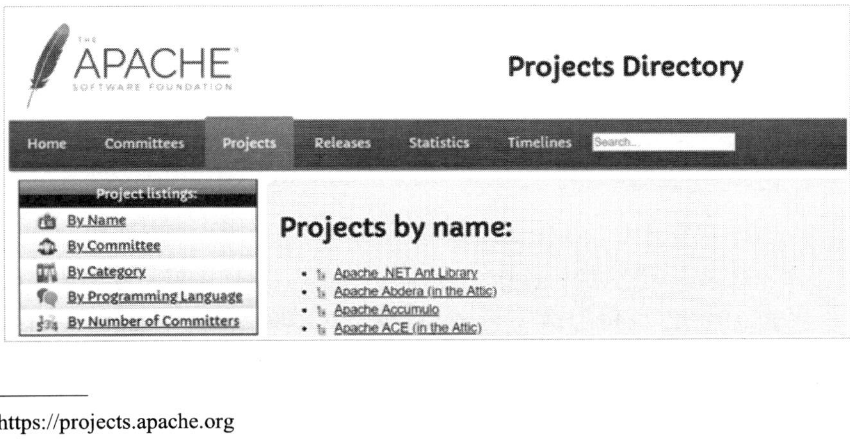

7) https://projects.apache.org

프로젝트 명/Committee/Category/개발 언어 등으로 정렬이 가능하다. 관심있는 프로젝트를 선택하면 관련 정보들이 보여진다.

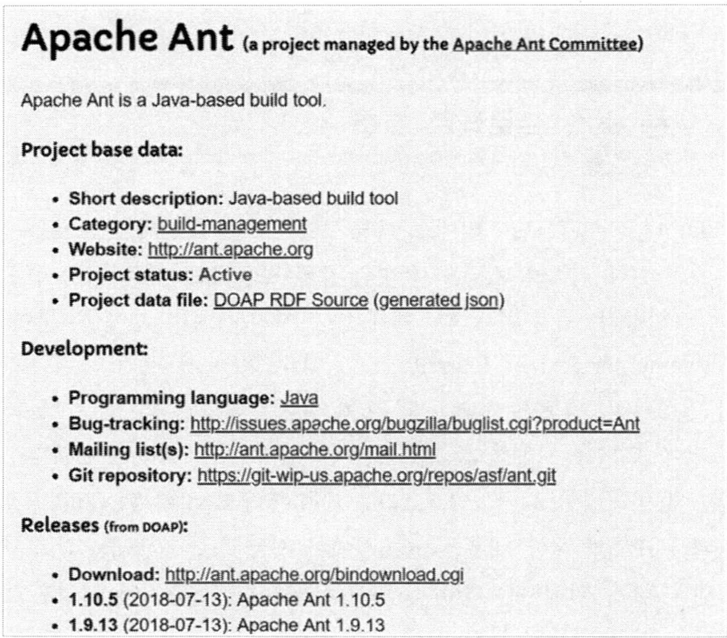

Apache Ant (a project managed by the Apache Ant Committee)

Apache Ant is a Java-based build tool.

Project base data:

- **Short description:** Java-based build tool
- **Category:** build-management
- **Website:** http://ant.apache.org
- **Project status:** Active
- **Project data file:** DOAP RDF Source (generated json)

Development:

- **Programming language:** Java
- **Bug-tracking:** http://issues.apache.org/bugzilla/buglist.cgi?product=Ant
- **Mailing list(s):** http://ant.apache.org/mail.html
- **Git repository:** https://git-wip-us.apache.org/repos/asf/ant.git

Releases (from DOAP):

- **Download:** http://ant.apache.org/bindownload.cgi
- **1.10.5** (2018-07-13): Apache Ant 1.10.5
- **1.9.13** (2018-07-13): Apache Ant 1.9.13

그림 3-16 Apache 단체의 프로젝트 디렉토리

위 예시에서 선택한 프로젝트는 "Ant"이다. 이 프로젝트는 Java로 개발되었고, Git 저장소 url 등의 정보들을 볼 수 있다. 다양한 오픈 소스 프로젝트들은 자신들의 소통 채널들을 열어두고 개발자들과 의견 교류를 진행한다. 그 중에 하나의 방법이 Mailing List이다. 단순히 메일 서버에 개발자 메일 계정을 등록하여, 메일을 보내거나 받도록 하는 식으로 정보를 공유한다. 근래는 Google Plus/Facebook 등을 이용하는 프로젝트들도 있다. 이런 정보를 공유하는 채널에 가입하거나 구독을 하는 것도 아주 중요하다. 적극적으로 참여하기 위해 질문하고 자신의 지식을 공유하는 것도 오픈 소스 프로젝트 활동에 아주 중요한 요소이기 때문이다.

3.3.2 Mozilla

모질라 프로젝트 그룹은 2.1 장에서 설명한 오픈 소스 역사에서 넷스케이프 웹 브라우저의 오픈 소스화를 진행한 단체이다. 이 그룹의 유명한 프로젝트는 "Firefox" 웹 브라우저이다. 이때문에 모질라에는 브라우저와 연관된 프로젝트들이 많이 있다. 한 가지 흥미로운 것은 오픈 소스 프로젝트 중에 개발자가 진입하는 과정을 도와주는 사이트가 있다.

그 사이트의 이름은 "what can i do for mozilla"이다 (https://www.whatcanidoformozilla.org). 이 사이트에 접속하면, 개발 언어는 어떤 것인지 선택하고 선택된 언어 기반으로 개발되고 있는 프로젝트 이름과 간단한 설명이 나온다. 설명을 보고 선택을 하면, 해당 프로젝트의 홈 페이지에 접근을 할 수 있다. 이 가이드 사이트는 한글이 지원된다는 장점이 있다.

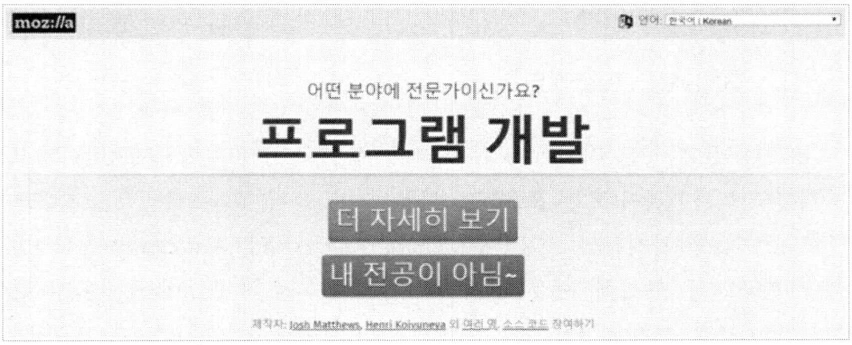

그림 3-17 what can i do for mozilla 사이트

"what can i do for mozilla" 에 접근하여 분야를 선택(테스트/개발/문서번역/기술교육)하면, 원하는 프로젝트들을 정렬해준다. 각 프로젝트의 홈 페이지와 위키를 볼 수 있으니 한번 시도해 보도록 하자. 모질라는 문서화 프로젝트가 있는데, MDN(Mozilla Developer Network)[8]이라는 사이트를 통해 참여 가능하다. 모질라에서 진행되는 프로젝트들을 조금 더 잘 알게 될 것이다. MDN 사이트는 한글화가 많이 진행되어 있어 내용을 좀 더 빠르게 확인할 수 있다.

3.3.3 리눅스 커널

아주 오래된 오픈 소스 프로젝트이며, 많은 사람들이 개발에 참여하고 있는 프로젝트이다. 운영체제라는 소프트웨어의 기술 집약체를 분석하고 개발할 수 있는 프로젝트라 진입하는데 어려움은 있다. 하지만, 소프트웨어 개발자라면 누구나 한번쯤은 시도해 봐야할 프로젝트이며, 운영체제 뿐만 아니라 자료 구조, 알고리즘, 네트워크, 파일 처리 등에 대한 좋은 코드를 즐길 수 있는 프로젝트이다.

리눅스 커널은 메일링 리스트를 각 모듈(파일 시스템, 메모리 관리 시스템, 스케줄러, 장치 드라이버)로 따로 만들어 운영한다. 물론 리눅스 커널이라는 큰 항목으로도 메일링 리스트가 운영된다. 하루에도 몇 백 개 메시지가 오가는 활발한 프로젝트 중에 하나이다. 패치를 전달하거나 버그 보고 등을 해당 메일링 리스트에 보내면 그에

8) https://developer.mozilla.org/ko/docs/MDN/Contribute

따른 답변을 받아 볼 수 있다. 아주 많은 개발자들이 참여하고 있는 프로젝트인 만큼 메일로 보내어진 내용에 대한 답변이 다른 프로젝트들에 비해 빠르게 온다.

리눅스 커널에서는 staging이라는 프로젝트를 운영하여 초보자들의 진입장벽을 낮추는 노력을 하고 있다. 이 프로젝트의 장점은 온라인에 방대한 관련 문서들이 존재하며 배울 점이 많다는 것이다. 현재 한국 개발자도 많이 참여하고 있으니, 관심을 가져볼 만 하다. 리눅스 커널 패치에 관련해서는 8장에서 추가적으로 설명이 진행될 것이다.

3.3.4 GNOME 프로젝트

GNOME은 다양한 리눅스 배포판에서 채용하고 있는 운영체제 GUI 데스크탑 애플리케이션 이름이면서 또한 프로젝트 이름이기도 하다. 이 프로젝트 그룹 또한 다양한 프로젝트[9]들을 가지고 있으며, 대표적으로 systemd/X11/Gstreamer 등이 있다. 진입장벽이 조금 높은 프로젝트들로 구성되어 있지만, 시스템 구성에 중요한 프로젝트들이 많이 있으므로 여기에 관심있는 독자는 살펴 보면 좋을 것이다. 이 프로젝트 그룹을 소개하는 이유는 Bugzilla[10]라는 이슈 관리 시스템을 통해 이슈 및 패치들을 관리한다는 점이다. Bugzilla는 이슈 추적을 위해 개발되었고 지금도 환영받으며 사용되고 있다.

3.3.5 Google Open Source 프로젝트

구글이 진행하고 있는 오픈 소스 프로젝트 리스트 사이트[11]에 접속을 해보자. 다음과 같은 화면이 등장한다.

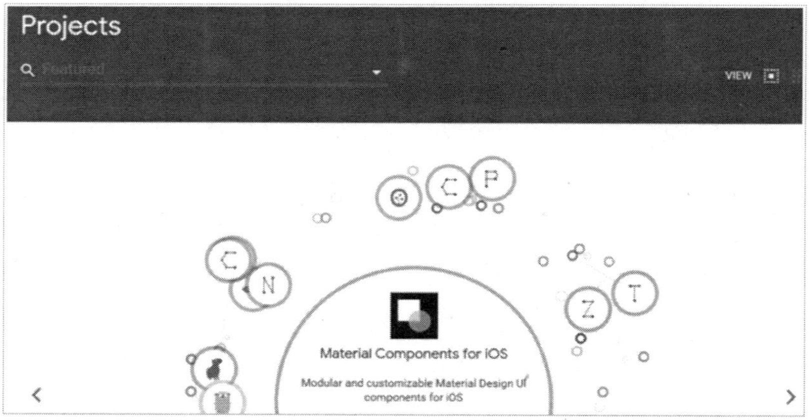

그림 3-18 Google Open Source 프로젝트 홈페이지

9) https://www.gnome.org/technologies/
10) https://bugzilla.gnome.org/
11) https://opensource.google.com/projects/explore/featured

구글에서 진행하고 있는 유명한 오픈 소스 프로젝트가 많다. 예를 들어, 크롬, 안드로이드, Blocky, TensorFlow 같은 것들이 있다. 대형이면서 좋은 프로젝트들도 많다. 한가지 아쉬운 점은 참여하기에는 다소 난이도가 있다라는 것이다. 하지만 좋은 고기도 먹어본 사람이 더 잘 먹는 법!! 안드로이드와 같은 좋은 프로젝트들의 문서와 좋은 코드를 보는 것은 실력향상에 도움이 많이 될 것이기에 구글에서 하는 오픈 소스 프로젝트들은 유심히 볼 필요가 있다.

연습문제

1 Github에서 관심 프로젝트를 찾아 5개 등록하자.
(주제별, good first issue, 트렌드별로 찾아서 등록해보자.)

2 CodeTriage를 통해 오픈 소스 프로젝트의 이슈를 메일로 받아보자.

3 오픈 소스 프로젝트 그룹(Apache, Mozilla, GNOME 등)에서 활발히 개발되고 있는 프로젝트들을 조사하여 정리하자.

4장

오픈 소스 기여의 형태

4장에서는 오픈 소스 기여 방법들을 소개한다. 구체적으로 기여의 방법에는 문서화, 테스팅과 이슈 보고, 버그 수정, 기능 개발 등이 있다. 실제 처음 기여를 시도하는 가벼운 단계에서 시작하여 다양하고 깊이 있는 수정 사항들을 기여할 수 있는 단계로 설명을 진행할 것이다. 이를 통해 차근 차근 재미를 붙여나갈 수 있기를 기대한다.

필자 경험으로는 오픈 소스 프로젝트를 오랫동안 관심있게 지켜보고 자신이 개발할 수 있는 부분들을 스스로 발견하는 것이 중요하다. 여기서 소개하는 다양한 기여 형태를 기반으로 하루에 한번 또는 일주일에 한번은 어떤식으로든 시도를 해 볼 수 있도록 마음가짐을 갖자. 오픈 소스 프로젝트에서 직접 시도해 보는 것은 매우 중요한 습득 방법이다. 그러다 보면, 점점 좋은 기여 방법들을 찾아 나갈 것이고 결국 능력있는 개발자가 될 수 있을 것이다.

처음부터 큰 욕심을 내지 않는 것 또한 중요하다. 오픈 소스를 빌드하고 수행하면서 테스트하다가, 그 다음으로는 무엇을 해야 할 지 몰라 더 이상진행하지 못하고 포기하는 경우가 흔히 발생한다. 어떤 식으로든 조금씩 참여할 수 있는 방법을 찾아보도록 하자. 이후 설명하는 내용들이 좋은 출발점이 될 수 있을 것이다. 인내심을 가지고 지속적인 관심과 분석을 해야 한다.

4.1 문서화(Documentation)

좋은 오픈 소스 프로젝트는 문서화가 잘 되어 있다. 사실 좋은 소스를 만드는 것 만큼 좋은 문서를 만드는 것이 중요하다. 다르게 표현하면 오픈 소스 프로젝트의 기여로 가장 간단하게 할 수 있는 그러면서도 매우 중요한 형태가 문서화에 참여하는 것이다. 자신이 관심있는 프로젝트의 문서를 살펴보고, 빌드나 테스트에 대한 설명에서 보완해야 할 부분 또는 추가되면 좋을 부분을 찾고 기여하면 된다.

특히, Github에 있는 프로젝트 중에서 한글화가 되면 좋을 프로젝트들이 많이 있다. 그 프로젝트에 참여해서 한글화를 진행해도 좋을 것이다. 하지만, 대부분의 개발자들이 한글화를 진행할 때, 번역을 잘해야 한다는 생각에 부담을 느끼는 경우가 많다. 오픈 소스의 기본 철학은 많은 개발자들과 관심있는 사람들이 힘을 합쳐 조금 더 좋은 방향으로 진행하는 것이다. 누군가가 영어 번역을 잘못했다고 해서 비난의 대상이 되는 아니라 논의하고 더 좋은 번역으로 만들어 가면 되는 것이다. 너무 어렵다고 생각하지 말자. 진짜 좋은 프로젝트라고 생각된다면 과감하게 issue에 "Translation to Korean"의 제목을 남기고, 자신의 의지를 comment 한다면 충분히 진행할 수 있다. 그러면 다른 한국 개발자들이 도와줄 것이다. 이러한 문화를 주도해

나가는 것이 오픈 소스 프로젝트에 대한 가장 큰 기여라고 생각한다.

이제부터 문서화, 특히 우리나라 개발자들이 쉽게 참여할 수 있는 한글화 기여를 예를 들어 설명해 보자. 자신이 관심있는 프로젝트를 발견하여 관련 문서를 살펴보는 상황을 가정해 보자. 이때 문서는 영어로 작성되어 있다. 프로젝트의 목표, 특징, 세부 설계 사항, 빌드 방법, 테스트 방법 등 문서를 한참 따라가다보면 며칠이 걸리는 경우가 자주 발생한다. 그 전에 읽었던 내용이 기억나지 않아 다시 읽어보는 경우도 자주 발생한다. 영어로 쓰여진 문서는 모국어로 쓰여진 문서에 비해 읽고 이해하는데 시간이 많이 걸린다. 물론 다시 읽을 때에는 시간이 단축되겠지만, 여전히 한글에 비해 시간이 많이 걸린다. 그렇다면, 처음 읽을 때 이해한 내용을 한글로 번역해 놓으면 어떨까? 나에게도 도움이 되고, 함께 진행하는 개발자들에게도 도움이 될 것이다.

3장에서 논의한 방법들을 사용하여, 한글화를 하면 좋을 것 같은 오픈 소스 프로젝트를 찾아보자. 참고로 오픈 소스 프로젝트들을 많이 접하다 보면 느끼겠지만, 어떤 프로젝트는 문서화 및 번역에 신경을 많이 쓰는 곳이 있고 또 다른 어떤 프로젝트는 개발에 치중을 하는, 즉 문서화에 대한 기여는 우선순위가 낮은 프로젝트들이 있다.

일단 오픈 소스 기여 중에 문서화라는 것에 중점을 맞추고, 기여하는 방법을 알아보도록 하자. Github 프로젝트 중에 Github PR(Pull Request)을 연습해볼 수 있는 first-contributions[12]라는 프로젝트가 있다. 개인적으로 처음 보자마자 한글화를 하고 싶었던 프로젝트였는데, 이미 한글화는 잘 되어 있었다. 이 프로젝트는 Github의 issue/PR(pull request)를 통해 특정 파일(CONTRIBUTIONS.md)에 기여자의 이름을 넣도록 가이드하고 연습할 수 있는 프로젝트이다. 이 프로젝트에 어떤 식으로 한글화가 진행이 되었는지 살펴 보도록 하자.

1. Issue 생성(없음)
   이 프로젝트에서 한글화 과정에 이슈를 만들지는 않았다. 하지만 최초로 진행되는 경우에는 프로젝트 생성자나 Maintainer 에게 이슈를 생성하고 한글화의 의지를 알려주는 것이 좋다. 이유는 다른 한국 개발자가 같은 작업을 중복해서 할 수도 있기 때문이다. 이슈로 등록을 해두면, 누가 어떤 branch 에서 작업을 할 수 있는지 알 수 있기 때문에, 참여를 원하는 개발자가 협업해서 진행할 수도 있다. 현재 first-contributions 프로젝트에 한글화를 위한 이슈는 없지만, 번역되는 부분의 양의 작기 때문에 바로 PR 을 보냈었을 수도 있다.
2. PR (pull request) 생성

12) https://github.com/Roshanjossey/first-contributions

first-contributions 프로젝트에 접근해서, Pull Requests라는 탭으로 이동을 해서 Filter에 "korean"이라고 입력하고 검색해보자.

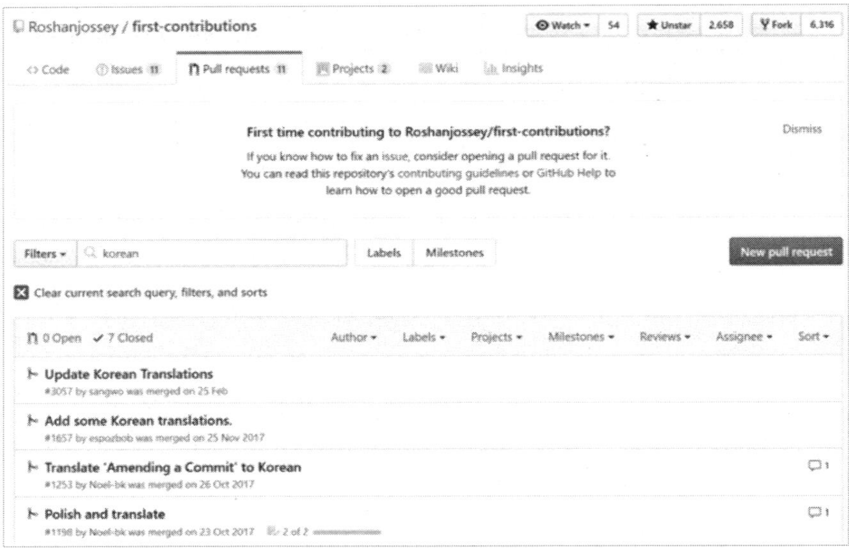

그림 4-1 first-contributions 프로젝트의 PR 리스트

첫 PR에서부터 수정부분에 대한 PR 까지 올라와 있을 것이다. 내용을 보면, 한국 개발자가 이 프로젝트를 fork 하고 새로운 branch를 만들었으며 거기서 한글화를 한 다음에 이 프로젝트에 Merge를 요청한 시나리오를 살펴볼 수 있다.

설명은 간단하게 했지만, first-contributions의 한글화된 문서[13]를 보고, PR을 직접해 보기를 권한다. 그렇다면 어떤 추가적인 지식이 필요한지가 보일 것이다. 그 내용들을 문서에 담아 보는 것도 또 다른 좋은 기여가 될 것이다.

Github에서 오픈 소스 관련 검색을 하다보면, 개발 뿐만 아니라 문서 프로젝트들도 많이 있다는 것을 알게된다. 문서화 프로젝트에 참여해보는 것도 좋은 경험이 되고, Git을 더욱 잘 이해하게 될 것이다. 문서화는 누구나 할 수 있다. 발만 들여 놓으면, 좋은 개발자로 발전하기 위한 첫발을 내 디딘 셈이 된다.

4.2 테스팅과 이슈 보고

오픈 소스 프로젝트를 빌드하고 테스트하다보면 여러가지 문제들이 발생할 수 있다. 예를 들어 어떤 부분에서 오류가 발견되거나 특정 플랫폼(Windows 10/Ubuntu/

13) https://github.com/Roshanjossey/first-contributions/blob/master/translations/README.ko.md

MacOS 등)에서 동작을 안한다던가 하는 문제를 발견할 수 있을 것이다. 또는 설치 가이드(빌드 및 실행 과정)에 보완해야 하는 부분이 있을 수도 있다. 이러한 문제를 다른 개발자들에게도 알리고 함께 해결하려면 이슈로 만들어도 좋을 것이다. 단, 이미 이슈로 올라와 있을 수도 있으니 이전 이슈들을 먼저 검토해보아야 한다.

일반적으로 이슈가 많은 프로젝트는 그만큼 발전을 많이하고 있고 또한 다양한 변화를 시도하는 프로젝트라고 볼 수 있다. 프로젝트를 살펴 보는 과정에서 이슈 게시판을 훑어 보는 것도 잊지 말자. 어떤 이슈들이 보고 되고 있어 어떤식으로 해결이 되어 가는지도 알아보는 것이 중요하다. 테스트 결과만 올리는 것이 아니라 오픈 소스 내부를 살펴보고 어느 부분이 의심스러운지도 함께 올릴 수 있다면 수준이 높은 이슈가 된다. 한편, 초보자로써 빌드나 실행시 발생하는 실패에 대한 알림이나 의문도 충분한 이슈거리가 된다.

4.3 이슈(issue) 수정

프로젝트들을 방문하고 이슈 게시판을 보면, 처음 기여하는 사람들을 위해 남겨진 이슈가 있을 수도 있다. 앞서 3.1.5에서 소개한 “help wanted”, “good first issue” 등에 해당하는 이슈들이 대표적인 예다. 여기서 상대적으로 쉽게 접근할 수 있는 수정사항으로는 코딩 스타일 수정, 플랫폼 빌드 문제 해결, 문서의 오타 수정 등이 있다. 각각 조금 더 자세히 살펴 보도록 하자.

1. 코딩 스타일 수정
   개발자들이 선호하는 코딩 스타일의 설정은 미묘하게 서로 다르다. 어떤 것이 더 좋고 편하다는 것은 개인적인 취향에 따라 달라질 수 있기 때문에 오픈 소스 프로젝트에 많은 참여자로 인한 코딩 스타일의 일관성을 해칠 수 있다. 그래서 대부분의 오픈 소스 프로젝트에서는 코딩 스타일을 미리 정의해 놓거나 일반적인 코딩 스타일의 문서를 참조하여 진행한다. 참고로 구글에서 정리한 C++ 코딩 스타일[14)]을 살펴 보면 어떤식으로 코딩 스타일을 구성하고 개발하는지에 대하여 이해할 수 있을 것이다. 개발 언어마다 정리해 놓은 것이 각 프로젝트 마다 있거나, commit 하는 시점에 자동으로 검출 및 수정해주는 스크립트를 제공하는 프로젝트들도 있다. 자동으로 검출 및 수정을 해준다면, 이슈에는 코딩 스타일에 관련된 수정이 없을 것이다.
2. 정적 분석 도구 및 컴파일러로 Warning/Error 수정

14) https://google.github.io/styleguide/cppguide.html

C / C++ 등의 개발언어로 만들어진 프로젝트는 빌드 및 정적 분석 도구를 이용해서 각종 코드의 안정성을 높일 수 있다. javascript/python 등의 언어들은 lint라는 이름으로 코드를 작성하는 시점에 문제점 검사를 같이 해주는 툴들도 제공한다. 각 개발언어 별 “정적 분석”이나 “Lint”라는 검색어로 검색을 하면 많은 정보들을 제공받을 수 있다. 이 내용은 5장에서 자세히 설명한다.

3. 플랫폼 빌드 문제(Windows/Linux 계열/MacOS)
   Python/Javascript/JAVA 등의 개발 언어로 진행된 프로젝트들은 대부분 다양한 운영체제 플랫폼을 지원하는 것을 목표로 한다. 하지만 일부 운영체제 환경에서는 빌드가 제대로 되지 않는 경우도 있다. 주로 버전이 다른 패키지 또는 상이한 환경 설정 때문이다. 이러한 문제를 발견하고 그 해결 방법을 공유하면 좋은 기여가 된다.
4. 주석 / 문서의 오타 수정
   코드를 분석하면서 코드의 주석이나 문서를 꼼꼼하게 읽다보면, 오타를 발견하는 경우가 자주 있다. 문서의 오타나 주석의 오타를 수정해주는 것도 오픈 소스 프로젝트 기여에 많은 부분을 차지 하고 있다. 사실, 오타의 발견은 행운이라기보다는 그 사람이 해당 프로젝트를 얼마나 관심있게 분석하는지를 보여주는 지표이다.

4.4 기능 개발

기존의 오픈 소스 프로젝트에서 부족한 기능을 개발하여 제공하는 것은 오픈 소스 기여의 여러 가지 형태 중에 가장 도전적인 것이 아닐까 한다. 기능 개발의 주체가 되는 것이며, 다양한 의견들을 수렴하고 논의하여 진행해야 하기 때문이라 그럴 것이다. 초보자에게는 어려워 보일 수도 있다. 하지만 이러한 기여 형태도 시작해 볼 수 있는 다양한 팁이 존재한다.

한 가지 팁은 유사한 프로젝트들을 비교하는 것이다. 다양한 오픈 소스 프로젝트들을 분석하고 공부하다 보면, 비슷한 개발 목적을 갖는 프로젝트들이 있을 것이다. 예를 들면, python에서 web framework을 지원하기 위한 모듈 프로젝트[15)]들이 있다. Django, Flask 등이 같은 목표를 가지고 다른 방식으로 개발자를 지원하는 모듈들이다. 이런 프로젝트들을 보다보면 어떤 프로젝트들이 어떤 것이 부족하고 어떤 부분

15) https://hackernoon.com/top-10-python-web-frameworks-to-learn-in-2018-b2ebab969d1a python 에서 web framework 모듈들을 소개했다.

이 추가되면 좋을지 느낄 수 있게 된다.

또 다른 팁은 자신이 잘 알고 있는 기술 분야에 대한 오픈 소스 프로젝트에서 기능을 추가하는 것이다. 필자가 경험한 것은 리눅스 커널이다. 리눅스 커널에는 파일 시스템, 보안, 병렬성 지원 등 새로운 기능이 지속적으로 추가되고 있다. 이 내용은 이후 8장에서 좀 더 자세히 논의 된다. 또 다른 예로 Gstreamer[16]에서 HLS 관련 수정사항이다(gsthlssink.c). HLS 모듈은 기본적으로 FFMpeg[17] 기반으로 한다. FFMpeg의 HLS 옵션[18]이 아직 Gstreamer 쪽 hlssink 모듈[19]에 구현되지 않은 부분들이 있다. 개인적으로는 Gstreamer HLS 모듈에 대한 공부를 할 수 있는 좋은 기회였다. 기능 개발에 대한 생각을 하면서 오픈 소스 프로젝트를 찾고 분석하다 보면 조금 더 쉽게 기여할 수 있는 부분들이 보일 수 있을 것이다.

Pycon 2018은 관심있는 오픈소스 프로젝트를 같은 장소에 모여 집중적으로 개발하는 행사를 진행한다. 또한 초보자를 위한 튜토리얼도 진행되었는데, Galtron[20]이라는 프로젝트를 기반으로 하였으며, 관련 개발 후기는 Pycon 2018 에서 소개되었다.

4.5 자신의 프로젝트 오픈

새로운 프로젝트를 시작하여 오픈 소스 프로젝트 진영에 진입을 해볼 수 있다. 필자는 새롭게 프로젝트를 오픈해 본 경험은 없지만, 다른 프로젝트를 한글화 하기 위해 프로젝트를 Fork를 한 경험은 다수 있다. 진행한 프로젝트의 한 예는 google-interview-university[21]이다. 문서에 대한 한글화를 진행하고 또한 대체할 수 있는 한글 사이트들을 연결하는 추가 링크를 진행하였다.

실제 개발을 하다보면 반복되는 작업을 효과적으로 진행하기 위해 스크립트를 만드는 경우가 있다. 이러한 내용도 프로젝트를 만들어 기록하고 공개를 해보자. 다른 예로 알고리즘을 공부하는데 자신이 구현했던 문제들을 프로젝트로 만들고 문서를 적어보자. 이 또한 다른 사람들에게 공유가 되면 좋은 공부가 될 것이다. 쉬운 것 부터 하나씩 진행해보자. 그러면 자신의 프로젝트들이 모여 좋은 지식 저장소가 되고 향후에 좋은 참고 자료도 될 것이다. 모든 기록하고 저장하는 습관을 가져본다는 생

16) https://gstreamer.freedesktop.org/documentation/ Gstreamer 문서
17) https://www.ffmpeg.org/
18) https://www.ffmpeg.org/ffmpeg-formats.html 에 4.13장에 hls 관련 옵션들이 있다.
19) https://gstreamer.freedesktop.org/data/doc/gstreamer/head/gst-plugins-bad/html/gst-plugins-bad-plugins-hlssink.html gstreamer hlssink 모듈 reference 메뉴얼
20) https://github.com/inureyes/Galtron
21) https://github.com/daeseokyoun/google-interview-university

각으로 작은 프로젝트라도 만들어서 진행해보자. 시행 착오들이 모여 재산이 될 것이다.

연습문제

1 Github의 first-contributions와 유사한 프로젝트를 찾아보자.

2 3장에서 검색하여 자신의 Github 계정에 등록한 프로젝트들의 이슈 게시판을 검토하여 해당 프로젝트에 어떤 형태의 기여가 있었는지 확인하자.

3 오픈 소스 프로젝트에서 새로운 기능 개발은 어떤 방법으로 진행하고 있는지 검토하자. (FreecodeCamp에서 Projects 탭에서 "Closed"된 내용을 확인하자.)

4 개인 프로젝트를 Github에 생성하고 마크다운으로 정리해보자.

Part II

5장

오픈 소스 기여 Step 1

개발 환경 구축

이번 장에서는 오픈 소스 프로젝트를 위한 개발 환경에 대해 설명한다. 개발 환경은 운영체제, 가상 머신, 편집기, Git, 컴파일 및 코드 분석 도구 등을 포함한다. 프로젝트 특성에 따라 다른 개발 환경을 구축해야 하겠지만, 대체로 오픈 소스 프로젝트 플랫폼은 리눅스 계열의 배포판 운영체제를 많이 쓴다. 그렇다고 해서 Windows 운영체제의 장점을 버려가면서까지 리눅스를 자신의 메인 운영체제로 가져갈 필요는 없다. 근래에는 다양한 방법으로 멀티 운영체제 구성 가능하다.

이번 장에서는 Windows와 리눅스 환경에서 개발환경을 구축하는 방법을 모두 살펴 본다. 또한 다음 장에서 다루어질 Git 과 Github PR (Pull Request)을 위한 환경도 구축한다. 설치 해야 하는 프로그램들을 요약하면 다음과 같다.

1. 가상 환경
   VirtualBox/VMWare/Windows WSL 3가지의 설치 구성과 장단점을 알아본다. 이 3 가지는 모두 Windows에서 리눅스 환경(Ubuntu)을 가상으로 제공해주는 도구들이다(본 서적에서는 Windows 10으로 설명한다). 각 가상 환경마다 장단점이 있으며, 그것을 고려하여 선택하면 될 것이다.
2. 편집기
   너무 많은 종류들의 편집기가 있다. 그 중에서 필자가 사용해 보니 가장 편하며 오픈 소스 개발에 맞는 편집기들을 소개할 것이다. 소개할 편집기들은 Visual Studio Code/PyCharm/Vim/Atom이다. 각 목적별로 잘 사용을 한다면 어떤 개발 프로젝트를 진행하더라도 무난히 이용가능 할 것이다.
3. 그밖의 개발 도구들
   실제 프로젝트마다 빌드 및 구동을 위해 설치해야 하는 개발 도구들이 다양하다. 대표적으로 C/C++, Python, CMake, Git 등이 있다. 대부분의 오픈 소스 프로젝트에는 필요한 도구와 설치 방법을 문서로 제공하고 있다.

기본적인 개발 도구들에 익숙해 지면 특정 프로젝트에서만 사용하는 고유한 도구들을 사용하는 것도 어렵지 않을 것이다. 편집기의 경우 한번 사용하면 이후에도 계속 그 편집기를 사용하는 경향이 있다. 이 장에서 소개하는 대표적인 편집기들을 사용해 보고, 이 중에 자신에게 가장 적합하다고 생각되는 편집기를 선택하면 된다. 단, 고수들은 편집기의 단축키나 다양한 기능에 익숙하다. 충분히 연습하길 바란다.

필자는 리눅스 배포판 중에서는 Ubuntu(우분투)을 선호한다. 개발 패키지들이 다른 배포판 보다 버전이 높아 최신 구성이 용이하고, 대부분의 대형 프로젝트들이 Ubuntu 기준으로 설명된 것들이 많기 때문이다. 예를들어 Android Platform 개발, Gstreamer, Chromium project 등이 있고, Github의 다양한 프로젝트들을 살펴보다

보면 Ubuntu 환경에서 진행하는 것이 편하다고 느껴질 것이다.

5.1 개발 플랫폼 환경 구성(Windows 10)

5.1.1 VirtualBox 설치 및 Ubuntu 설치

VirtualBox를 간단히 정의하면, 물리적인 하드웨어를 논리적인 가상 머신으로 추상화하여 새로운 운영체제를 구동 할 수 있도록 하는 프로그램이다. 그것을 위한 특별한 레이어가 존재하며, 실제 VirtualBox 프로그램을 설치하는 운영체제는 Host 운영체제라고 부르며, VirtualBox에 인스턴스를 생성하여 설치되는 운영체제를 Guest 운영체제라고 부른다. Guest 운영체제는 실제 물리적인 하드웨어를 가상으로 부여 받고 운영한다. 가지고 있는 물리적인 자원을 나누어 사용하기에, Host 로 설치된 운영체제에 부하를 주게되거나 실제 부여 받은 하드웨어의 성능을 100% 내지는 못한다. 근래에 출시되는 CPU들은 이런 가상화된 플랫폼을 지원하여 좋은 성능을 낼 수 있도록 하드웨어적인 지원을 추가하였다. 대표적인 예가 Intel VT-x나 AMD SVM이다. 또한 무료로 사용가능한 응용 프로그램이기에 어디서든 설치 및 운영가능하다는 점에서 VMWare 와 차별할 수 있는 점이기도 하다.

우선 VirtualBox 홈페이지[22]에 접속하자. 입장하면 화면 가운데에 최신 버전의 VirtualBox 다운로드 버튼이 있으니 클릭하자. 클릭하면 다양한 플랫폼에서 설치 가능한 인스톨러들을 다운받을 수 있다. 이 중 “Windows hosts” 라는 링크를 클릭하여 최신 버전의 VirtualBox 를 내려받는다.

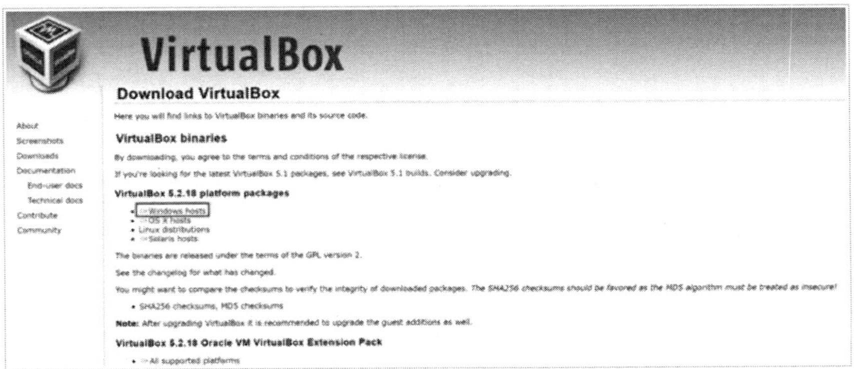

그림 5-1 VirtualBox 다운로드 페이지

22) https://www.virtualbox.org

또한 VirtualBox 다운로드 링크 하단에 “VirtualBox 5.2.18 Oracle VM VirtualBox Extension Pack”을 받아야 한다. 이 확장팩(Extension Pack)은 VirtualBox 설치 후, 추가 설정되는 기능들이 있는 것이다. “All supported platforms”를 클릭하여 다운받아 놓도록 하자. 이제 다운 받은 VirtualBox-5.x.xx-<빌드 번호>-Win.exe 실행파일을 실행하자.

그림 5-2 VirtualBox 설정 시작

환영 메시지와 함께 VirtualBox 5.2.18 설치를 알린다. “Next >” 버튼을 클릭하자.

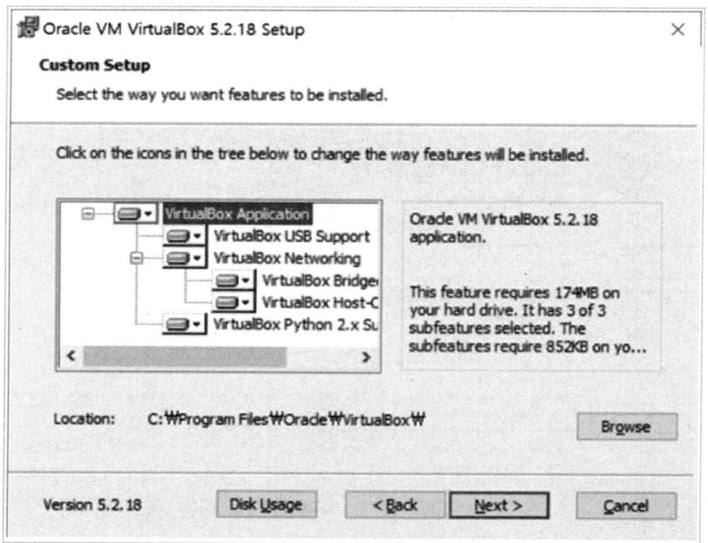

그림 5-2 VirtualBox 커스텀 설정

다음 화면은 사용자 설정화면인데, 기본 설치로 진행하자. "Next >" 버튼을 클릭하자.

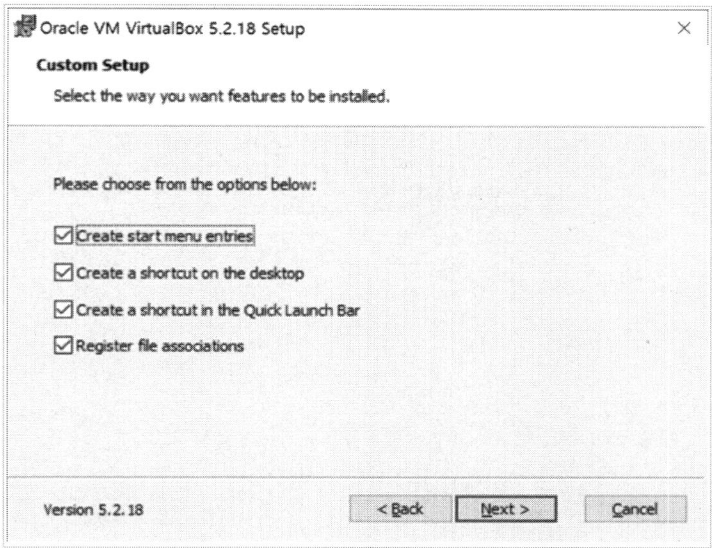

그림 5-3 VirtualBox 커스텀 설정

또 다른 사용자 설정이다. 바탕화면이나 시작 메뉴등에 VirtualBox 바로가기를 만들지에 대한 설정이다. 필자는 기본으로 모두 설정해주었다. "Next >" 버튼을 클릭하자.

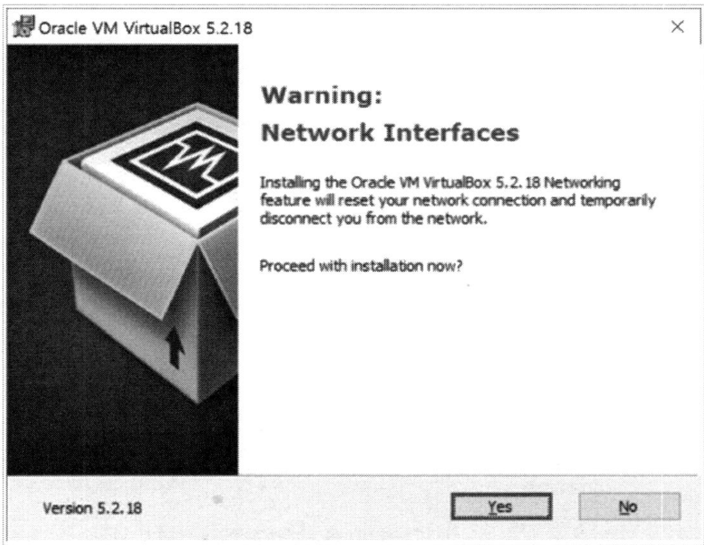

그림 5-4 VirtualBox 네트워크 설정 시작

VirtualBox에서 사용하는 네트워크 인터페이스를 위한 설정이다. “Yes”를 클릭하자. 그러면 잠시 네트워크 연결의 끊김이 있다가 다시 재 연결이 된다고 한다.

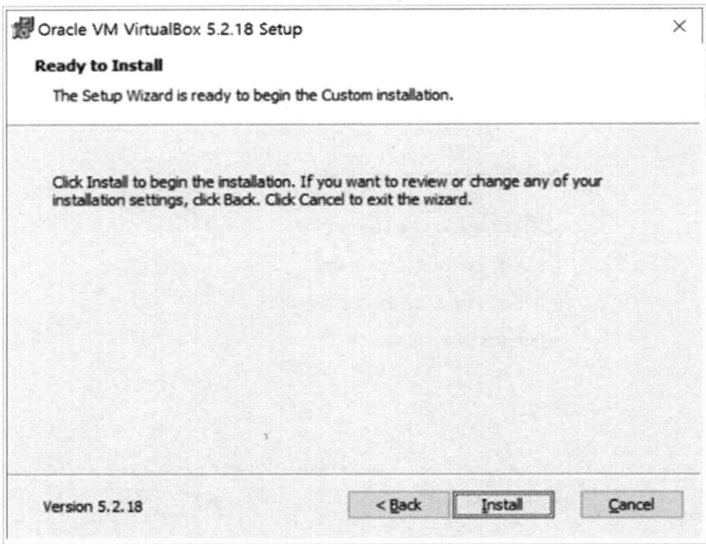

그림 5-5 VirtualBox 네트워크 인터페이스 설치

이제 설치 준비가 다되었고 “Install” 버튼만 누르면 된다. “Install” 버튼을 클릭하자.

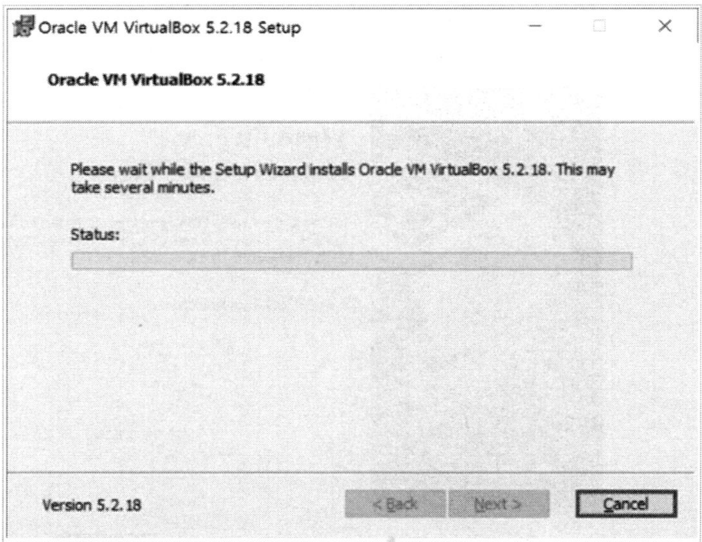

그림 5-6 VirtualBox 설치 시작

설치하는 과정을 보여준다. 간단한 상태 확인 및 파일 복사등이 일어난다. 기다리

면 비활성화 되어 있는 “Next >” 버튼이 활성화가 된다. 그러면 “Next >”를 클릭해 주자.

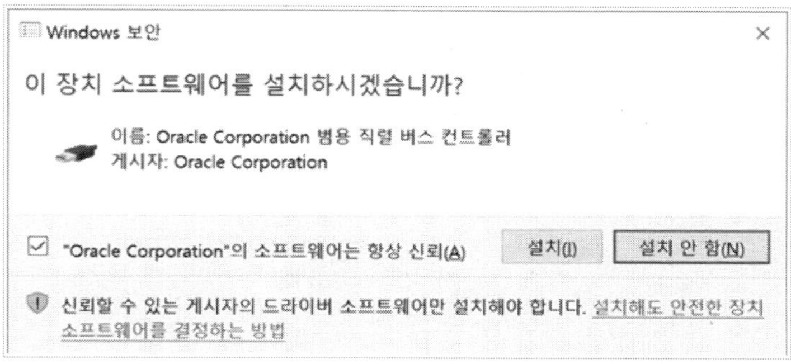

그림 5-7 VirtualBox 장치 설치 허가

설치되는 과정에서 중간에 장치 소프트웨어 설치에 대한 확인과정이 있다. 꼭 필요한 부분이므로 “설치(I)” 버튼을 클릭해서 진행하자.

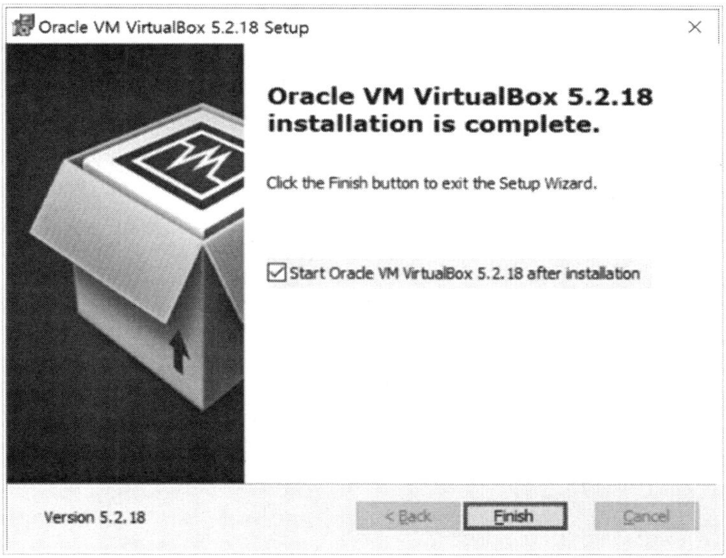

그림 5-8 VirtualBox 설치 완료

설치가 완료되면 마지막 화면에서 설치를 종료함과 동시에 VirtualBox 실행을 시켜준다. 실행이 되면, 바로 종료를 하고 VirtualBox 설치 파일과 함께 받은 Extension Pack을 설치하자. 이 확장팩을 실행하면, VirtualBox 가 다시 아래처럼 확장 설치를 알림과 함께 실행이 된다.

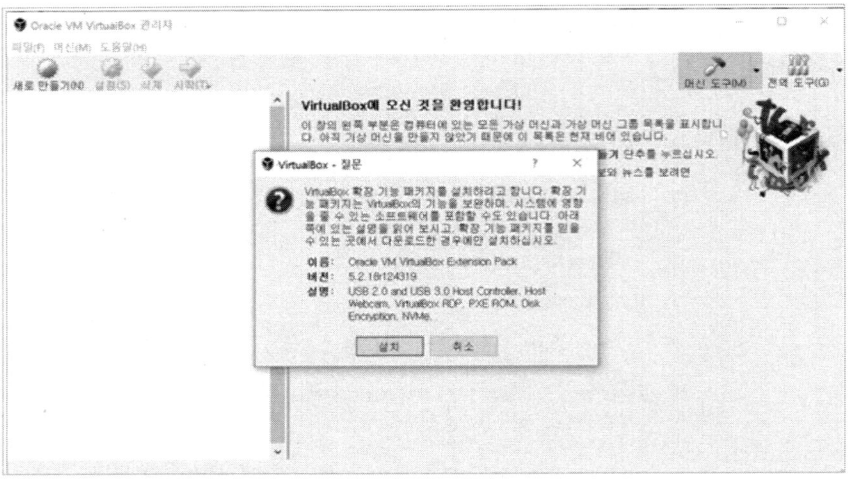

그림 5-9 VirtualBox 시작 및 확장 설치

"설치" 버튼을 눌러 설치를 진행하자. 진행하면 오라클 라이선스 확인이 뜨고, 라이선스를 모두 확인했다는 의미로 스크롤을 맨 아래로 내려주면, "동의합니다" 버튼이 활성화 되고 동의를 하면 설치를 진행한다.

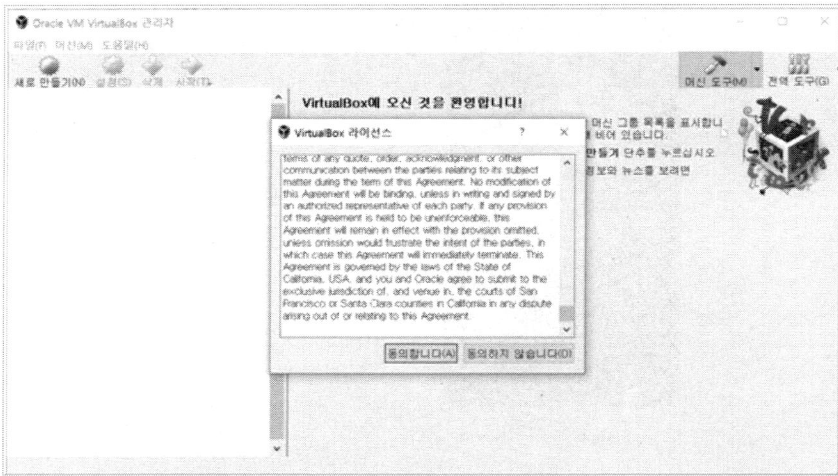

그림 5-10 VirtualBox 라이선스 확인

설치가 완료되면, 아래의 팝업과 함께 설치가 완료된다.

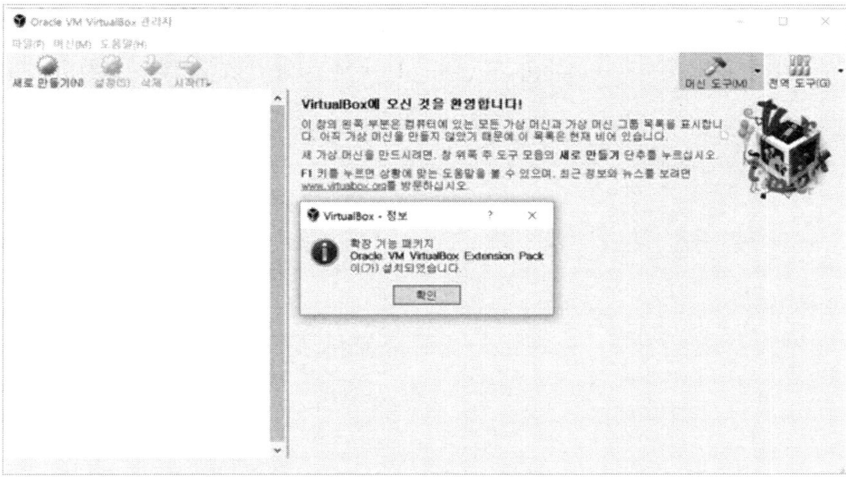

그림 5-11 VirtualBox 확장 설치 완료

이제 VirtualBox 의 설치가 완료되었다. 가상 머신, 즉 리눅스 배포판(Ubuntu)을 설치할 자원을 만든 것이다. 다음으로 오픈 소스 소프트웨어 개발에 이용할 Ubuntu OS 를 다운받도록 하자. VirtualBox에 설치를 할 것이므로 iso 형태의 파일로 다운받으면 된다. 가상 머신에 Ubuntu 설치를 진행해보자. 우선 Ubuntu 배포판 설치 디스크 이미지를 받아야 한다. Ubuntu 홈페이지[23)]에 접속해서 상단 메뉴에서 Download 를 클릭하면 최신 버전(18.04 LTS)을 받을 수 있다.

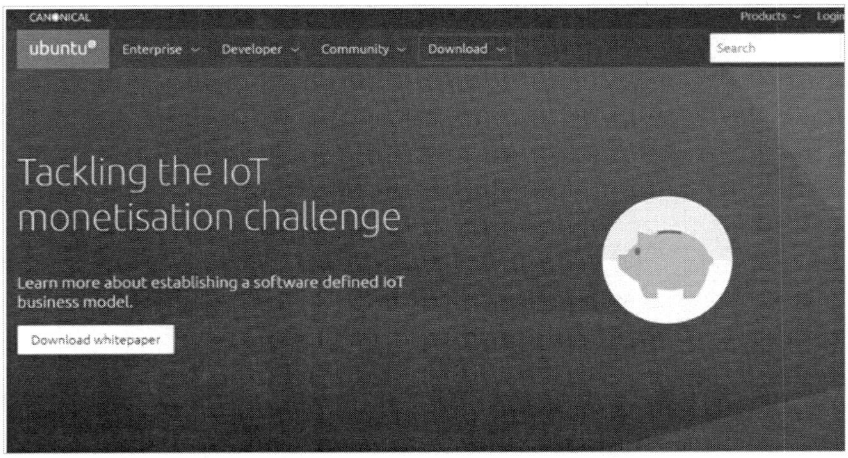

그림 5-12 우분투 다운로드 페이지

Download 탭을 클릭하면 최신 버전 Ubuntu 를 선택하는 페이지가 보인다. 그 중 Ubuntu Desktop 제품에서 18.04 LTS 버튼을 클릭해서 다운로드를 시작하면 된다.

---

23) https://www.ubuntu.com/

ubuntu-18.04.1-desktop-amd64.iso 이름의 파일 다운로드가 되었을 것이다. 이제 이 이미지를 가지고 Ubuntu를 VirtualBox에 설치 할 것이다. 설치된 VirtualBox를 실행하자.

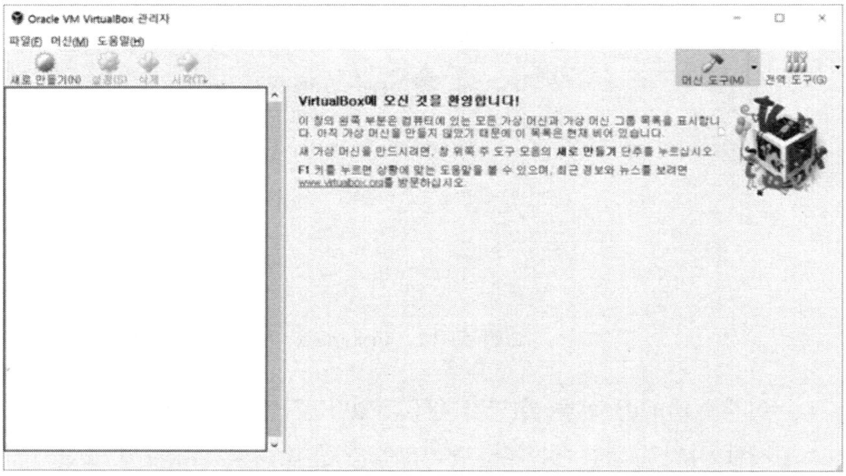

그림 5-13 VirtualBox 설정 시작

실행 하면 왼쪽 빨간색 박스로 표시해둔 곳에 설정된 인스턴스가 없기때문에 하나도 안보일 것이다. 이후 설정을 완료하면 여기에 관련 내용이 보일 것이다. 이제 설정을 시작해보자.

우선 VirtualBox 전체 설정을 해보자.

메뉴 탭에 파일 > 환경 설정으로 설정 메뉴로 진입한다.

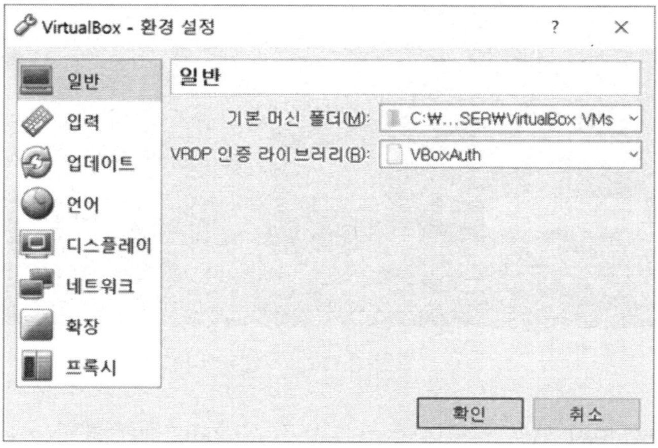

그림 5-14 VirtualBox 환경 설정

환경 설정에서 차근 차근 하나씩 Ubuntu 설치를 위한 설정을 해보도록 하자. "일반” 탭에서는 기본 머신 폴더가 있는데, 여기에 VirtualBox가 사용하는 디스크 이미지를 저장 할 것이다. 디스크 이미지의 읽기/쓰기 속도에 가상 머신의 성능이 연관이 있기 때문에, SSD로 잡힌 디스크로 설정하는 것이 좋다. 다음은 “입력” 탭이다. 여기서는 단순히 호스트 키라는 것만 설정하면 되는데, 기본적으로 오른쪽 Ctrl로 설정되어 있다. 근래에 노트북에서는 오른쪽 키보드가 없기 때문에, 다른 키 값으로 변경해주는 것이 좋다. 필자는 “Shift + Ctrl”로 설정했다.

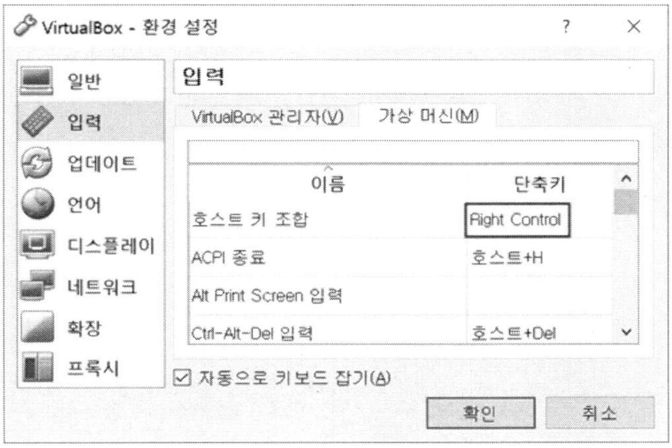

그림 5-15 VirtualBox 입력 설정

그림 5-15에서 “Right Control” 부분을 클릭하면 수정 가능하게 변하는데, 이때, Ctrl 키와 shift 키를 같이 눌러주면 그 값으로 변경이 되고 엔터를 누르면 변경이 적용된다.

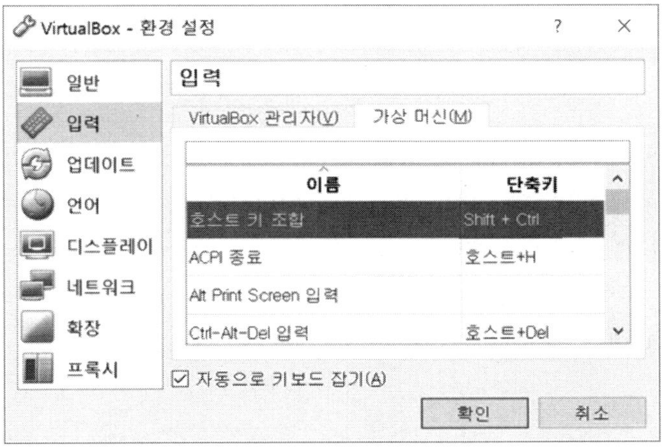

그림 5-16 VirtualBox 호스트 키 설정

호스트 키는 가상 머신의 운영체제에서 키보드/마우스를 사용하다가 호스트 운영체제로 전환 시에 사용된다. 이제 Ubuntu를 설치 할 가상 머신 인스턴스 생성과 설정을 알아보자. 상단 메뉴에서 "새로 만들기"를 클릭하자.

그림 5-17 VirtualBox 가상 머신 만들기

클릭하면 가상 머신을 만들기 위한 도움말과 설정들이 나온다. 하나씩 살펴보면서 설정을 해보도록 하자.

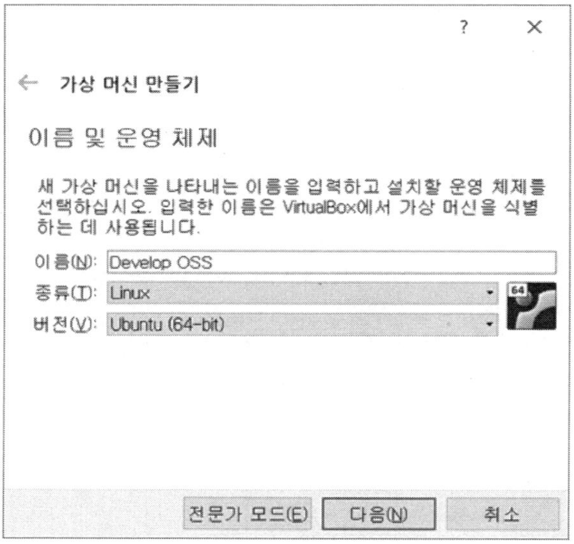

그림 5-18 VirtualBox 운영체제 기본 설정

생성된 가상머신의 기본정보 입력창이다. 이름과 종류를 앞으로 설치할 Ubuntu (64bit)에 맞추도록 한다. "다음"으로 넘어가자. 다음 메뉴는 가상 머신에서 사용할 메모리를 할당하는 것이다. Ubuntu를 사용하는 권장 메모리는 2GB이지만, 각종 개발을 위해서는 8GB 이상으로 설정하는 것이 좋다. 현재 필자의 시스템 메모리는 16GB 이며, 가상머신에게 할당한 메모리는 8GB 이다.

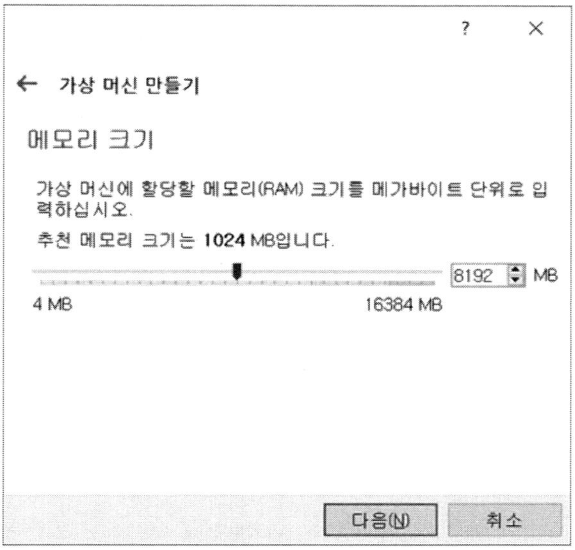

그림 5-19 VirtualBox 메모리 설정

시스템에 여유가 있다면, 더 할당해줘도 좋다. 다음으로 넘어가자.

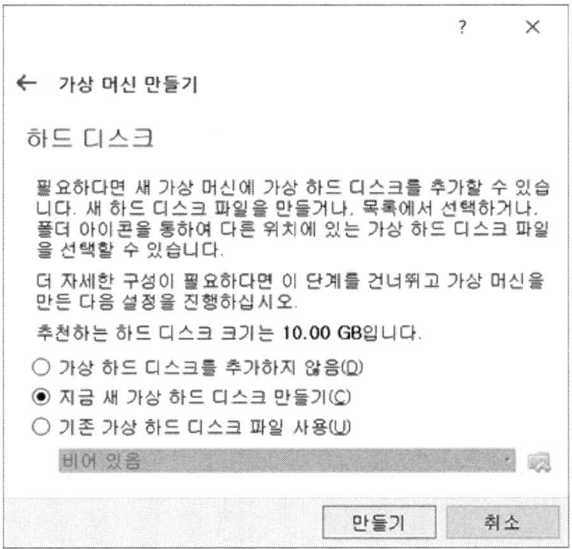

그림 5-20 VirtualBox 하드 디스크 설정

가상 머신을 위한 디스크를 만들어 보자. 처음 생성하는 인스턴스이니, "지금 새 가상 하드 디스크 만들기"를 선택하여 새로 만들어 주도록 하자. "만들기"를 클릭하여 디스크 만들기의 다음단계로 넘어가보자.

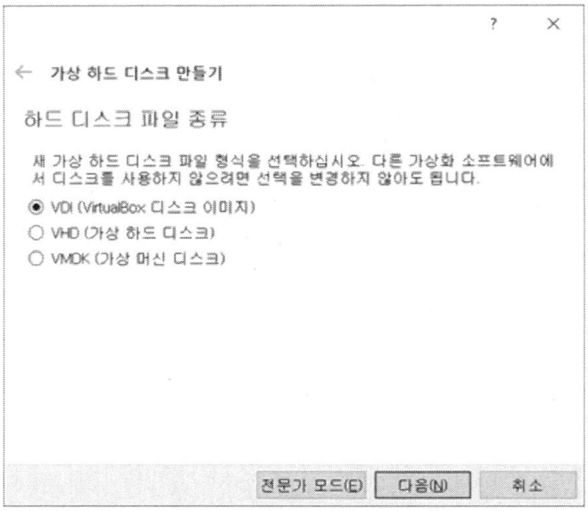

그림 5-21 VirtualBox 하드 디스크 종류 설정

가상 머신에서 사용하는 하드 디스크의 타입을 선택할 수 있는데, VDI/VHD와 같은 경우에는 VirtualBox에서만 사용가능하고 VMDK는 VMware에서도 호환이 된다. 여기서는 VirtualBox에서만 사용할 것이므로 VDI를 선택해주자. 성능에 크게 영향도 없다. 다음으로 넘어가자.

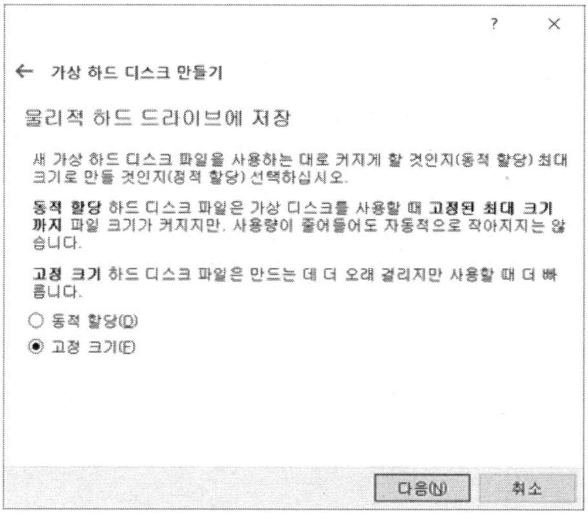

그림 5-22 VirtualBox 하드 디스크 타입 설정

여기서 "동적 할당"과 "고정 크기" 할당이 있는데, "고정 크기"를 선택해주자. 간단히 설명하면 "동적 할당"은 크기를 지정은 해두지만, 사용을 하면 증가하여 호스트 시스템 디스크를 점유해나가지만, 점유해나가는 과정이 추가적으로 요구되므로 "고정 크기" 방법보다는 느린것이다. "고정 크기"는 가상 머신에서 사용된 디스크를

미리 확보를 해두고 접근 및 사용하는 것이므로 조금 더 빠르다는 것이다. 오픈 소스 프로젝트를 빌드하고 개발하려면, 어느정도 성능을 갖추어야 하므로 "고정 크기"를 선택해주자.

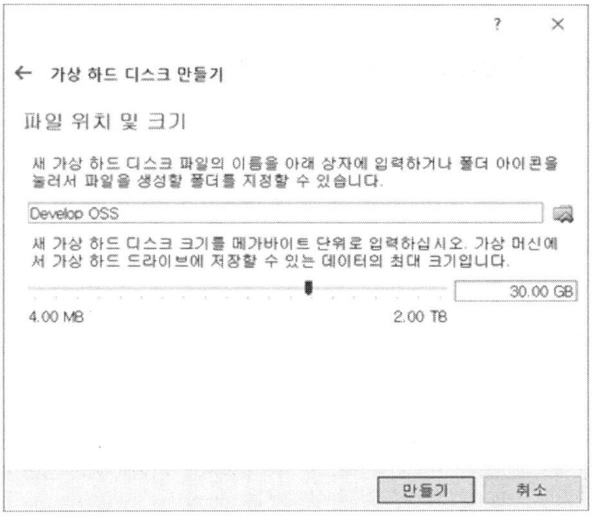

그림 5-23 VirtualBox 하드 디스크의 크기 및 위치 설정

이제, 만들 디스크의 크기를 정해주자. Ubuntu 설치 권장 크기는 25GB이다. 필자는 30GB를 설정했다. 물론 개발하다 보면 더 많은 디스크를 할당해줘야 하는 경우가 생길 것이다. 그럴 경우에는 추가적으로 디스크를 하나 생성하고 VirtualBox에 설치된 Ubuntu에서 마운트하여 사용할 수 있으니 걱정하지 말자. 일단 설치 및 간단한 사용을 위해서는 30GB면 충분하다. 물론 추가적인 디스크를 생성하고 마운트하는 것이 번거럽다면, 한번에 70~80GB 정도 할당해두자. 그 정도면 초반에 충분할 것이다. "만들기"를 클릭하면 VirtualBox를 위한 디스크를 생성한다.

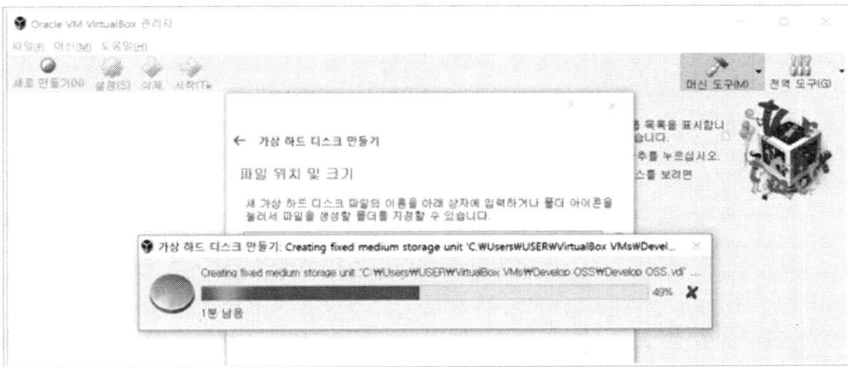

그림 5-24 VirtualBox 하드 디스크의 생성

디스크 이미지를 만들었다면, 기본 설정은 완료된 것이다. 이 작업이 완료되면, 생성한 인스턴스의 이름으로 VirtualBox 가상 머신 리스트에 보이게 된다.

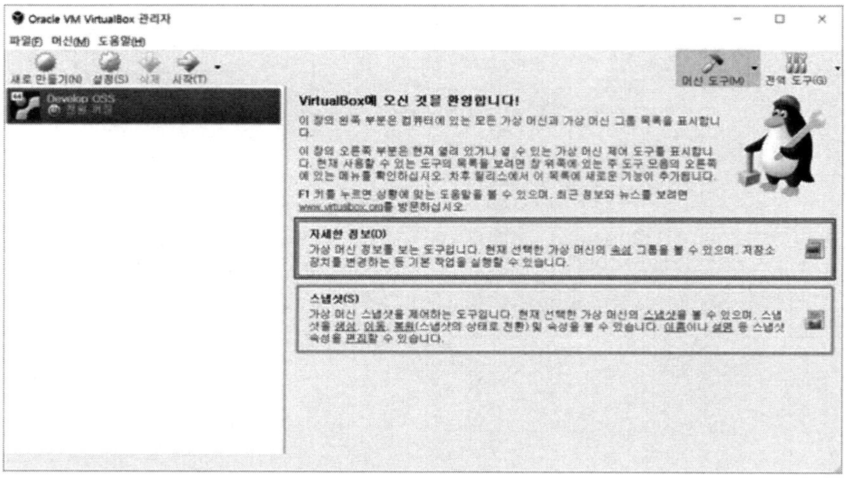

그림 5-25 VirtualBox 가상 머신 생성 완료

“Develop OSS”라는 이름의 가상 머신이 생성 된 것을 확인할 수 있다. 위 캡쳐 이미지에서 오른쪽에 빨간박스를 선택 클릭하면, 설정한 가상머신의 자세한 정보를 아래처럼 보여준다.

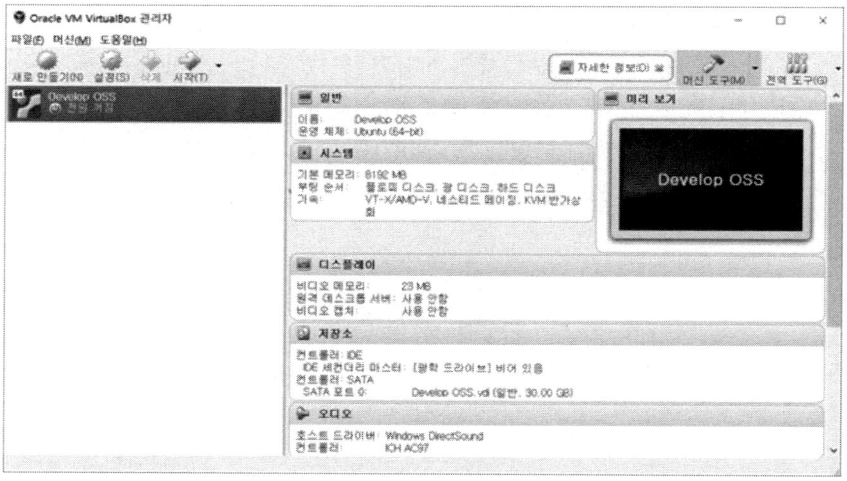

그림 5-26 VirtualBox 가상 머신 설정 내용

아직 설정이 조금 더 남아 있다. 생성된 가상 머신이 선택되면 “설정” 메뉴가 활성화 된다. 클릭하여 진행해보자.

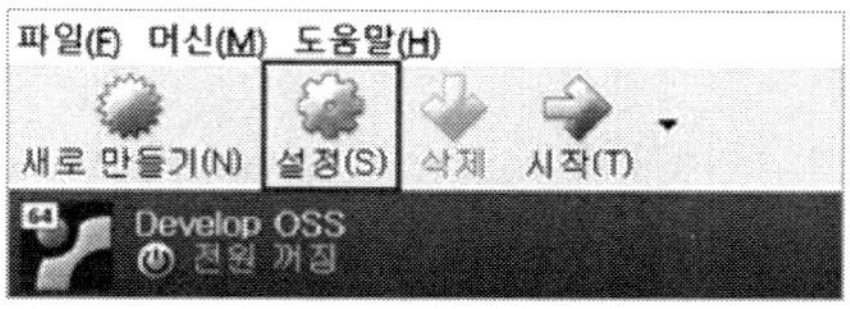

그림 5-27 VirtualBox 설정

설정을 클릭하면, 환경설정한 메뉴와 비슷한 창이 뜨는데, 이 설정은 선택한 가상 머신만을 위한 설정이다. 하나씩 설정해보도록 하자. 왼쪽 탭에서 "시스템" 관련 설정을 먼저해보자.

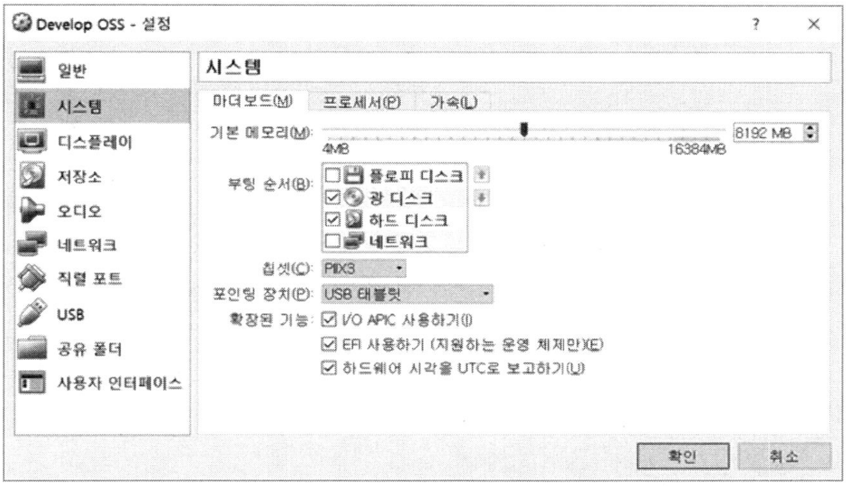

그림 5-28 VirtualBox 시스템 설정

시스템에는 "마더보드", 프로세서" 그리고 "가속" 탭이 있는데, 마더보드를 먼저 보면, 앞서 인스턴스를 생성할 때 설정했던, 기본 메모리가 8GB 로 되어 있다. 물론 가상 머신이 부팅된 상태가 아니라면 수정이 가능할 것이다. 기본 메모리 설정 다음으로 "부팅순서"를 설정해보자. 기본으로 플로피 디스크가 선택되어 있는데, 선택 해제를 하자. 근래는 플로피 디스크를 사용하는 시스템은 없기때문에 필요가 없다. 광 디스크는 설치에 사용할 Ubuntu가 CD 이미지로 되어 있어 부팅에 사용되어야 한다. 그리고 당연하겠지만, 하드 디스크가 광 디스크 다음으로 선택되어 부팅에 사용되도록 설정한다. 칩셋은 PIIX3와 ICH9 타입이 있는데, 기본으로 선택된 PIIX3를 사용하자. ICH9는 실험적인 내용이 많이 들어 있다고 한다. 확장된 기능으로 "EFI"관련 해서만 선택 해제가 되어 있는데, Ubuntu 최신 버전의 광디스크 이미지는 UEFI 를 사용하여 부팅 가능하기에, 선택해준다. 다음은 시스템 항목에서 "프로세서"로 이동 해보자.

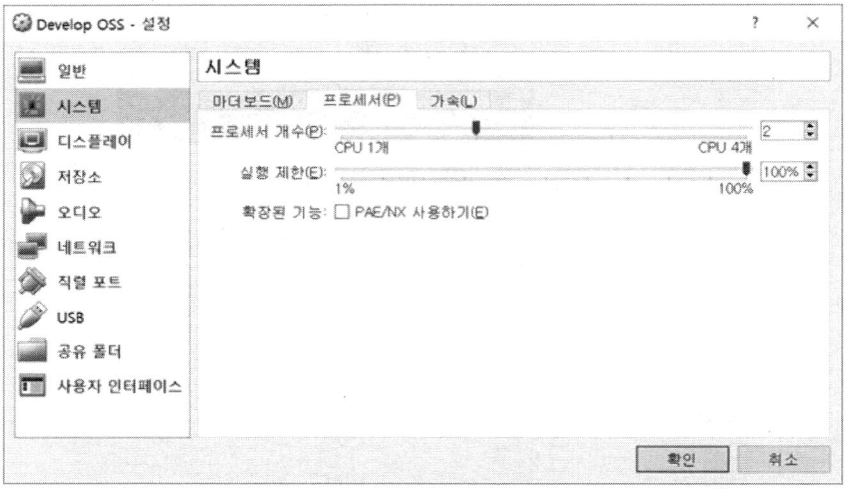

그림 5-29 VirtualBox 프로세서 개수 및 실행제한

프로세서에서는 현재 시스템이 가지고 있는 CPU 자원을 VirtualBox에 얼마나 할당할 것인지 설정하는 것이다. 필자의 시스템에는 물리적으로 CPU 2개가 있으며, 논리적으로(HyperThreading) 4개가 있는 상황이다. 그래서 2개를 할당해주었다. 실행제한은 100%으로 제한이 없게 하였으며, 확장된 기능 PAE/NX 는 32비트 운영체제를 설치하는데 메모리를 4GB 이상으로 사용해야 한다면 꼭 선택해주어야 한다. 64비트 운영체제를 설치할 것이므로 이 확장된 기능은 선택하지 않아도 된다. 마지막에 있는 "가속" 탭의 내용을 보자.

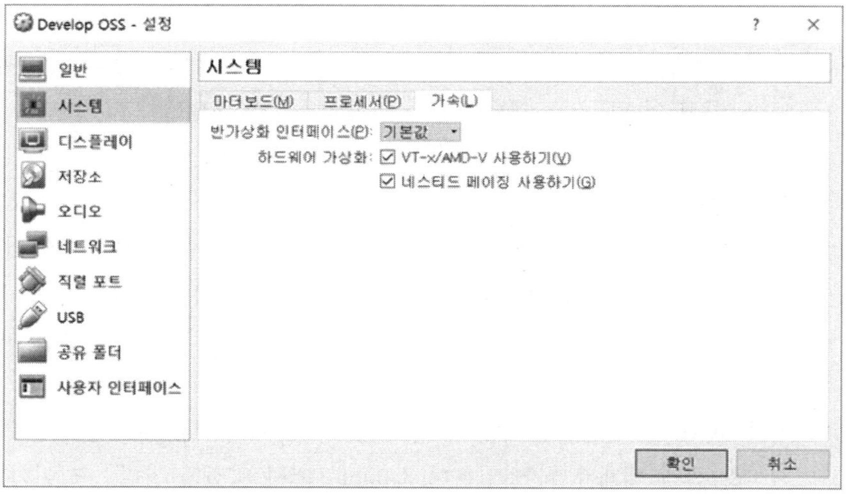

그림 5-30 VirtualBox 그래픽 가속설정

기본적으로 설정되어 있는 내용을 적용하면 된다. 이제 왼쪽 메뉴에서 "디스플레

이" 설정을 확인하자.

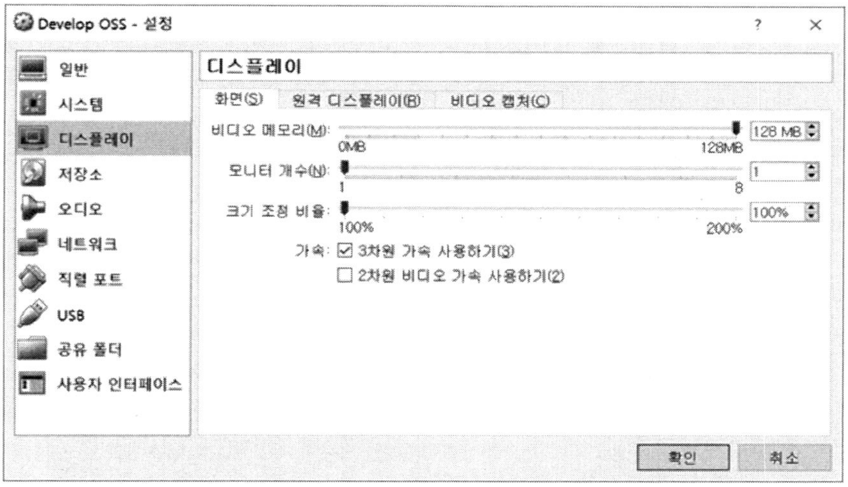

그림 5-31 VirtualBox 디스플레이 설정

가상 머신에 설치되는 Ubuntu도 높은 해상도의 GUI를 출력한다. 이를 위한 비디오 메모리도 충분히 설정해주어야 한다. 비디오 메모리는 최대인 128MB 설정해주면 된다. 나머지는 위의 캡쳐된 내용과 동일하면 된다. 또한 "원격 디스플레이"나 "비디오 캡쳐"는 따로 설정이 필요하지 않다.

앞서 "부팅 순서"를 설정 했듯이 처음 Ubuntu OS를 설치하기 위한 저장소는 광디스크가 될 것이다. 왼쪽 메뉴에서 "저장소" 메뉴에 진입을 하여 Ubuntu 홈페이지로 부터 받은 iso cd 이미지를 마운트 하는 방법을 알아보자.

그림 5-32 VirtualBox 저장소 설정

위의 “저장소” 메뉴에서 가운데 부분에 컨트롤러: IDE라고 되어 있는 부분에 CD 이미지에 더하기(+) 표시가 되어 있는 것을 클릭하자. 클릭하면 우리가 다운로드 받은 이미지를 선택할 수 있는 메뉴가 뜰 것이다. 선택하여 적용하도록 하자.

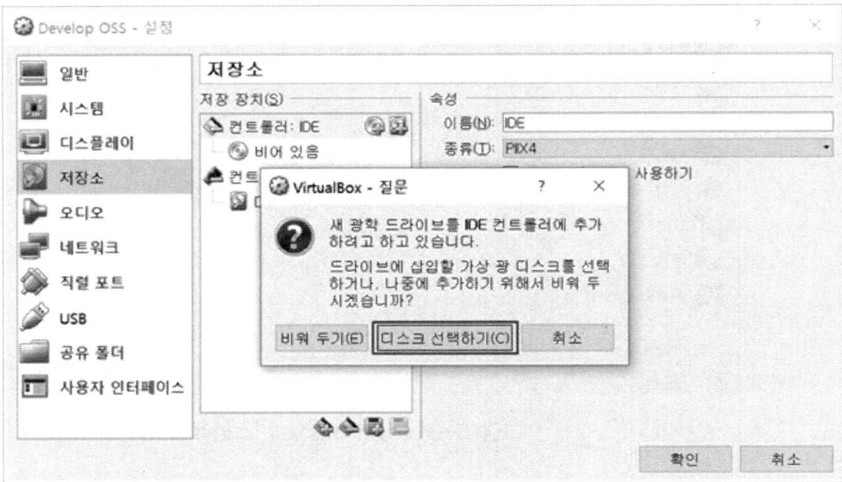

그림 5-33 VirtualBox CD 이미지 선택

더하기를 누르면 위와 같은 팝업이 발생하고, “디스크 선택하기”를 클릭하면 탐색기로 부터 Ubuntu 이미지를 선택할 수 있게 된다.

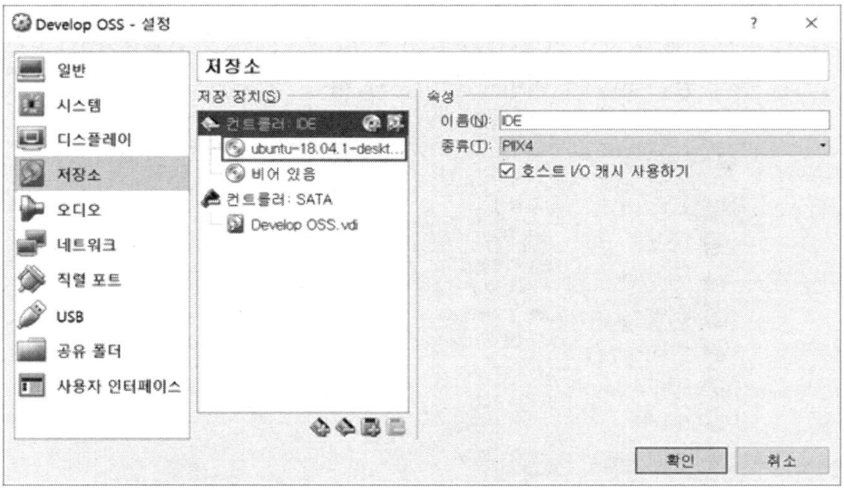

그림 5-34 VirtualBox 우분투 설치 CD 마운트

선택하고 나면 위의 캡쳐 화면 처럼 ubuntu cd 이미지의 이름이 로드가 되고, 설정이 완료된 후에 부팅을 하면 Ubuntu 설치 화면으로 시작할 것이다. 이제 마지막으

로 중요한 네트워크를 설정을 보자.

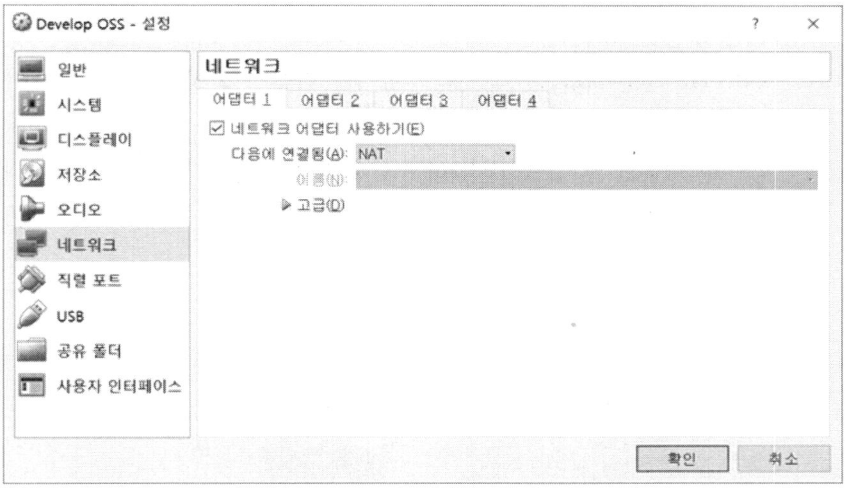

그림 5-35 VirtualBox 네트워크 설정

왼쪽 메뉴에서 "네트워크"를 선택하면, 네트워크 어댑터 1, 2, 3, 4의 탭을 볼 수 있는데, 2,3,4는 현재로써는 사용하지 않는다. 여기서 가상머신의 네트워크 연결 형태를 알고 넘어가야 한다. 지금은 NAT라는 형태로 네트워크를 지원하면 되지만, 여러가지 상황에서 다른 네트워크 형태도 설정할 수 있어야 하기 때문에 알아두면 향후에 편리하게 사용할 수 있을 것이다.

- NAT : Network Address Translation의 약자로 가장 간편한 설정 네트워크 설정 방식이다. 이는 가상머신(VM)에서 외부로 인터넷을 접속할 수 있도록 호스트 PC 네트워크와 연결해주는 방식이다. 하지만 외부에서 가상머신으로 접근을 하려면 포트 포워딩[24]을 해주어야 가능하다.

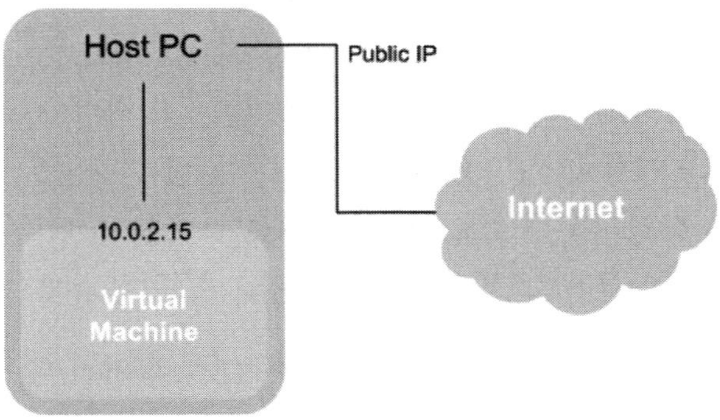

그림 5-36 VirtualBox 네트워크 개념도

24) https://ko.wikipedia.org/wiki/포트_포워딩

간단하게 표현하면 이렇게 된다. 가상 머신의 IP로는 10.0.2.15가 할당되고 게이트웨이로는 10.0.2.2가 되어 가상 머신 → 게이트웨이 → 호스트 PC → 인터넷의 형태로 진행된다.

- Bridge Network: 이 네트워크 방식을 간단히 설명하면, 공유기에 여러 대의 PC를 네트워크 케이블로 연결하면 공유기로 들어오는 공인 IP 는 하나이지만, 공유기에 연결된 PC들을 192.168.x.x 형태의 IP를 받아 네트워크를 사용할 수 있게 된다. 이때 연결되는 물리적인 PC가 아니라 가상 머신도 이에 해당 될 수 있다.

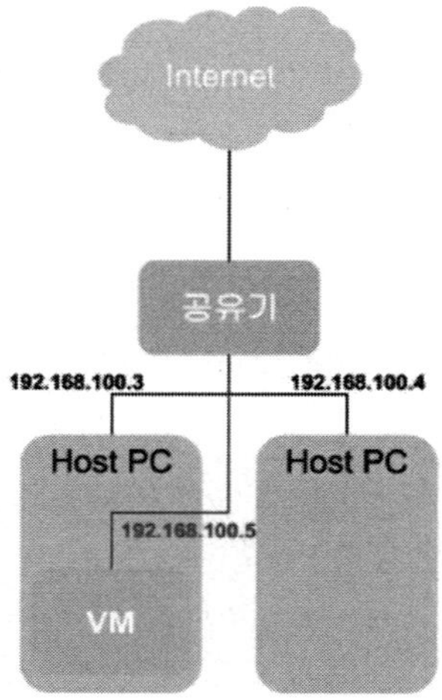

그림 5-37 VirtualBox 가상머신의 네트워크 공유

공유기를 사용하여 외부 인터넷과 연결된 PC 에서 네트워크을 설정할 때, 선택하면 좋은 옵션이 될 것이다.

- Host-only 네트워크: 단지 Host 와 가상머신(VM)간에 통신이 되고 Host-only 네트워크를 통해서 외부 인터넷으로 접근할 수 없는 네트워크의 형태이다. 필자의 경우 Host-only 네트워크는 가상 머신을 설치하고 리눅스 파일 시스템을 윈도우와 공유하는 삼바(samba)를 구축할 경우에만 사용했다. 즉, 윈도우(호스트 PC)와 가상 머신(VM)간의 파일 공유를 위해 사용했는데, 이제는 다른 좋은 방법들이 있기에 더 이상 사용하지 않는다. 물론 이 네트워크는 가상머신을 여러개 실행하고 그 가상 머신끼리 내부망을 구성하기 위해서도 사용될 수 있다.

이제 네트워크까지 설정 했으니, 본격적으로 Ubuntu 를 설치해보도록 하자. 앞서 다운 받은 Ubuntu 설치 디스크를 마운트 했으니 가상 머신을 시작하게 되면 설치 디스크가 구동될 것이다.

그림 5-38 가상 머신 시작

설정 완료한 가상 머신을 클릭하고 상단 메뉴에 "시작"을 클릭하자. 그러면 새로운 창이 뜨고 그 창을 통해 가상 머신이 실행되는 것을 볼 수 있다. Ubuntu가 구동되기 전에 grub이라는 부트로더가 여러가지 부팅을 지원하는데, 설치 디스크도 같은 부트로더로 설치 및 데모를 사용해 볼 수 있게 한다. 부팅하면 관련 메뉴가 아래 처럼 보인다.

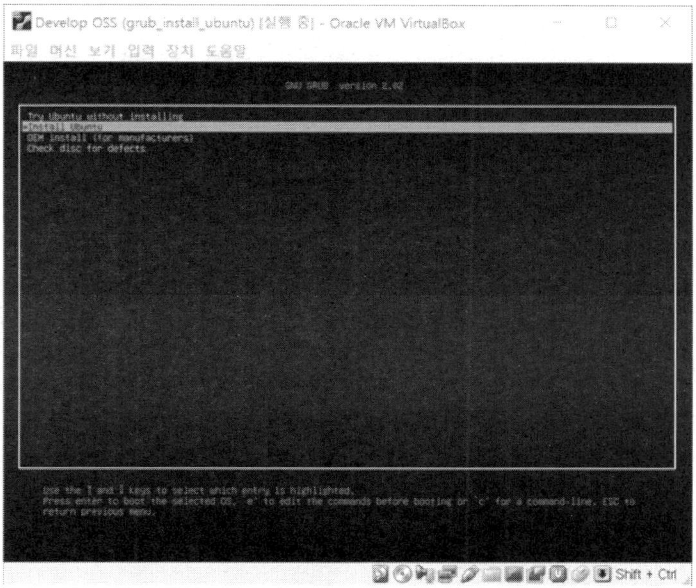

그림 5-39 우분투 설치 시작

화면을 클릭하면 키보드 입력이 가능하다. 위의 메뉴중에 "Install Ubuntu"를 선택하고 엔터를 입력한다. 제일 처음 보이는 화면은 언어 선택이다.

그림 5-40 우분투 언어 설정

기본으로 영어로 선택되어 있어 "한국어"로 변경했다. 영어로 써도 무방하다. 계속하기를 눌러 진행하자.

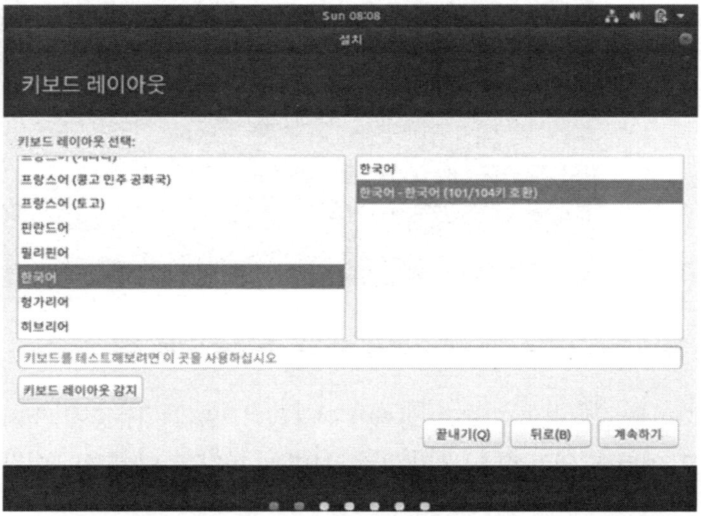

그림 5-41 우분투 키보드 설정

언어로 한국어를 선택하면, 기본 키보드 레이아웃은 한국어로 설정된다. 다음으로 넘어가자.

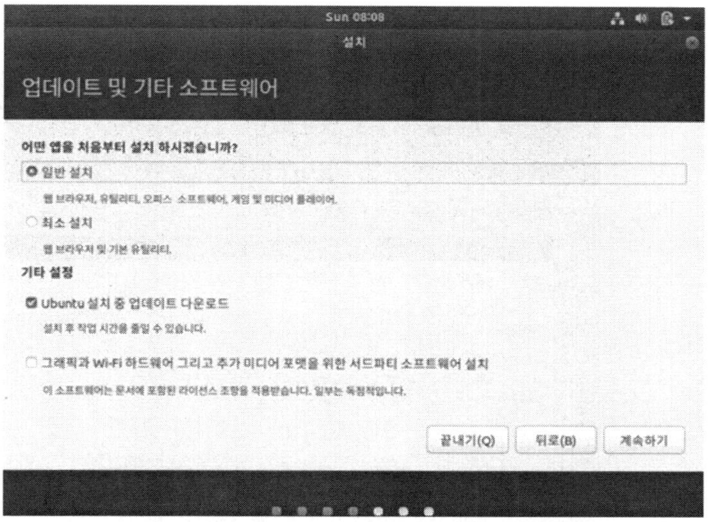

그림 5-42 우분투 설치 타입 설정

업데이트 및 기타 소프트웨어에서 선택 할 것은 "일반 설치"와 기타설정에 "Ubuntu 설치 중 업데이트 다운로드"이다. 특별한 사항은 없으니 다음으로 넘어가자.

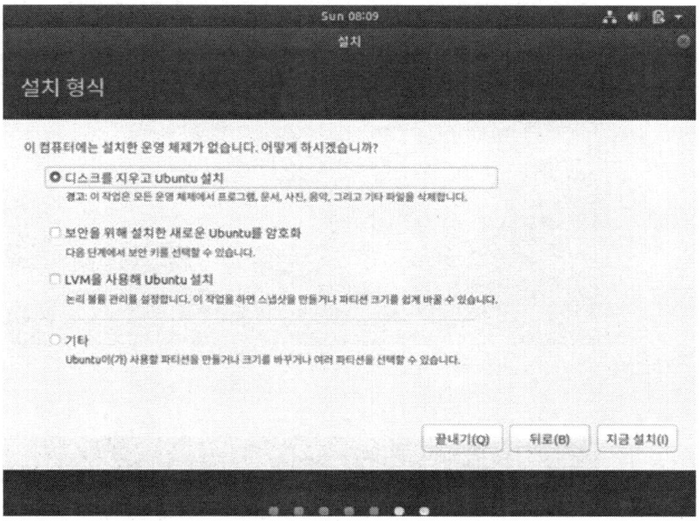

그림 5-43 우분투 파티션 설정

설치 형식으로는 가상 머신에 깨끗한 가상 디스크를 만들어 두었고 그 디스크는 아무 내용도 없기 때문에 "디스크를 지우고 Ubuntu 설치"를 선택하면 된다. "지금 설치"를 누르면 아래와 같이 디스크 파티션 레이아웃을 보여주고 설치 진행을 재차

묻는다.

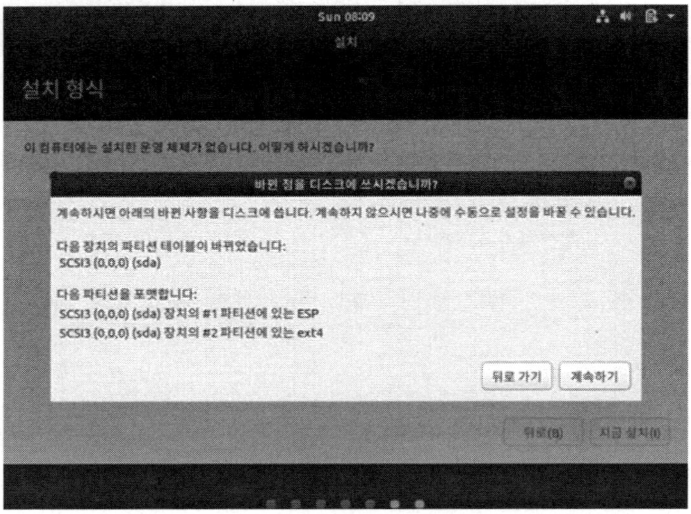

그림 5-44 우분투 파티션 설정 확인

계속하기를 눌러 다음으로 넘어가자.

그림 5-45 우분투 위치 설정

현재 시간을 동기화하기 위한 설정이다. Seoul로 설정되어 있다. 만약 다른 지역으로 되어 있다면, 지도에서 한국의 위치에 클릭하면 Seoul로 설정될 것이다.

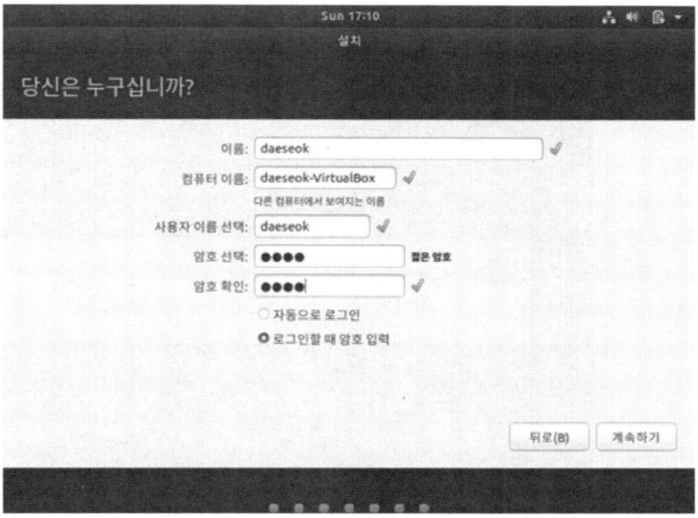

그림 5-46 우분투 계정 설정

다음으로는 기본 계정 설정인데, 이름에 로그인할 ID를 넣자. 필자는 "daeseok"로 했다. 그러면 컴퓨터의 이름은 "daeseok-VirtualBox"로 자동 입력이 된다. 비밀번호 입력까지 하고 다음으로 넘어가자.

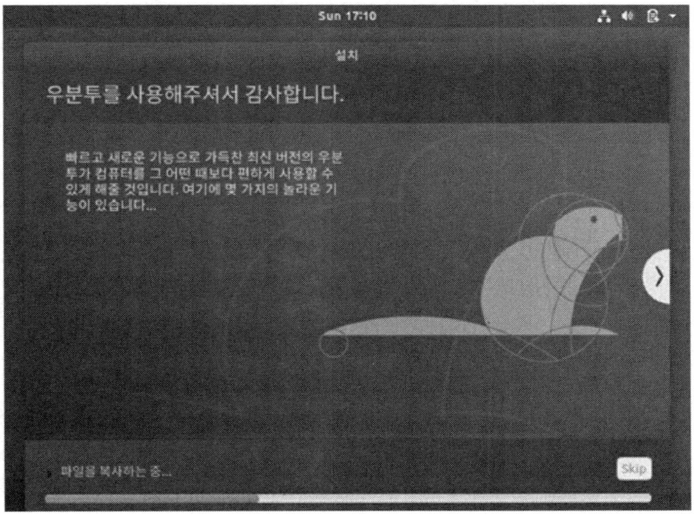

그림 5-47 우분투 설치

이제 설치가 진행된다. 시스템 상황에 따라 설치 시간은 달라지겠지만, 10~15분정도 걸린다.

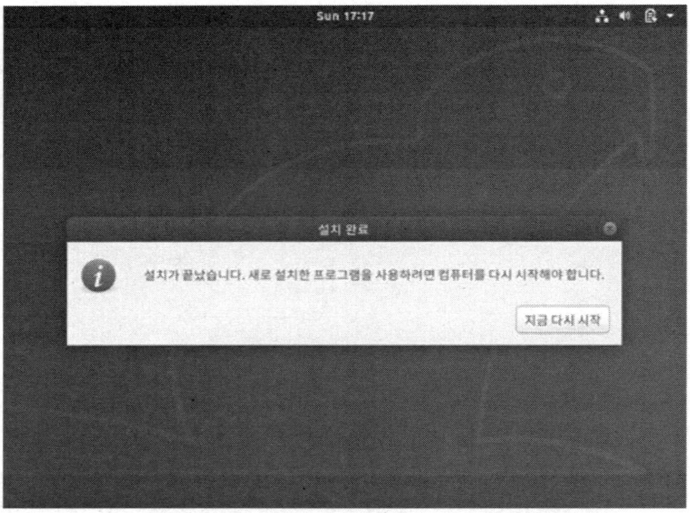

그림 5-48 우분투 설치 완료

설치가 완료되면 시스템을 다시 시작하라는 메시지가 나온다. 다시 시작을 하자. 실제 PC에 설치 시에는 마지막에 CD나 USB를 제거하여 부팅을 진행해야 하지만 가상머신에 마운트 했던 CD 이미지는 다시 시작 버튼을 누름과 함께 제거가 된다.

그림 5-49 우분투 로그인

다시 부팅을 하면 로그인 화면이 나온다. 앞서 입력했던 비밀번호로 로그인하자. 하지만 여기서 끝이 아니다. 게스트 OS(Ubuntu)를 제대로 운영하기 위한 확장 설치가 있다. 확장 설치를 하면, 가상 머신의 성능을 높이고 다양한 기능(가상 모니터의 해상도 등)을 사용가능하게 해주니 설치하는 것이 좋다.

먼저, 게스트 확장 설치를 위해 준비 작업이 있다. 시스템을 최신 상태로 업데이트 하고 확장 게스트에 포함된 커널 모듈을 빌드하기 위한 기본적인 패키지를 설치해주면 된다. 우선 로그인을 하고 “gnome-terminal”을 실행해보자.

그림 5-50 우분투 터미널 실행

Ubuntu 왼쪽 상단 끝을 클릭하면 검색창이 뜨는데, 거기에 “gnome-terminal”이라고 입력하자. gnome terminal은 ubuntu에 설치되는 기본 터미널 응용 프로그램으로 명령라인 실행을 가능하게 한다. “gnome-terminal”을 입력하면 위의 캡쳐된 이미지에 나오는 것처럼 “터미널”이라는 응용 프로그램이 보이고, 클릭하면 실행이 되어 터미널 프로그램이 화면에 뜬다.

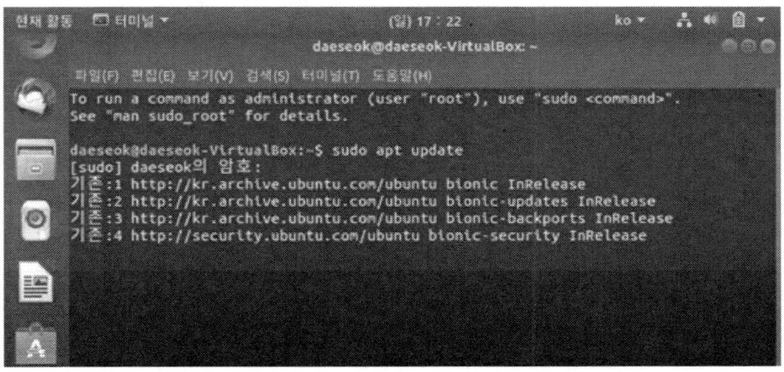

그림 5-51 우분투 패키지 업데이트

Ubuntu에는 “apt”라는 패키지 매니저가 있는데, 관리자 권한으로 실행되어 사용자가 원하는 패키지를 설치해준다. 여기서 관리자 모드로 실행하는 방법은 명령어 앞에 “sudo”라는 명령어를 붙여주면 된다. 처음 Ubuntu를 설치하는 과정에서 계정을 생성할 때, Ubuntu는 “wheel”이라는 특별한 그룹에 사용자 계정을 등록한다. 이는 sudo 명령으로 그 명령어를 실행하는 동안에만 관리자 권한을 갖게 해주는 기능을 부여하는 것이다. 이렇게 하는 이유는 여러가지가 있는데, root 권한을 가진 상태로 진행하다 보면, 아무래도 큰 실수를 예방할 수 없는 일들이 일어날 수 있다. 예를 들면, rm -rf/하고 디렉토리를 입력하려고 했으나 실수로 엔터를 입력하면 시스템을 지워버릴 수 있는 것이다. 또한 한 시스템에 여러 사람이 사용하고 있고, wheel 그룹에 속해있다면, sudo로 어떤 명령어를 입력했을 때, 누가 관리자의 권한을 이용했는지 로그를 통해 알 수 있다.

본론으로 돌아와서 apt 패키지 매니저를 통해 시스템 저장소를 업데이트 해보자. 패키지들을 관리하는 저장소에 현재 시스템에 패키지들의 업데이트가 있는지만 확인하는 것이다. 그리고 sudo 명령어를 입력하면 계정의 비밀번호를 한번 물어본다. 이 또한 명령어를 실행할 때, 한번 더 확인을 할 수 있으므로 root 계정이 아닌 wheel 그룹의 계정으로 sudo 명령을 이용해 관리자 실행을 하는 것이 좋은 습관이라 할 수 있다.

```
$ sudo apt update
```

패키지를 관리하는 저장소와 시스템의 동기화 작업을 한다고 보면 된다. 이제 업데이트된 패키지들을 설치하려면 아래와 같이 실행하면 된다.

```
$ sudo apt upgrade
```

참고사항으로 apt는 apt-get이라는 이름으로 사용할 수 있는데, 두 명령어의 차이는 apt는 진행사항을 백분율(%)로 터미널 하단에 보여진다는 것이다. apt 명령어를 사용하되 설치관련 검색을 하면 apt-get으로 나오는 경우가 많으니, 동일하다는 거만 알아 두도록 하자. 이제 upgrade가 완료 되었다면, 게스트 확장 설치를 위한 패키지를 설치해보자.

```
$ sudo apt install build-essential linux-headers-$(uname -r)
```

이 명령어는 빌드의 기본적인 설치와 리눅스 커널 모듈 빌드를 위한 커널 헤더 파일들을 설치한다. 게스트 확장 설치에 필요한 것이니 설치하자. 완료가 되면 게스트 확장 CD를 게스트 OS(Ubuntu)에 삽입을 하면 된다.

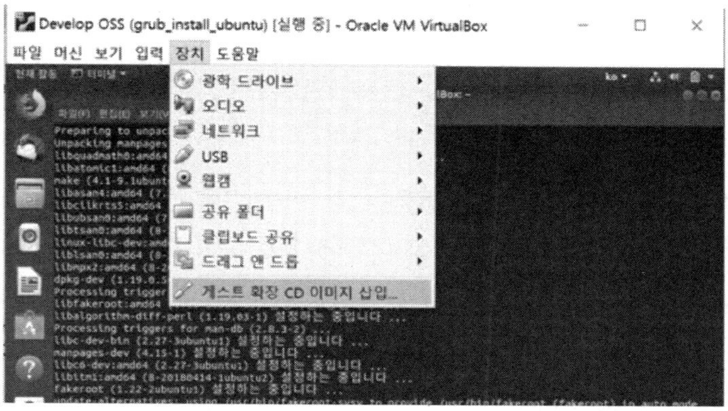

그림 5-51 VirtualBox 게스트 확장 설치

가상 머신 자체에 다른 응용 프로그램처럼 메뉴들이 있는데, 장치라는 메뉴 마지막에 "게스트 확장 CD 이미지 삽입"이라고 뜬다. 삽입을 하게 되면 "VBox_GAs_5.x.xx에는 자동으로 시작하도록 한 프로그램이 있다. 실행하시겠습니까?" 라는 팝업이 뜬다. "실행"이라는 버튼을 누르면 관리자의 비밀번호를 요청하고, 비밀번호를 입력하면 새로운 터미널과 함께 뭔가 설치 진행을 한다. 완료가 되면 그 터미널에서 엔터를 치면 터미널을 닫는다는 메세지가 보일 것이다. 그럼 엔터를 치고 터미널이 닫히는 것을 보면 된다. 그리고 더이상 필요없는 게스트 확장 CD 이미지를 제거 해줘야 한다. 사용하던 터미널을 최소화 하면 바탕화면에 CD 이미지가 보일 것이다. 우클릭하여 제거해주자.

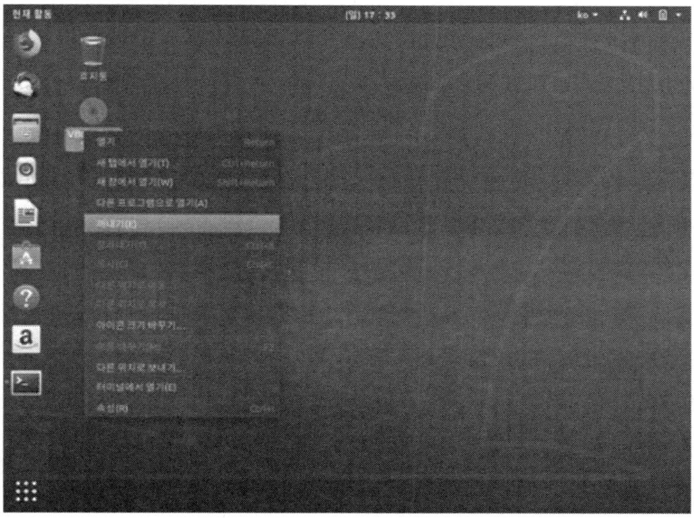

그림 5-52 VirtualBox 게스트 확장 CD 제거

이제 마지막으로 시스템을 리부팅하면 마무리된다. 터미널에서 아래 명령어를 입

력하거나,

```
$ sudo reboot
```

우측 상단에 시스템 종료(전원버튼 아이콘)을 클릭하여 종료하면 된다. 이제 해상도를 변경하려면, 가상 머신의 메뉴에서 보기를 확인해보자. 해상도를 늘려 쾌적하게 사용하거나 전체화면으로 사용하도록 하자. 이제 VirtualBox에 Ubuntu 18.04를 설치하는 방법을 모두 알아보았다. 이렇게 설치된 Ubuntu를 통해, 개발 환경을 설정하고 오픈 소스들을 빌드하며 실행하는 것까지 가능하게 될 것이다. Windows라는 호스트 시스템에 가상머신을 설치한 것이라 성능적인 측면에서 손해를 보는 것이지만, 처음 오픈 소스 프로젝트에 참여하는 과정에서 가상머신으로 구축한 Ubuntu 환경도 충분히 활용가능하고 연습할 수 있게 될 것이다.

5.1.2 Windows 10 WSL(Windows Subsystem for Linux) 설치

Windows 계열 운영체제에서 리눅스 응용 프로그램을 실행 시키기 위한 노력들은 많이 있었다. 5.1.1절에서 소개한 VirtualBox나 VMWare는 가상 환경을 생성하고 여기에 리눅스 배포판을 설치하여 호스트와는 다른 환경을 제공하는 방식이었다. 한편, Cygwin이라는 Windows 응용 프로그램의 형태로 제공되는 리눅스 명령 실행 환경이 있었다. 하지만 Cygwin에서 리눅스 관련 명령이나 프로그램을 실행하기 위해서는 어느정도 수정이 필요하다는 제한이 있었다. 반면, 여기서 소개하는 WSL (Windows Subsystem for Linux)는 Windows 커널에서 리눅스 ABI(Application Binary Interface)를 지원하여 기존 리눅스 응용프로그램 바이너리를 바로 실행이 가능하다는 차이점이 있다.

만약 WSL을 활성화 시키고 Ubuntu 를 microsoft store를 통해 설치한다면, apt 패키지 매니저를 통해 각종 패키지를 다운로드 및 설치가 가능하다. 이것은 Windows 내에서 가상 환경을 설치하여 지원하는 방식과 다르게 Windows 상에서 직접 수행된다는 차이가 있다. 단점은, 아직 그래픽 작업을 위한 패키지가 설치 및 구동이 되지 않으며, I/O가 많이 느리다[25]. 필자가 사용해본 느낌은 대형 프로젝트의 빌드 작업은 어울리지 않을 듯 하다. 예를 들어, C/C++ 프로젝트를 빌드하게 되면, CPU/Memory/IO 작업이 많이 수행된다(그래서 시스템 성능 측정을 위한 벤치마크 툴에서 많이 사용되기도 한다.). 반면, 필자 생각에 WSL은 빌드 부분이 최소화 될

25) https://www.phoronix.com/scan.php?page=article&item=wsl-february-2018&num=1WSL/Docker/VM 등을 서로 성능 비교를 해놓은 실험을 볼 수 있다.

수 있는 웹 프레임워크를 개발하기 위해 사용이 된다면 좋을 것 같다. 왜냐하면 윈도우와 리눅스에서 파일 시스템에 동일하게 접근되고, 두 환경에서 잘 동작하는지 빠르게 확인할 수 있기 때문이다. 최근에는 WSL의 성능을 끌어 올리기 위해 각종 불필요한 Windows 서비스 프로세스들을 정리[26]하는 방법들이 공유되고 있다. 이런 성능 튜닝을 통해 WSL의 성능이 좋아진다면, 가상 환경을 구축하는 과정 없이 대형 프로젝트의 개발도 가능해 질 것이다.

이제부터 WSL[27]을 설치 해보도록 하자. WSL은 Windows 응용 프로그램을 설치하는 것과 같이 손쉽게 가능하다. 그런데, Windows 10 에서 특정 버전과 OS 빌드 이상에서만 지원되니, 먼저 확인하고 Windows 업데이트가 필요하다면 하도록 하자. 일단 Windows의 OS 버전을 확인하기 위해서는 [설정]→[검색 : PC 정보]로 이동하면 맨 하단에 OS 빌드와 Windows 버전을 확인할 수 있다.

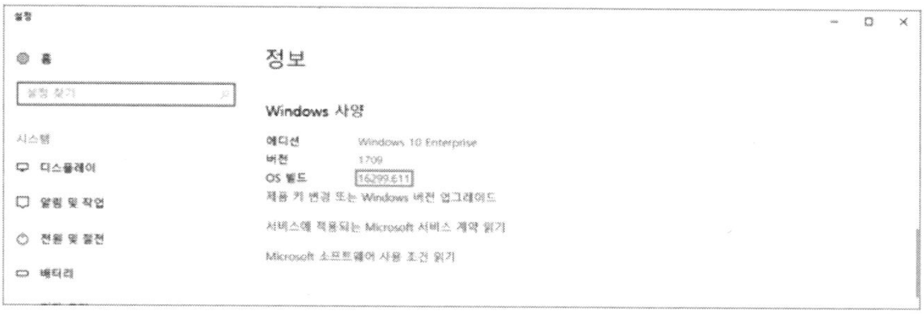

그림 5-53 WSL을 위한 Windows 버전 확인

WSL 이 지원되는 버전은 OS 빌드가 14316 보다 상위 빌드인지 확인해야 한다. 상위 버전이 아니라면 업데이트를 해주자. WSL이 베타로 지원되던 시절에는 WSL을 활성화 하기 위해서 "개발자 모드"로 설정해줘야 했었는데, 현재에는 기능이 개발자 모드가 아니더라도 활성화 할 수 있게 되어 있다. [설정]→[검색: windows 기능]으로 찾을 수 있다. 검색되는 결과를 클릭하자.

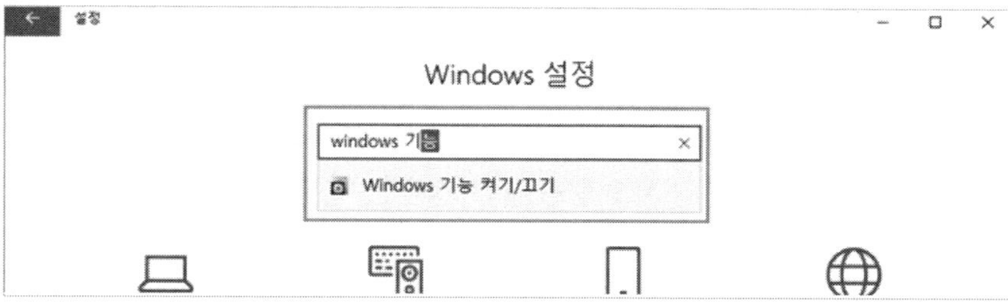

그림 5-54 WSL을 위한 Windows 기능 켜기/끄기

---

26) https://www.phoronix.com/scan.php?page=article&item=windows10-w10priv-wsl&num=1W10Privacy라는 프로그램을 이용하여 Windows 10의 성능을 극대화 시킬 수 있다고 한다.

27) https://blogs.msdn.microsoft.com/wsl/2016/04/22/windows-subsystem-for-linux-overview/ 공식 문서

클릭하면 Windows의 선택 기능들을 활성화 혹은 비활성화 할 수 있는 창이 보인다.

그림 5-55 WSL 활성화

목록 중에 “Linux 용 Windows 하위 시스템”를 선택해주고 확인을 클릭하면 관련 패키지들을 설치한다.

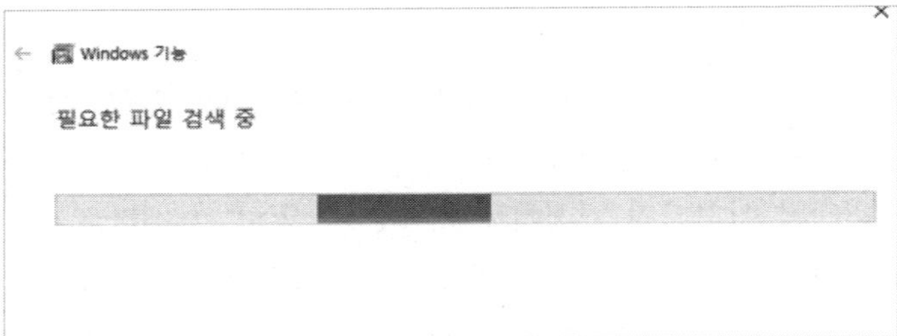

그림 5-56 WSL 설치

필요한 파일을 서버로부터 검색하고 다운로드 및 설치를 진행하는 것으로 보인다. 이 작업이 끝나면 완료와 함께 Windows 다시 시작을 요청한다. 시스템을 다시 시작하자. 다시 시작 했다면, Windows Store에서 리눅스 실행 환경을 무료로 다운로드 할 수 있다. Windows Store 응용 프로그램을 실행하고 검색창에 “linux”라고 입력해보자.

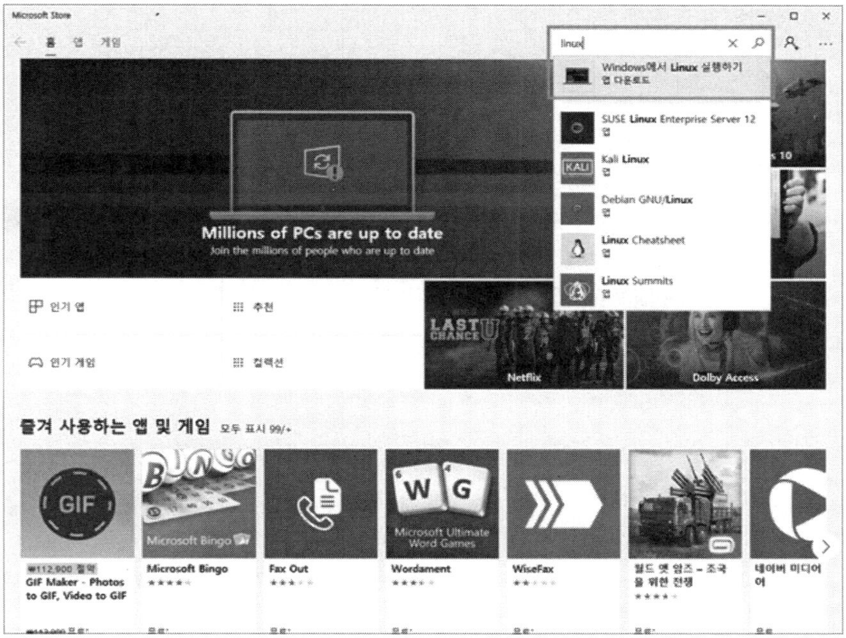

그림 5-57 Windows Store에서 리눅스 찾기

linux 라고 입력하면 바로 아래에 "Windows에서 Linux 실행하기 앱 다운로드"라는 검색 결과가 보이고 클릭하면 아래와 같이 WSL에서 지원하는 리눅스 배포판들이 나열된다.

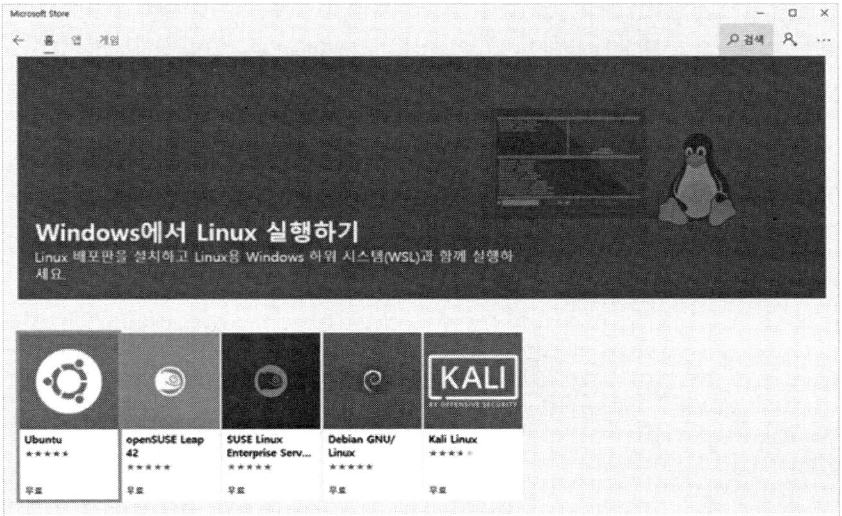

그림 5-58 Windows Store 에서 리눅스 목록

다양한 리눅스 환경들이 지원되지만, 우리는 Ubuntu를 사용할 것이다. Ubuntu를

선택하자.

그림 5-59 Windows Store에서 우분투 설치

선택하면 "무료로 받기" 버튼이 있는데 클릭하면, Ubuntu를 위한 패키지를 다운로드 받는다.

그림 5-60 Windows Store에서 우분투 설치 완료

오래 걸리지 않고 다운로드 및 설치가 완료될 것이다. 완료되면 "받기" 버튼이 있었던 자리에 "실행"이라는 버튼으로 변경된다.

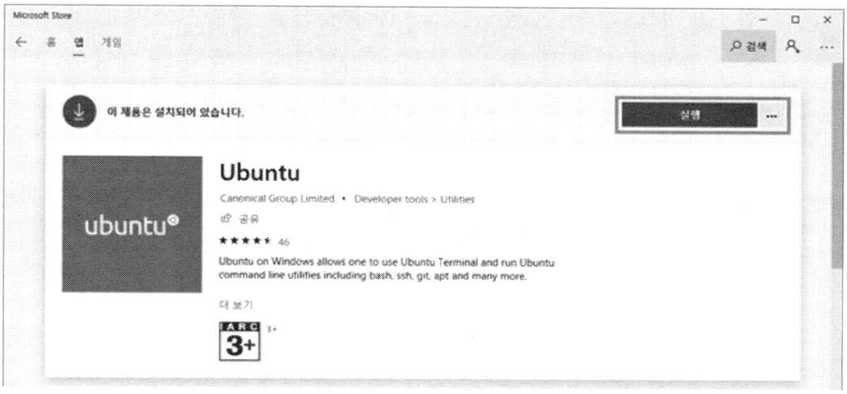

그림 5-61 Windows Store에서 우분투 실행

실행을 클릭하면 콘솔 창이 뜨고, 초기화 및 사용자 계정 / 비밀 번호를 설정으로 마무리 한다.

그림 5-62 우분투 실행

이 메시지가 나오고 조금 기다리면 계정 설정을 위한 메시지가 나온다.

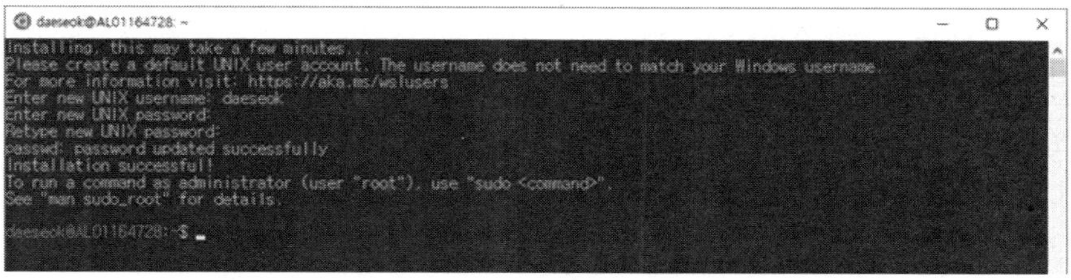

그림 5-63 우분투 계정 설정

사용할 계정이름과 비밀번호를 설정하면 이제 Ubuntu를 Windows에서도 사용할 수 있게 된다. VirtualBox에 Ubuntu 설치하고 나서 실행했던 update/upgrade 명령어를 사용해보자. 실제 ubuntu 에서 실행하는 것과 동일하게 진행 될 것이다. 성능도 어느정도 개선이 된 것으로 보인다. 아주 간편하게 Windows에서도 Ubuntu를 설치하고 사용해 볼 수 있으며, 디스크를 공유해서 사용하기 때문에 Windows에 설치된 편집기로 소스 코드를 수정하고 빌드 및 확인은 Ubuntu해서 바로 해 볼 수 있다는 장점이 있다. WSL의 성능을 개선하기 위한 Windows 설정들을 인터넷 검색으로 확

인 할 수 있으니, 이 환경 구성도 고려해 보면 좋을 것이다.

추후, 편집기 설치 및 환경 설정을 하는 절에서 WSL을 이용해 안내를 할 것이다. 이때, 어떤식으로 소스 코드에 접근할 수 있는지 알아 보도록 하자.

5.2 윈도우즈 / 리눅스 듀얼 부팅 개발 환경 구성

5.1절은 호스트 운영체제인 윈도우즈 상에서 리눅스를 설치하여 사용하는 방식이었다. 이 방법은 윈도우즈와 리눅스를 동시에 사용할 수 있다는 장점이 있다. 반면, 단점은 리눅스가 윈도우즈 상에서 동작하기 때문에서 하드웨어 성능을 100% 발휘하지 못한다는 것이다. 이러한 단점을 해결하기 위해 하드웨어에 리눅스를 직접 설치할 수도 있다. 하지만 이 방법은 윈도우즈 환경을 사용할 수 없다. 상대적으로 윈도우즈 플랫폼이 게임이든 응용 프로그램 (문서, 미디어 등)이든 사용자를 위한 오픈 소스들이 많이 제공되기 때문에, 개발을 위해 자신의 PC에 리눅스 배포판만을 설치해서 운영하는 것은 답답함을 느낄 수 있다. 성능과 두 플랫폼의 함께 활용하는 장점을 모두 얻으려는 시도가 듀얼 부팅이다.

듀얼 부팅은 개발 PC에 직접 윈도우즈와 리눅스를 설치하고 부팅을 통해 번갈아 사용 가능하도록 만드는 것이다. 이 방법의 가장 큰 장점은 가지고 있는 하드웨어의 자원을 리눅스 배포판에서 100% 사용할 수 있다는 점이다. 즉, 빌드나 실행에 있어 쾌적하게 진행할 수 있다. 하지만, Windows에서 테스트 및 검증을 하고 싶다면 PC를 재부팅을 해야 한다. 본인이 가진 PC는 하나이고, 고효율의 개발 작업(빈번한 빌드 등)이 많다면 선택할 만한 개발 환경이다. 더 좋은 옵션은 두 대의 PC를 가지고 있어서 하나는 Windows를 설치하고 다른 하나는 리눅스를 설치해서 사용하는 것이다. 개발 시스템의 성능이 좋다면 5.1절의 가상 환경이 더 좋은 선택이 될 수도 있다.

듀얼 부팅에 관련해서는 "Ubuntu/Windows 듀얼 부팅"이라는 키워드로 검색을 하면 많은 정보들을 확인할 수 있다. 일반적으로 5.1.1절에서 VirtualBox에 Ubuntu를 설치하는 과정과 유사하다 (부팅 디스크를 USB 저장장치를 이용해서 만드는 것과 디스크 파티션을 관리해주는 부분이 차이가 있는 부분임).

마지막으로 한가지 더 언급하고 가자. 오픈 소스 프로젝트들이 리눅스 환경을 많이 지원한다고 해도, cross-platform에 적합한 개발언어로 알려진 Python/Javascript/Node/Java 등으로 개발된 것은 Windows 운영체제에서도 충분히 개발/검토 가능하다. 특히 Python 은 네이티브 라이브러리 설치 부분에서 조금 달라지는 경우가 있지는 하지만, 실제 작성되는 코드는 Windows 나 리눅스나 거의 동일하다. 그래서 앞서 소개한 개발 언어로 작성된 프로젝트들은 리눅스 환경이 없이도 진행이 가능하다. 리눅스 환경이 있다면 더 많은 선택이 가능하기에 오픈 소스 개발의 범위가 넓어지겠지만 너무 욕심내지 않고 오픈 소스의 참여에 목적을 둔다면 Windows 도 좋은 개발 환경임을 잊지 말자.

5.3 온라인 개발 플랫폼 사용

클라우드 기술의 발전에 따라 온라인 플랫폼들이 많이 등장하고 있다. 다양한 온라인 IDE 플랫폼이 있지만, 그 중에 한 예로 이 절에서는 Cloud 9 IDE를 소개한다. pythonanywhere[28]/codingground[29] 등 다양한 온라인 IDE가 있지만, cloud 9 IDE는 GUI 와 콘솔 터미널을 함께 제공한다는 측면에서 장점이 있다. 온라인에서 IDE를 사용하는 장점은 언제 어디서나 접근해서 사용할 수 있다는 점이지만, 실상 유료 버전이 아니라면 내 PC 처럼 항상 쾌적한 환경에서 사용하지 못한다. 하지만 소스 분석이나 문서화 프로젝트의 경우에는 효과적으로 사용할 수 있으니 이 방법을 알아두는 것은 의미는 있다.

5.3.1 Cloud 9 IDE

일반적으로 온라인 통합 개발 환경(IDE)는 가상으로 CPU/Memory/Disk의 공간을 할당해주고 그 자원내에서 Terminal이나 편집기 등을 사용할 수 있도록 한다. 그리고 유료 버전으로 전환을 하면 CPU/Memory/Disk 의 자원을 확장 해준다던가 비공개 모드로 사용할 수 있다던가 하는 혜택들이 있다. 이번 절에서 소개할 온라인 IDE는 Cloud 9이다. 백엔드로 AWS[30]를 사용하여 사용자 편의를 위한 IDE 를 제공한다. Ubuntu 기반 WSL과 같은 터미널이 기본으로 제공되며, 각종 Ubuntu 패키지를 설치할 수 있도록 했다. 다양한 언어들의 컴파일 및 실행환경을 제공하여 언제 어디서든지 접속하여 사용할 수 있다는 장점이 있다. 여기서는 Cloud9 IDE로 Python workspace를 생성하고 생성된 workspace에 있는 python sample code를 수행해보는 것까지 진행할 것이다.

https://c9.io/login URL로 접속하자. 그러면, 로그인이나 계정을 만들 수 있는 페이지가 나온다. 이 페이지에서 Github나 bitbucket의 계정으로 로그인 할 수 있다.

---

28) https://www.pythonanywhere.com
29) https://www.tutorialspoint.com
30) https://aws.amazon.com/ko/ 아마존 AWS 공식 페이지

이전 장에서 Github 계정을 만들었다면, Github로 연결해서 로그인하자.

그림 5-64 Cloud9 가입

위의 캡쳐 이미지에서 아래 Github 로고 이미지를 클릭하면, Github 로그인 페이지가 나온다. 로그인만 하면 끝이다. 로그인 하면 workspace를 생성하거나 이미 생성된 workspace를 관리 할 수 있는 페이지가 나온다.

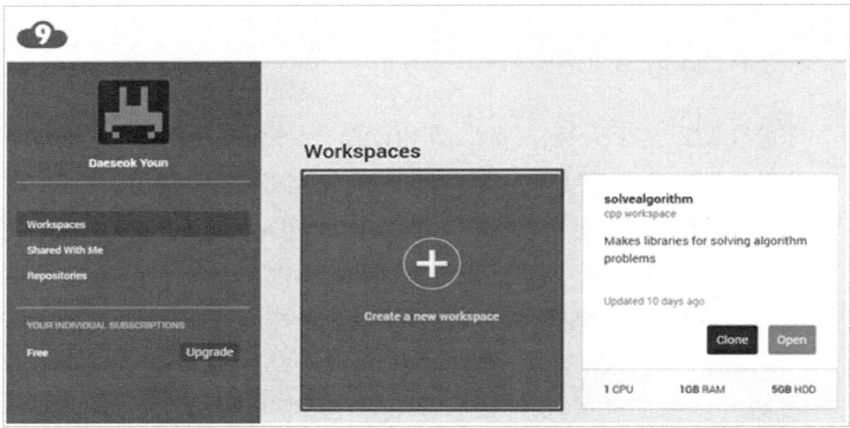

그림 5-65 Cloud9 워크스페이스

필자는 이미 만들어진 workspace가 있지만, 처음 로그인을 하면 아무 것도 없을 것이다. Workspace 페이지에서 "Create a new workspace"라는 버튼을 눌러보자.

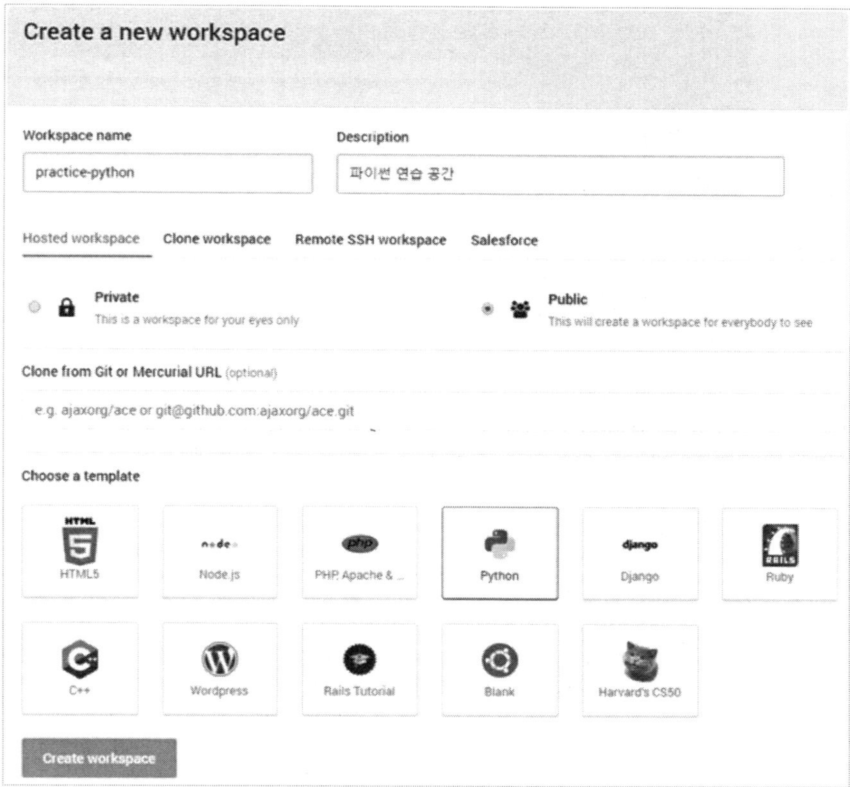

그림 5-66 Cloud9 워크스페이스 생성

새로운 workspace를 만들기 위해서는 Workspace의 이름, 간략한 workspace 설명, Public / Private 설정(Private 는 유료버전에서 사용가능) 그리고 github의 소스를 복제(clone)하려면 url을 넣으면 된다. 나중에 git 명령어로 받을 수 있으니 일단 비워 두자. 그리고 workspace에서 template 을 설정하고 만들 수 있는데, template은 선택하지 않아도 생성할 수 있다. 필자는 Python을 위한 workspace를 만들고자 한다. 그래서 Python을 선택해 주었고, "Create workspace" 버튼을 클릭했다. 로딩 화면과 함께 workspace의 자원과 IDE를 초기화하는 작업을 한다. 이 작업이 끝나면 IDE를 만날 수 있을 것이다.

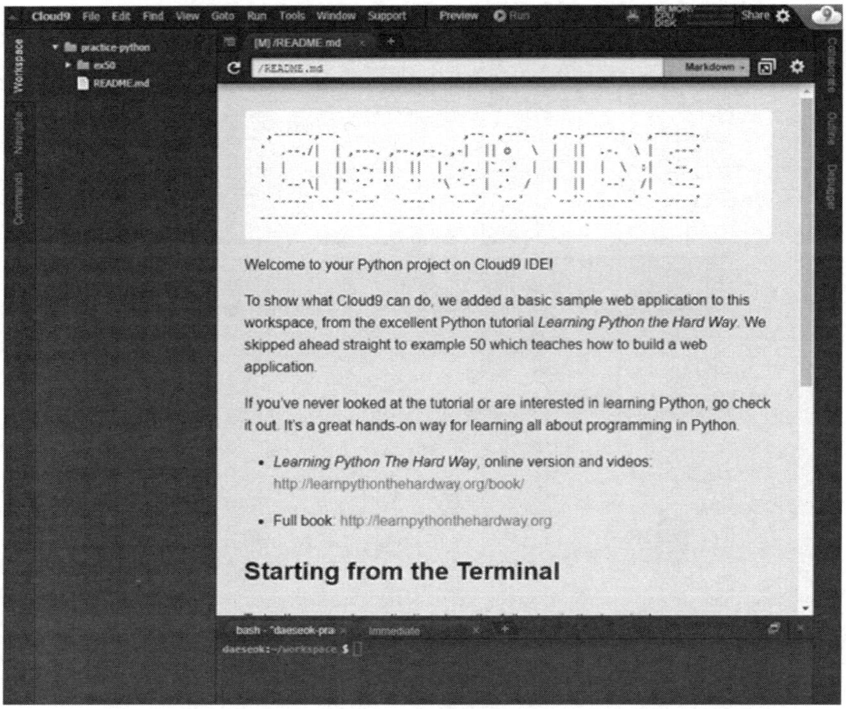

그림 5-67　Cloud9 온라인 에디터

Cloud 9 IDE는 다른 IDE와 비슷한 모양을 하고 있다. 한가운데에 편집의 기능이 있는 창이 있고, 왼쪽은 workspace의 파일 브라우저, 아래는 bash 터미널과 향후에 디버거 등이 탭의 형태로 제공될 것이다. 이제 이 workspace에 있는 sample 코드를 실행해보자. ex50/bin/app.py라는 파일이 있는데, 이것을 python으로 실행하는 간단한 프로그램이다. 실행을 위해 Run → Run Configurations → New Run Configuration을 클릭하자.

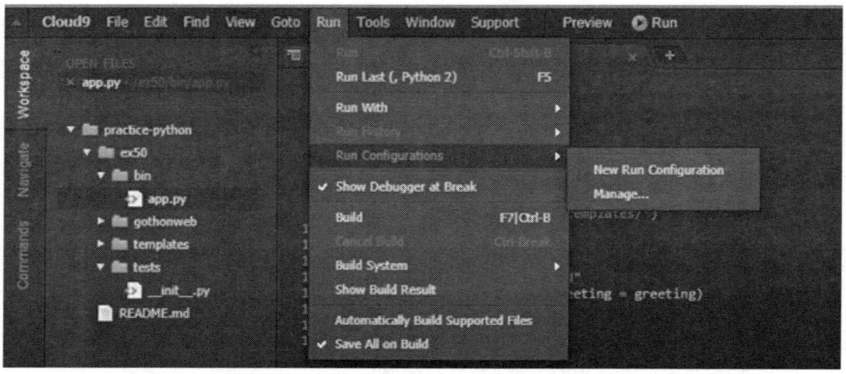

그림 5-68　Cloud9 온라인 에디터 실행

클릭하면 아래 터미널이 있는 곳에 탭이 하나 더 생기고, 실행하는 환경을 설정할 수 있다.

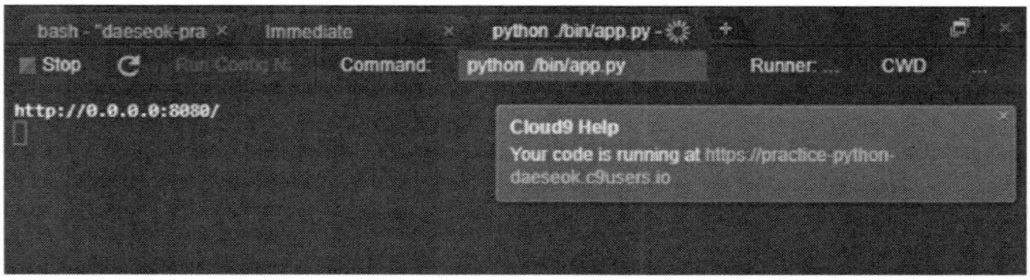

그림 5-69 Cloud9 온라인 실행 환경

이 프로젝트는 app.py 라는 파일을 python 으로 실행되면 web server의 형태로 수행되는 프로그램이다. 위 캡쳐화면에서 우측에 보면 CWD라는 버튼이 있는 실행하는 시점에 현재 디렉토리를 설정할 수 있다. 즉 ex50/에서 python ./bin/app.py로 실행하도록 하는 것이다. 실행을 하면, 아래 console 창에 http://0.0.0.0:8080/으로 서버가 수행되고 있는 것이고 서버 url은 cloud9에서 제공하는 url을 사용하여 접근하면 된다. 필자의 url은 https://practice-python-daeseok.c9users.io로 접근하면 본인이 수행한 서버에 접속할 수 있다. 여기서 제공되는 샘플코드로 실행하고 접속하면, 아래와 같이 브라우저에 출력될 것이다.

코드를 보거나 수정하기 위해서는 왼쪽 파일 브라우저에서 파일을 더블클릭하면 오른쪽 편집기에서 수정 가능하고, git이나 ubuntu 명령어를 이용하기 위해서는 앞서 소개했던, 터미널을 사용하면 된다.

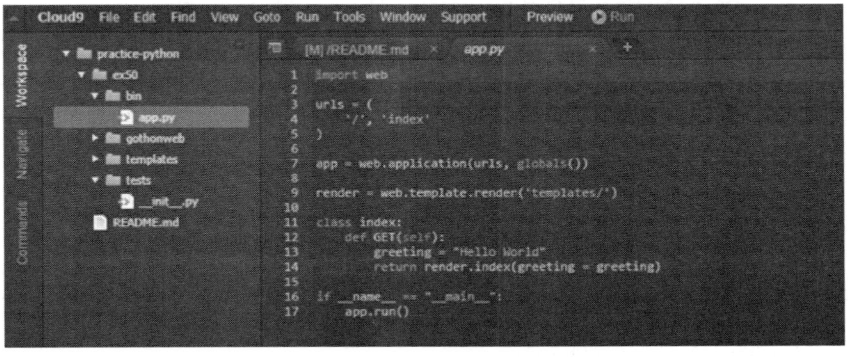

그림 5-70 Cloud9 온라인 에디터

파일을 열고 수정 및 저장하여 로컬에 설치한 에디터와 같이 사용할 수 있다. Github에서 프로젝트를 복제하고 빌드도 실행가능 하지만, 무료로 제공되는 인스턴스에서는 많은 시간이 소요된다. 무료는 일반적으로 가상 CPU 1개/메모리 512MB/디스크 2GB를 기본으로 제공한다.

5.4 편집기

개발자마다 고집스럽게 사용하는 편집기가 있다. 편집기에는 다양한 기능이 있기에, 익숙해질 때까지 상당한 시간을 쏟아 부어야 하기 때문이다. 다른 편집기를 사용해 보려해도, 기존에 있던 편집기에서 사용하던 기능들에 대한 대체나 사용법을 새롭게 배워야 하는 문제들 때문에 한번 익숙해진 편집기는 계속 쓰게 된다. 그래서 이 책에서는 조금 조심스럽기는 하지만, 무료이면서 아주 사용하기 편하고 각종 개발언어를 위한 패키지들이 풍부한 편집기들을 소개하려고 한다. 또한, 특정 목적에 맞는 편집기도 추가적으로 소개할 것이다.

5.4.1 Visual Studio Code

최근 아주 강력한 편집기로 관심을 끌고 있다. Visual Studio Code로 다양한 개발언어들을 지원하고, 계속 성능이 향상되고 있으며 편의 도구들이 확장되고 있다. 게다가 무료로 사용할 수 있다. Visual Studio Code는 Open source project로 typescript를 이용한 응용 프로그램이다. 해당 프로젝트 github 페이지[31]로 가면 Visual Studio Code를 빌드하고 그 편집기 자체 개발을 진행할 수 있다. 또한 리눅스, Windows 그리고 Mac OS 모두를 지원하여 플랫폼에 의존적인 편집기를 따로 배울 필요없다는 것도 좋은 장점 중에 하나이다. 설치는 간단하지만 입맛에 맞게 설정을 하기 위해서는 약간의 노력이 필요하기는 하다. 아직도 활발하게 개발 중이니 아직 편집기에 대한 선호도가 없다면 이 편집기를 강력히 추천한다. 설치를 진행해보자.

Visual Studio code 홈페이지[32]로 접속하자.

---

31) https://github.com/Microsoft/vscode
32) https://code.visualstudio.com/

그림 5-71 VSCode 다운로드 페이지

접속하면 바로 중앙 왼쪽에 “Download for Windows” 버튼이 있다. 다운로드 받도록 하자. 다운로드 받으면, “VSCodeUserSetup-x64-1.xx.x.exe”의 인스톨러 실행파일 있다. 실행하도록 하자. 다른 응용프로그램과 마찬가지로 설치과정에서는 다른 특이한 설정은 없다.

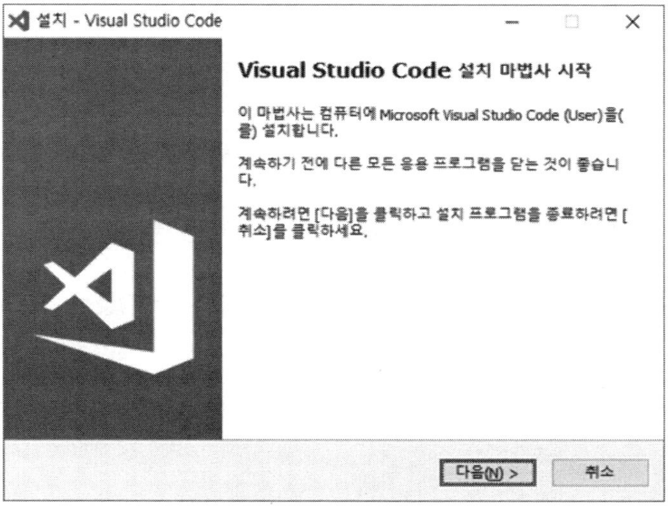

그림 5-72 VSCode 설치 시작

Visual Studio Code의 인스톨러를 실행하면 설치 마법사가 안내하여 Visual Studio Code를 설치한다. 다음으로 넘어가보자.

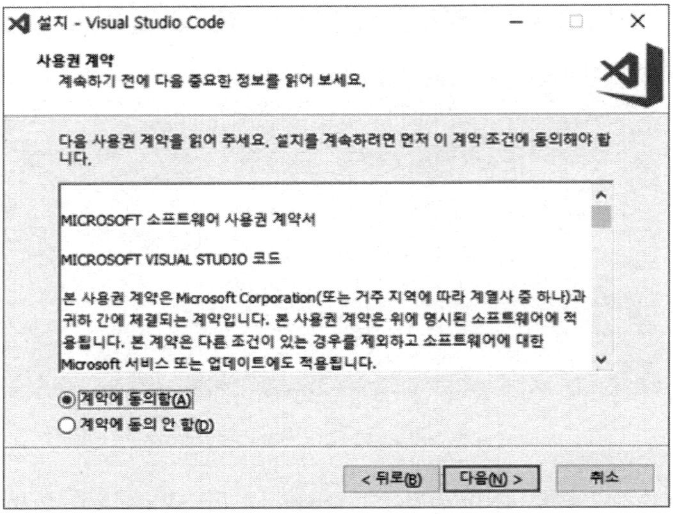

그림 5-73 VSCode 라이선스 확인

흔히들 있는 소프트웨어 사용권 계약서이다. Microsoft 사가 만들어서 오픈 소스로 관리되고 있다는 내용과 함께 일반적인 무료 소프트웨어의 계약서이다. "계약에 동의함"을 클릭하고 다음으로 넘어가자.

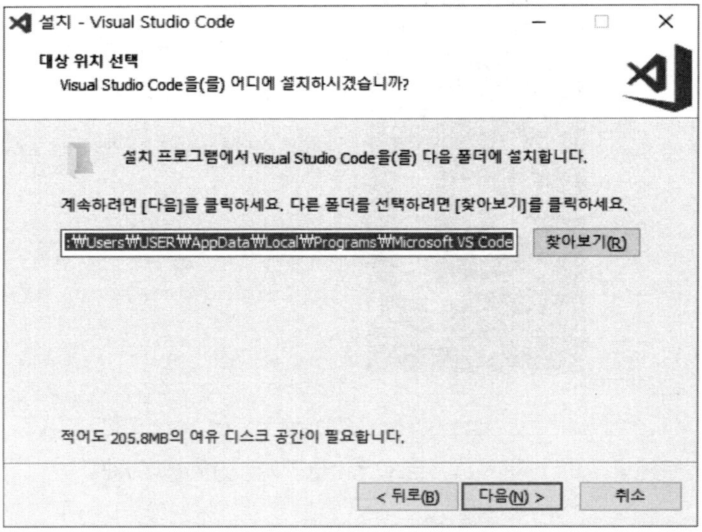

그림 5-74 VSCode 기본 경로 설정

설치디렉토리의 경로 설정이다. 기본으로 설정되어 있는 곳에 설치하도록 하고, 다음으로 넘어가자.

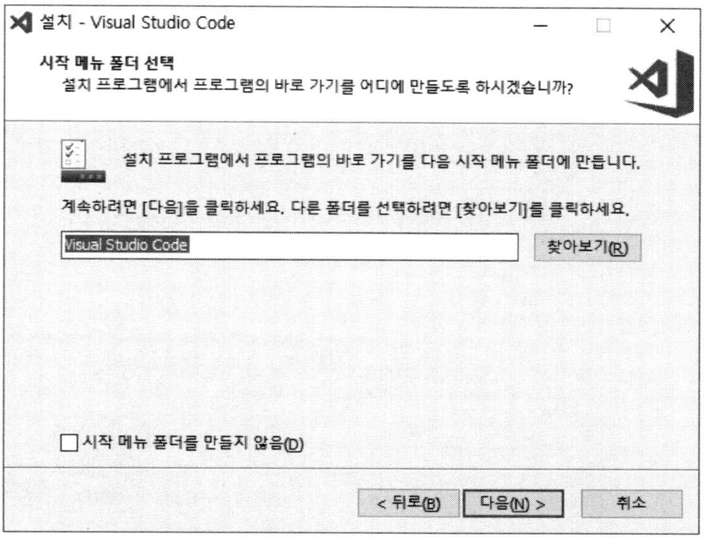

그림 5-75 VSCode 시작 메뉴 폴더 설정

시작 메뉴 폴더에 "Visual Studio Code"라는 이름으로 바로가기를 만들겠다는 것이다. 이 또한 넘어가도록 하자.

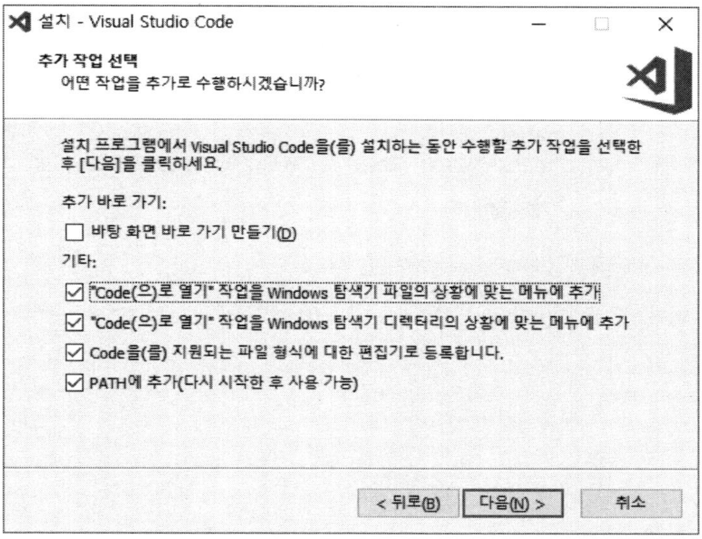

그림 5-76 VSCode 옵션 설정

다음으로 추가 작업 선택인데, 바탕화면에 굳이 만들 필요는 없지만, 특정 디렉토리 이동 후 "code"라는 명령어로 해당 디렉토리의 소스를 최상위로 하고 VS code를 열어주는 기능이 있는데 의외로 편리하다. 설정해 주도록 하자.

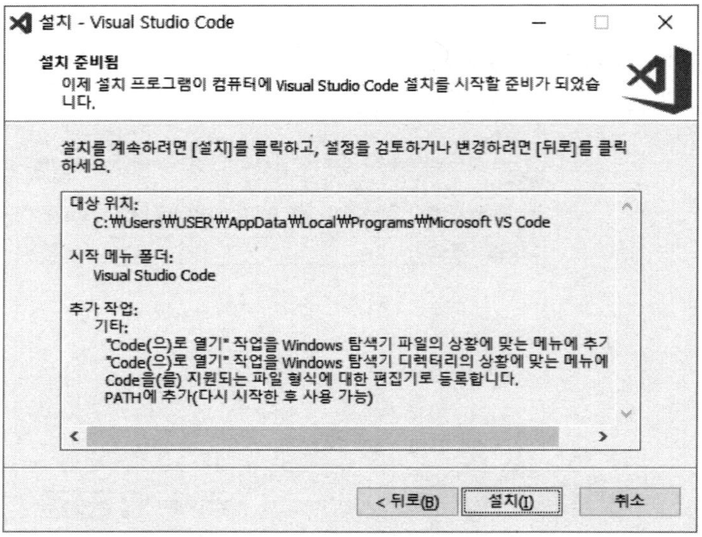

그림 5-77 VSCode 옵션 설정 확인

설정한 사항이 맞는지 확인해주는 단계인데, 따로 설정한 부분은 바로 이전 단계에서 한 것 밖에는 없으니, 그 사항만 들어갔는지 확인하고 "설치" 버튼을 클릭하자.

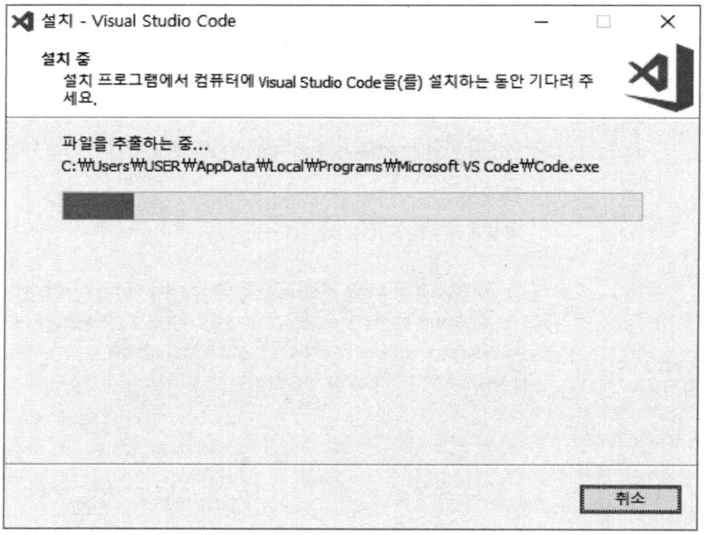

그림 5-78 VSCode 설치

설치 진행 화면이다. 5분 정도만 기다리면 설치가 완료된다.

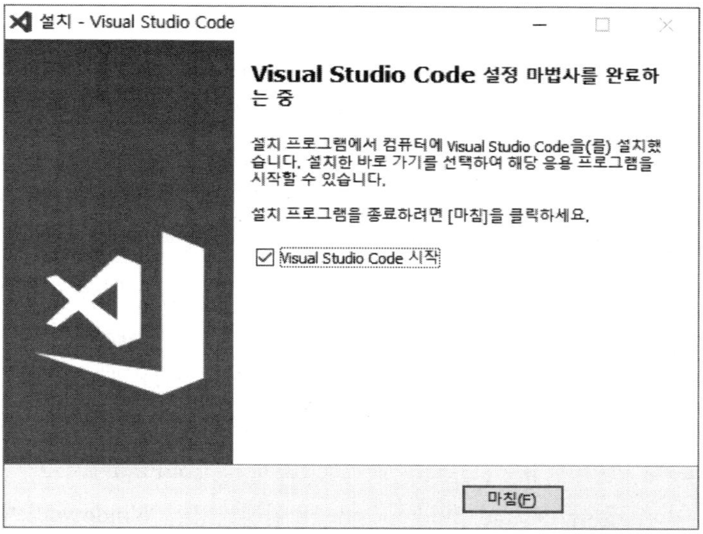

그림 5-79 VSCode 설치 완료

설치가 완료되었다. 마침을 눌러 VS code를 실행해보도록 하자. 실행하면, 오른쪽 하단에 언어팩과 Git 설치 유무를 확인하는 메세지가 보인다. VS code가 현재 Windows 의 언어를 확인하고 언어팩 설치를 권하는 것이니, 설치 및 다시시작을 눌러주자. 또한 git의 설치 유무를 확인하는 데 git의 설치는 5.5장에서 다룰 예정이니, 확인만 하고 넘어가도록 하자.

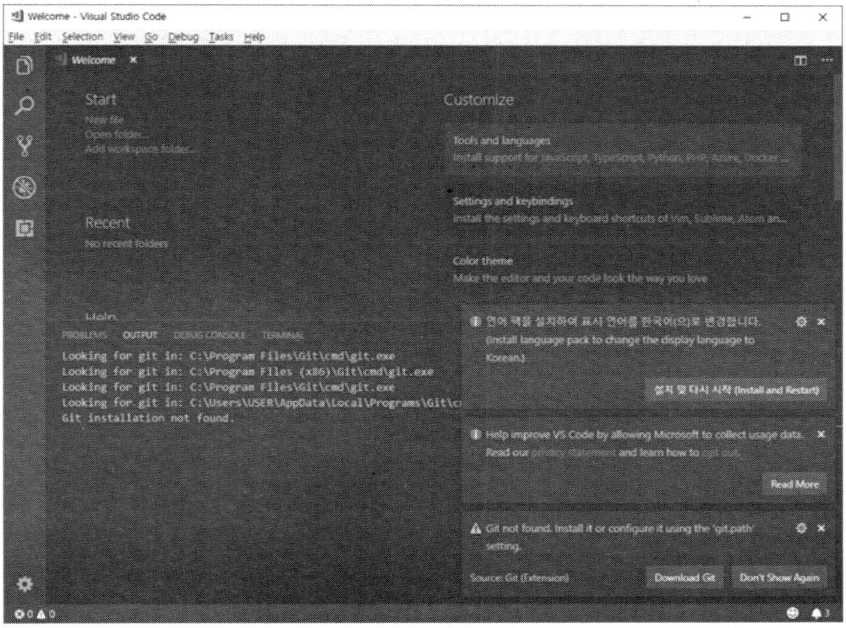

그림 5-80 VSCode 실행

이제 편집기가 준비되었다. Visual Studio Code의 튜토리얼[33]에서 보고 익혀보길 바란다. 어떤 편집기든 어느정도 노력을 들여야 익숙해지기 때문에, 많이 사용해보고 자신에게 어떤 기능이 있으면 좋을지 고민해서 검색도 해보면 사용 능력을 향상시켜 보자.

만약 WSL (Windows Subsystem for Linux)를 설치했다면, 리눅스 환경에 파일 시스템과 공유해서 사용할 수 있다. Windows에서 Visual Studio Code를 이용하여 코드를 편집하고 실행환경을 WSL(Ubuntu)로 할 수 있다는 것이다. 5.5.2에서 설치할 ConEmu를 실행하여 WSL로 접속을 해보자. WSL 환경에서 /mnt/c는 windows의 C 드라이브를 마운트 한 것이고, /mnt/d이면 D 드라이브를 마운트 한 것이다. /mnt/c나 /mnt/d 등으로 이동해서 오픈 소스 프로젝트를 복제하고 Visual Studio Code를 열어 수정 하도록 하자. 그리고 다시 ConEmu에서 프로젝트를 실행하고 확인 할 수 있다. Visual Studio Code의 실행환경이 Windows라면 각종 플러그인들을 설치하여 바로 실행 및 디버깅도 할 수 있다. WSL의 가장 큰 장점은 리눅스와 Windows 플랫폼에서 실행을 빠르게 검증 할 수 있다는 것이다.

5.4.2 Atom

필자가 개인적으로 Visual Studio Code 를 사용하기 이전에, 마크다운 언어로 노트하기 위해 사용했던 편집기이다. 마크다운 언어가 사실상 메모 혹은 노트하기에 아주 적합한 언어라고 생각한다. 이유는 특별한 서식없이도 개발 언어들을 syntax highlight 할 수 있는 기능이 있어 개발 코드에 설명을 넣거나 혹은 문서를 작성하기에도 아주 좋은 언어이다. 그 언어를 편집하기 위해 Atom 에디터를 주로 사용했다. 프리뷰 기능도 다른 설치 없이 가능하다는 장점도 있다. 사실 Atom은 javascript 계열의 프로젝트(reactjs, node.js 등)들을 개발하는 경우에 많이 사용되었다. 하지만 Visual Studio Code의 설정으로 Web 개발 언어들도 지원을 하니 Atom은 가볍게 마크다운을 작성하는 용도로 변화하였다. 그것만 쓰기에는 좀 무겁기는 하지만, 코드 개발하는 편집기와 문서 작성용은 분리하고 싶었기에 설치해서 사용하고 있다. Atom 에디터는 설치가 너무 간단하다. 웹페이지 언어로 만들어지고 브라우저 엔진에 렌더링을 하는 방식으로 프로그램이 개발되었기 때문이다. 다운로드 하고 설치한 뒤에, 운영되는 모습까지 확인해보도록 하자.

우선 다운로드는 Atom 홈페이지[34]에서 진행한다. 홈페이지로 직접 Url을 입력하거나 검색으로 atom을 찾으면 바로 홈페이지에 접근할 수 있게 된다.

33) https://demun.github.io/vscode-tutorial/
34) https://atom.io/

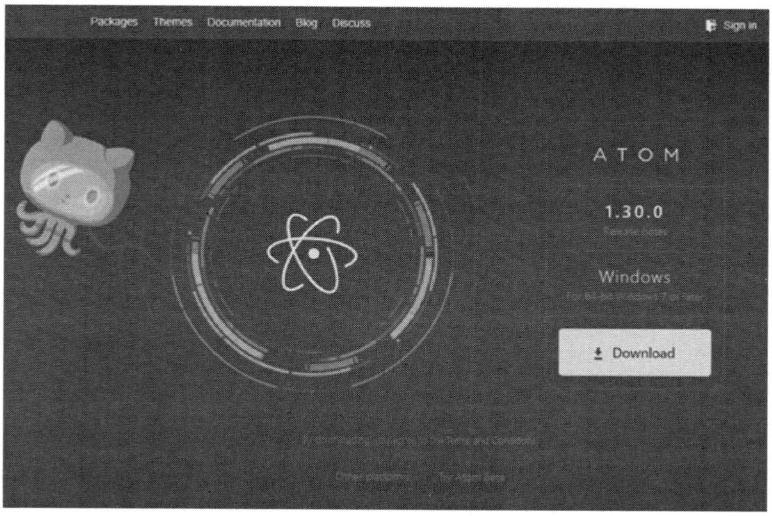

그림 5-81 Atom 다운로드 페이지

홈페이지에 입장에서 가운데에 Download 버튼을 누르면 Windows를 위한 인스톨러가 다운로드가 된다. 다운로드된 파일은 AtomSetup-x64.exe 파일이다. 실행을 해보자. 다른 응용프로그램과는 조금 다르게 진행 될 것이다.

그림 5-81 Atom 설치 실행

단지 이 이미지만 Windows 화면 가운데에 뜰 것이고, 약 3분 뒤에는 Atom 에디터가 아래와 같이 실행 될 것이다.

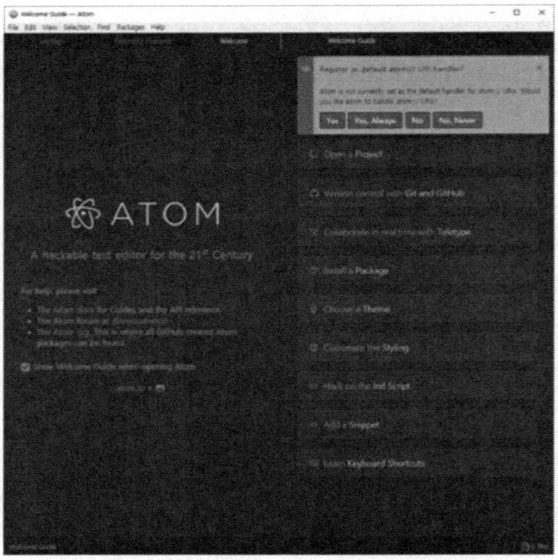

그림 5-82 Atom 실행

갖가지 패키지 및 설정 등을 할 수 있지만, 필자는 단지 마크다운 수정용이라 다른 설정은 하지 않았다. 이 편집기로 개발을 진행하는 사람들도 많으며, 관련된 자료도 인터넷에 많다. Atom 편집기로 Markdown 파일이 있는 디렉토리를 열고, Markdown 파일을 연 다음에 Ctrl + Shift + M을 입력하면 프리뷰까지 출력된다.

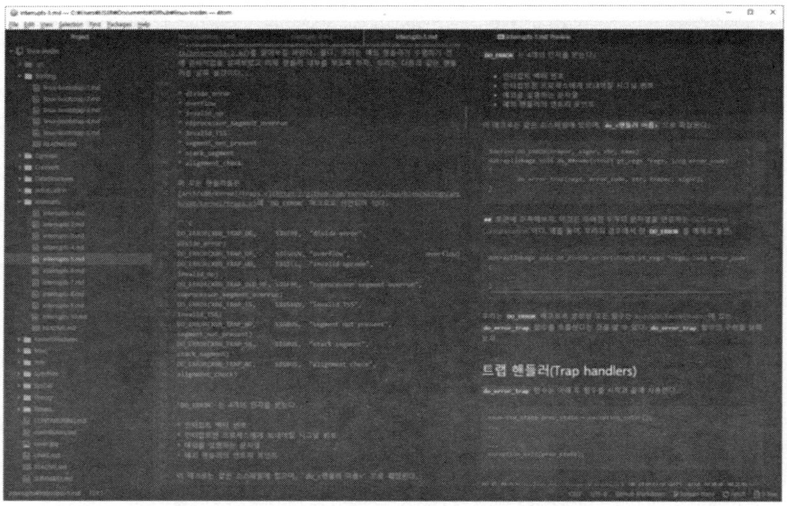

그림 5-83 Atom 마크다운 편집 예제

Atom 에디터의 마크다운 편집기 기능은 따로 4장에서 설명한 Github 스타일의 마크다운 형식으로 쓰기만 하면 된다. 저장되는 파일 확장자는 .md로 해주면 Atom 편집기가 알아서 syntax highlight를 해준다.

5.4.3 VIM

VIM은 Vi IMproved에서 대문자로 써놓은 부분으로 이름을 만든 CUI(Console User Interface) / TUI(Text-based User Interface) 기반 편집기이다. 요즘 시대에 콘솔로만 동작하는 PC도 없을 뿐더러 굳이 이런 편집기를 알아 둘 필요가 있는가 하는 질문을 할 수 있다. 하지만, 아직도 이런 편집기가 필요한 경우가 너무나도 많고 VIM 같이 오랫동안 사용되어온 편집기는 개발자들의 마음을 끄는 묘한 매력이 있다.

물론 익숙해지는데 GUI(Graphic User Interface) 기반에 편집기 보다는 더 많은 시간을 투자해야 하지만, 그만한 가치가 있다. 그래픽 환경이 제공되지 않는 서버개발이나 임베디드 개발에서도 많이 사용된다. 요즘 클라우드 기반(AWS, Google 개발자 클라우드 등)에 접속 및 설정하기 위해서도 콘솔 터미널을 많이 쓴다. 서버에서 수행하고 있는 서버 프로세스들의 설정 파일을 수정하거나, 서버 프로그램의 디버깅 및 코드 개발에도 VIM 형태의 편집기를 사용할 수 밖에 없다. 이러한 이유로 Visual Studio Code에서는 VIM plug-in을 통해 VIM 편집기를 사용할 수 있게 해 놓았다. 참고로 VIM와 비슷한 편집기로는 emacs가 있다. 필자는 이 편집기를 사용해보지 않았지만, emacs 또한 많이 쓰이는 터미널 콘솔 편집기[35]이다. VIM은 간단히 앞서 설치한 WSL 환경이나 VirtualBox에 설치했던 Ubuntu에서 기본으로 설치되어 있으니, 사용해 볼 수 있다.

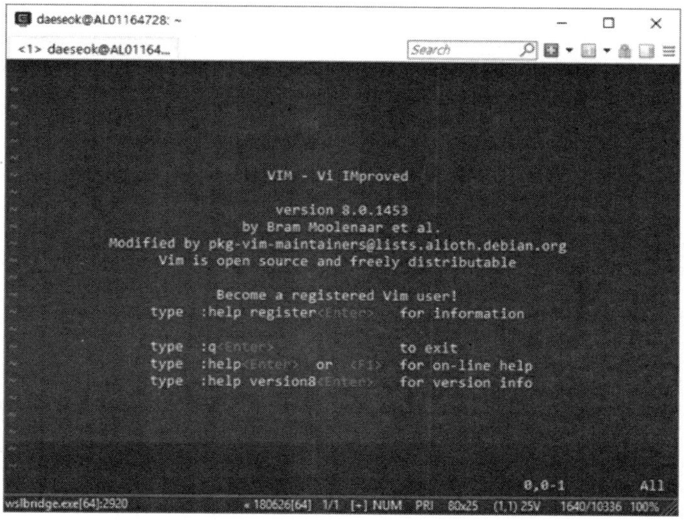

그림 5-84 Vim 실행

35) https://brunch.co.kr/@castlefive/3에 vim과 emacs 간의 선택적 통계를 설명한 것이 있는데, 결국에 좋은 편집기는 자신에게 편한 것이 아닌가 한다.

쉘 환경에서 "vi"이란 명령어로 간단히 실행할 수 있다.

```
$ vi
```

일단 Ubuntu shell로 접속을 해보자. WSL은 5.5.2장에서 ConEmu를 설치하여 접속할 수 있고, Ubuntu에서는 "gnome-terminal"의 실행하면 shell이 뜬다. 편집기는 많이 사용하면서 기본 기능들을 익혀가는 것이 중요하다. VIM의 공식적인 Cheat sheet에서 한글로 번역된 명령어 리스트[36]를 볼 수 있다. 기본적인 명령어만 알아보도록 하자.

VIM은 두 가지 모드가 있는데, 하나는 명령 모드이고 다른 하나는 입력 모드이다. 명령모드는 편집기 명령(복사/붙여 넣기/라인 지우기/페이지 넘기기/잘라내기 등)을 수행하고 입력 모드는 말그대로 문자 입력을 하는 모드이다. VIM을 실행하면 기본적으로 명령모드로 실행되며 이를 입력모드로 전환하기 위해서는 소문자 i를 입력한다. i를 입력하는 순간 부터, 키보드에 입력이 편집기에 표현이 될 것이다. 만약 입력이 완료되었다면, esc 를 입력한다. esc는 명령모드로 다시 진입하게 해준다. 명령모드에서 편집기에 저장된 내용을 파일로 저장 할 수 있다. ":w"(세미콜론 + w) 를 입력하면 입력한 내용을 저장해준다. 편집기의 종료는 ":q"(세미콜론 + q)이다. 그리고 저장하고 종료하려면 ":wq"(세미콜론 + wq)를 입력하면 된다.

5.5 개발 도구들

5.5.1 Git

5.5.1.1 Windows

https://git-scm.com/download/win에 접속하거나, 구글 검색 등을 통해 "Git for windows"라고 입력해보자. 검색된 결과나 앞서 소개한 url로 접속하여 해당 플랫폼을 위한 Git 설치 프로그램을 다운받는다. 다운 받은 파일은 Git-2.xx.x-64-bit.exe 파일이다. 실행을 해보자.

36) https://vim.rtorr.com/lang/ko/

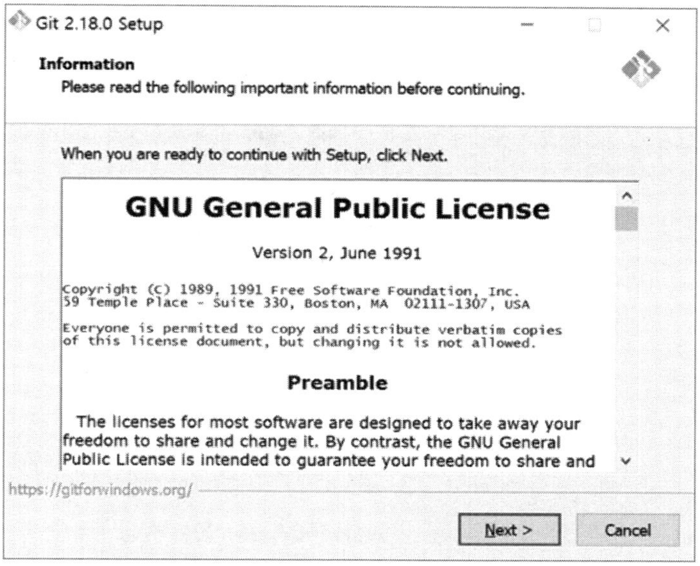

그림 5-85 Git 라이선스 확인

GPL 라이선스를 쓴다는 내용이니 다음으로 넘어가자.

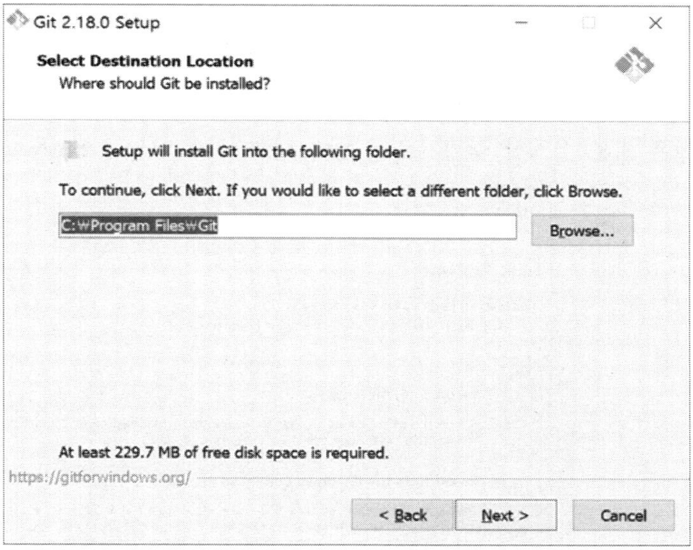

그림 5-86 Git 기본 경로 설정

기본 Git이 설치되는 경로이고, 향후에 VS code에서 git을 찾을 경로 중에 하나이다. 변경하지 않도록 하자.

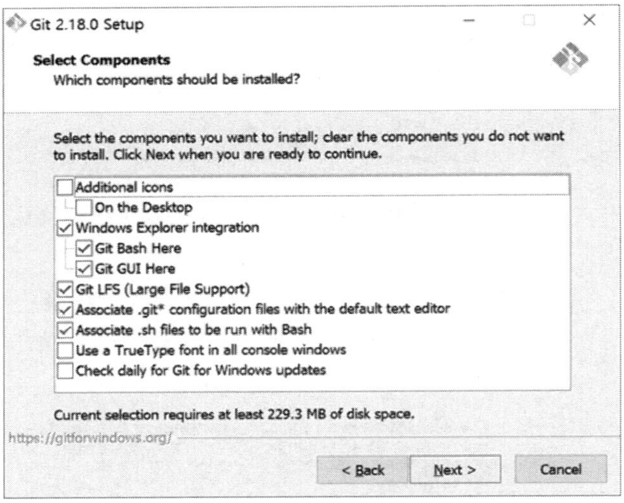

그림 5-87 Git 옵션 설정

기본으로 선택되는 컴포넌트들만 있으면 충분할 것이다. 간단히 설명을 하면, "Windows Explorer integration"은 Git으로 저장소를 복사한 디렉토리에서 우클릭을 하면, Git Bash/Git GUI를 해당 디렉토리 기반으로 실행을 할 수 있도록 하는 기능이다. Git LFS(Large File Support)는 Git이 기본적으로 제한되는 단일 파일의 용량이 50MB이다. 하지만 가끔 그보다 큰 파일을 올려야 하는 경우가 있는데, 올라간 파일을 관리하기 위해 LFS 기능이 필요하다. 마지막으로 선택된 두 개는 .git 관련 파일은 기본 설정한 편집기로 수행이 되고, *.sh 파일은 Bash 쉘에서 실행이 되도록 설정하겠다는 것이다. 다음으로 넘어가자.

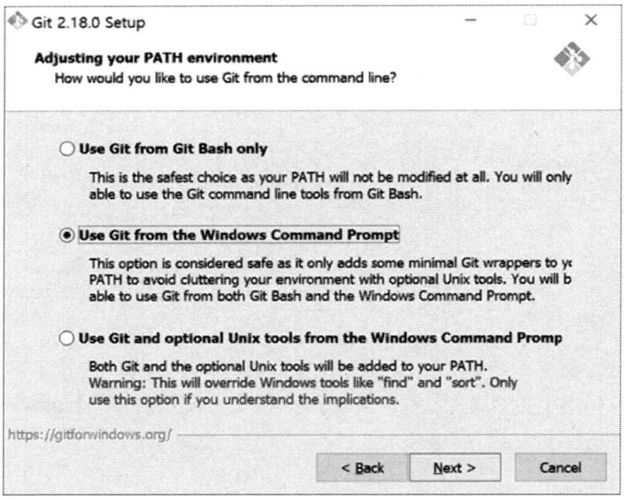

그림 5-88 Git 환경 변수 설정

PATH 환경 변수를 조정하는 부분인데 이 부분은 기본 설정대로 하면 된다. 특별하게 조정하거나 변경할 필요가 없는 옵션이다. 다음으로 넘어가자.

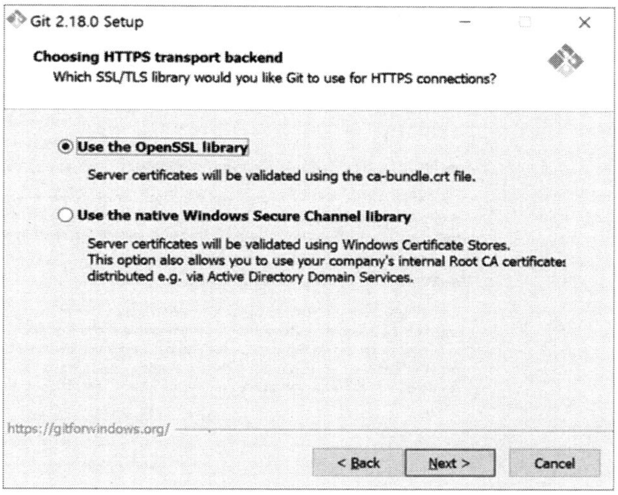

그림 5-89 Git SSL 설정

SSL 라이브러리 선택이다. OpenSSL을 사용해서 Git bash와 windows에서 모두 호환되도록 하는 것이 좋을 것이다. 다음으로 넘어가자.

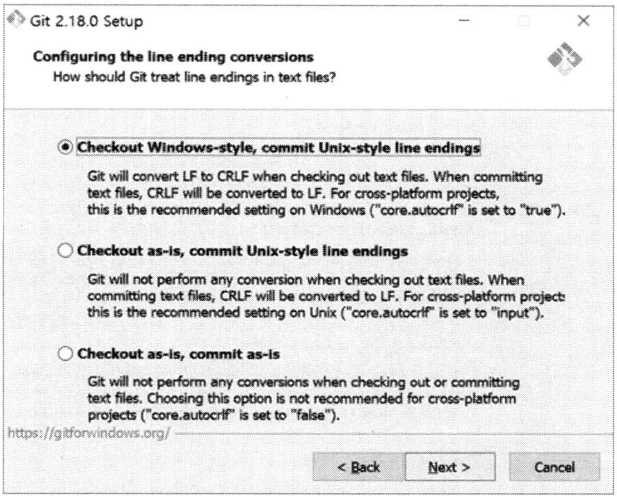

그림 5-90 Git 라인 변경 문자 설정

아시다시피 Windows와 리눅스 계열에서 문자열의 끝을 표현하는 방식이 다르다. 그래서 Windows에서 수정된 파일이 리눅스로 가면 이상한 문자가 문자열 끝에 보이고 했다. 그부분에 대한 수정을 해주기 위해, 수정은 Windows-Style로 하지만

(Windows 에서 편집해야 하기 때문) Git으로 올릴때는 Unix-Style로 변환해서 올려 주겠다는 것이다. 다음으로 넘어가자.

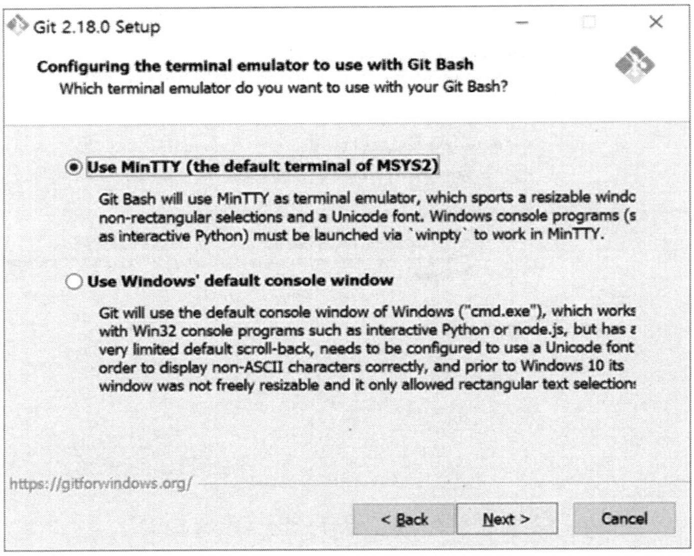

그림 5-91 Git 터미널 타입 설정

터미널 프로그램을 MInTTY로 설정하고 진행하자. 그 터미널이면 Git을 사용하는데 충분하다.

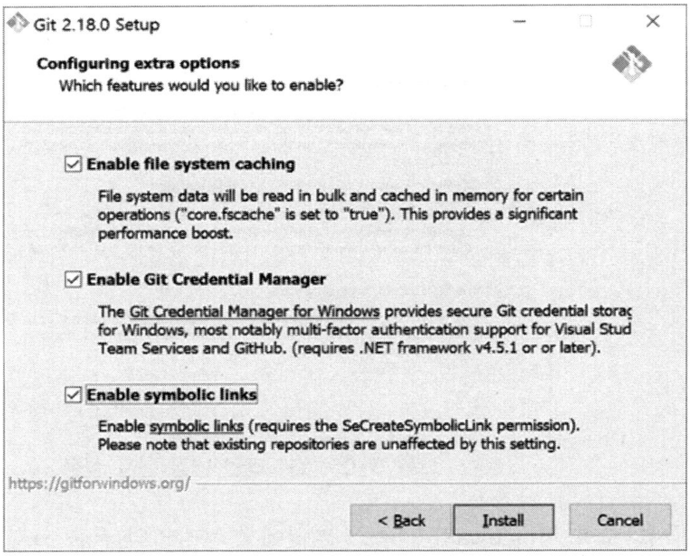

그림 5-92 Git 추가 설정

파일 시스템 캐시 사용은 data를 읽고 쓰는데 있어서 메모리 캐시를 이용하여 속도를 높이겠다는 것이고, Git Credential Manager는 Git clone/push 등의 명령시 계정 및 비밀번호를 입력해야 하는데, 그 부분 없이 진행할 수 있도록 도와주는 것이다. Enable symbolic links는 선택하지 않아도 된다. 설치(Install)을 눌러 설치를 진행하자. 설치 상태 창이 나오고 완료되면 Git을 사용할 수 있게 될 것이다. 이제 VS code를 실행해보면, Git 관련된 에러가 보이지 않을 것이다. 이제 두 가지 Git 설정을 해주면 된다. 첫번째는 사용자 계정이고 두번째는 사용자 이메일이다.

Git 설정을 위해서, Git bash를 열어보자. Windows에서는 "Windows 키 + S" 하면 명령어 검색이 되는데, 거기에 "Git Bash"라고 입력하자.

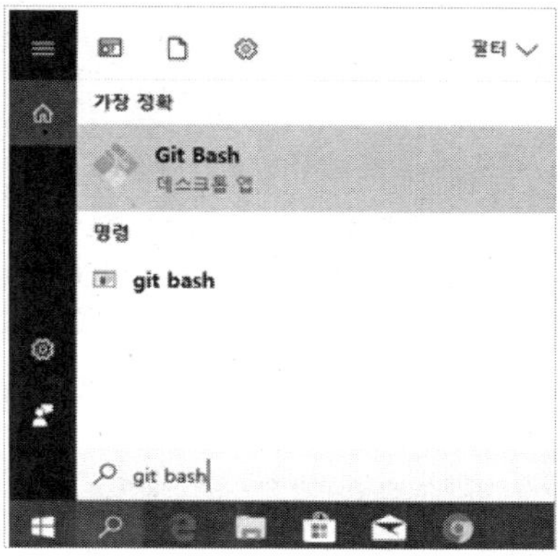

그림 5-93 Git 설치 확인 및 명령 검색

Git bash를 선택하면, Git 설치 때 확인했던 MinTTY가 뜨고 여기에 bash가 수행된다. 여기에서 Git 기본 설정을 진행하자. 설정을 하는 이유는 향후에 Git으로 수정사항을 commit하면, commit 메시지에 들어갈 이름과 email 주소 등을 설정하는 것이다.

```
$ git config —global user.name "Daeseok Youn"
$ git config —global user.email "daeseok.youn@gmail.com"
$ git config —list
```

마지막 명령어는 기본으로 설정된 값들과 새롭게 설정된 값을 보여준다.

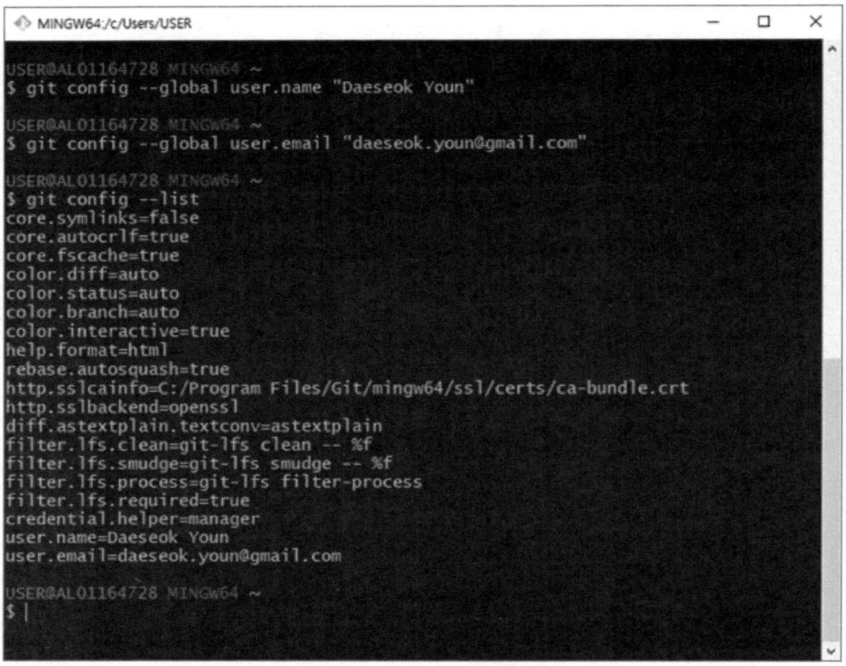

그림 5-94 Git 터미널 환경 설정

WSL에서도 같은 방법으로 해줄 수 있다. 모든 환경(WSL, Ubuntu host)에서 동일한 명령어를 사용한다.

5.5.1.2 WSL(Ubuntu)

필자의 경우에 WSL을 통해 설치된 Ubuntu에서 Git이 기본적으로 설치된 것을 확인했다.

〈그림 5-95 Git 버전 확인〉

5.5.1.3 Ubuntu host

VirtualBox에 Ubuntu나 Ubuntu가 직접 설치된 PC에서 Git을 설치하는 방법은 간단하다.

```
$ sudo apt install git
$ git config —global user.name "Daeseok Youn"
$ git config —global user.email "daeseok.youn@gmail.com"
```

이렇게만 하면 Git을 시스템에 설치하고 설정완료 할 수 있다. 추가적인 작업으로는 Windows에서는 Git을 설치하는 과정에서 Git이 사용하는 기본 편집기를 설정했지만, 리눅스 호스트에서는 따로 설정을 해주어야 한다.

```
$ git config —global core.editor vim
```

5.5.2 ConEmu

Windows에서 설치되는 터미널 응용 프로그램이다. 이것을 사용하는 이유는 향상된 터미널로 WSL 을 이용하기 위함이다. 기본으로 설치되는 터미널보다 기능적인 측면이나 보여지는 측면에서나 좋다. ConEmu의 홈페이지[37]로 접근하자. 단순히 검색을 통해 진입해도 좋다.

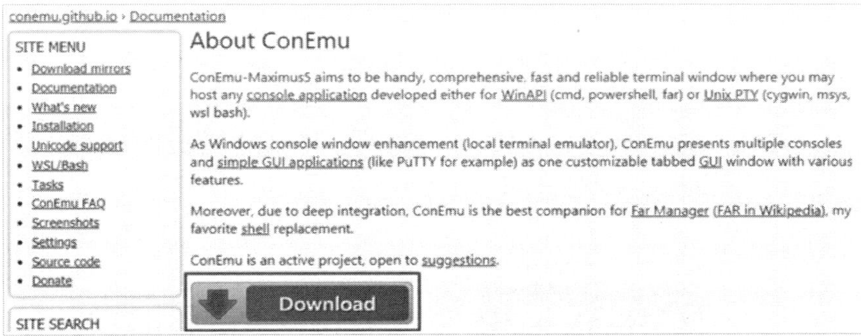

그림 5-96 ConEmu 다운로드 페이지

홈페이지에 진입하면, 메인 페이지에 다운로드 버튼이 있으니 클릭하자.

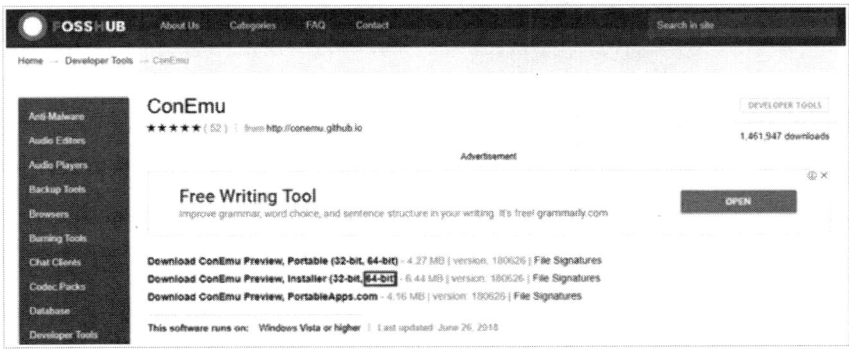

그림 5-97 ConEmu 다운로드 선택

37) https://conemu.github.io/

클릭하면, Windows를 위해 제공되는 설치 파일이 3가지가 있는데, 그중에서 인스톨러를 선택하자. 선택하면 바로 인스톨러가 다운로드 된다. 다운로드된 파일 이름은 ConEmuSetup.180623.exe으로 되어 있다. 실행을 해보자.

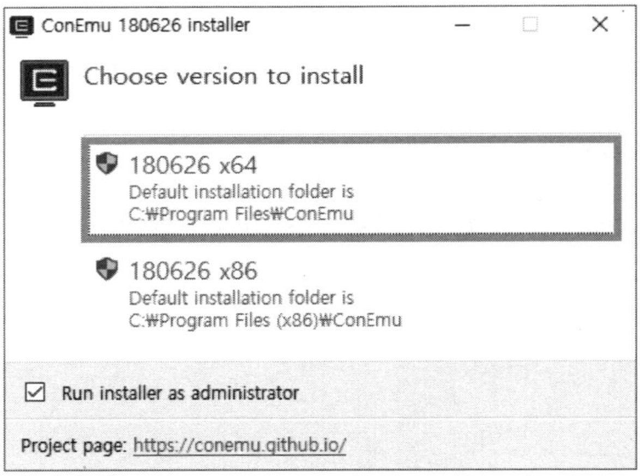

그림 5-98 ConEmu 설치 시작

실행하면 x64와 x86을 선택하게 되는데, 사용하고 있는 PC가 64비트 운영체제를 사용하고 있다면, x64를 선택하면 된다.

그림 5-99 ConEmu 설치 위저드

Windows 설치 프로그램들이 일반적으로 시작하는 것과 동일하다. 다음으로 넘어가도록 하자.

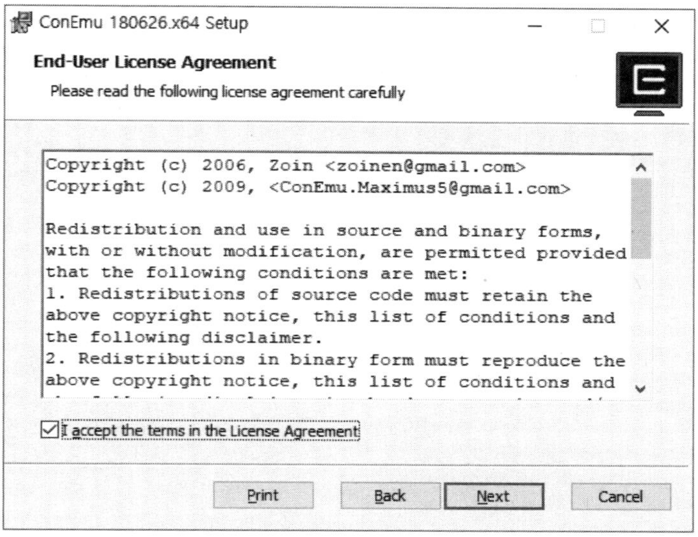

그림 5-100 ConEmu 라이선스 확인

라이선스 동의화면이다. “I accept the terms in the License Agreement”에 선택하고 다음으로 넘어가자. 사용하려면 선택을 해야 한다.

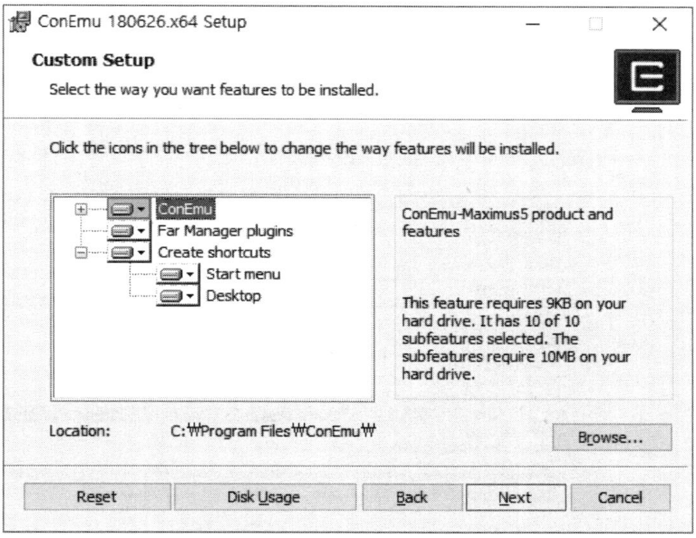

그림 5-101 ConEmu 커스텀 설정

커스텀 설정이라고는 하지만, 기본으로 설정되어 있는데로 사용할 것이다. 다음으로 넘어가자.

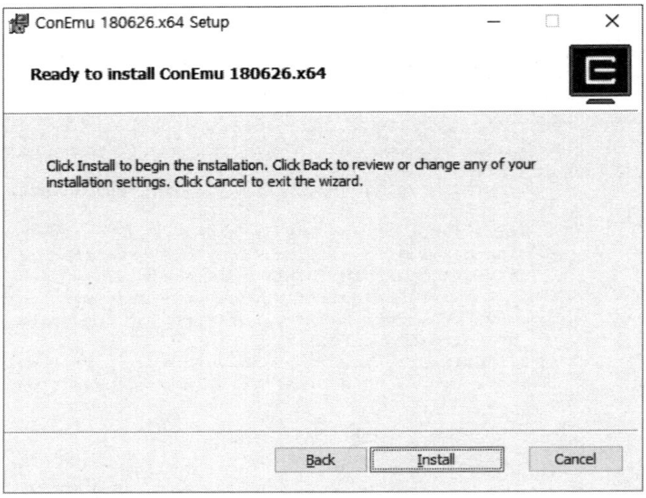

그림 5-102 ConEmu 설치

설치 준비가 되었다면 "Install" 버튼을 클릭하라는 메시지이다. "Install"버튼을 클릭하여 설치하도록 하자. 이후로도 두 단계정도 설치 완료하라는 창들이 보이면 다음으로 넘어가게 한다. 설치가 완료되고 나서 Windows 키 + S를 하고 ConEmu라고 검색하면 "앱" 카테고리에 ConEmu (x64)라고 검색이 될 것이다. 검색된 앱을 실행하자. 그러면 최초 기본설정 화면이 뜰 것이다. 이중에서 ConEmu 실행 시, 처음 터미널이 Windows에서 제공하는 어떤 앱과 연결 할 것인지 선택하는 화면이 나온다.

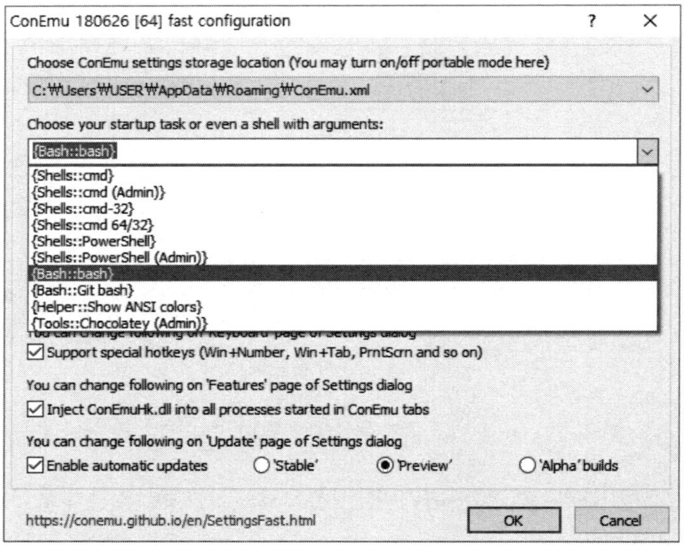

그림 5-103 ConEmu 실행 초기 설정

위의 메뉴중에서 현재 커서가 가리키고 있는 Bash::bash를 선택하고 OK 하면 WSL로 설치된 Ubuntu로 연결이 되어 터미널에 shell이 보일 것이다.

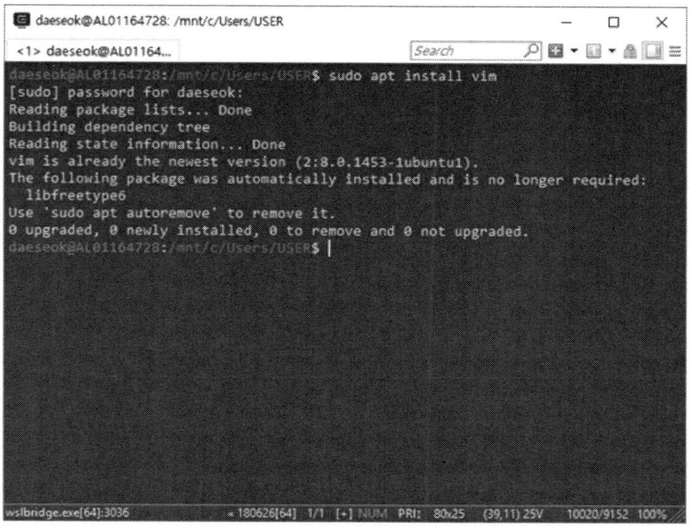

그림 5-104 ConEmu 실행 및 WSL 접근

이제 Ubuntu를 ConEmu로 연결되어 사용할 수 있게 되는 것이다.

5.5.3 그 밖에 도구들

5장에서는 기본적인 편집기와 Git을 설정하는 방법을 알아보았다. 오픈 소스 프로젝트는 다양한 도구들을 요구하는 경우들이 많다. 일반적으로 프로젝트 문서에서는 각종 설치 패키지를 설정하는 방법들이 안내되어 있다. 그에 따라 설치를 해주고 빌드를 하며 실행 및 개발 환경을 만들어 가야 한다.

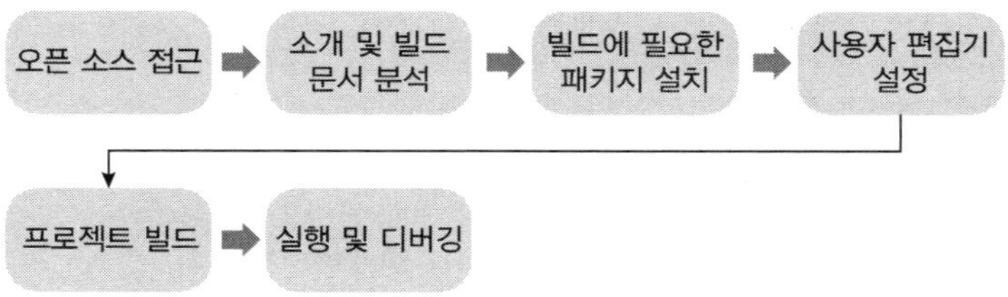

그림 5-105 오픈 소스 개발 과정

필요한 패키지들의 설치는 Windows/Ubuntu/그 밖에 플랫폼에 따라 다르게 적용되어야 한다. 그리고 기본 사용자 편집기(Visual Studio Code)에 맞는 설정들이 있다. 예를 들어 Python 프로젝트의 경우에는 어떻게 VScode를 설정하는지에 대한 검색을 통해 설정해서 사용해야 한다. 처음 한번 설정으로 개발을 편하게 할 수 있으니, 꼼꼼하게 잘 설정을 해서 개발 편의성을 높여 놓는 것이 좋다. 다양한 언어에 적합한 혹은 프로젝트 별 사용되는 도구들이 서로 많이 다르기 때문에, 공통적인 도구라는 것이 편집기와 Git 정도가 될 것이다. 앞으로 오픈 소스 프로젝트를 참여하면서 좋은 도구들에 대한 경험을 늘려갈 수 있도록 하자.

연습문제

1 오픈 소스 프로젝트 개발환경을 구성해보자. 그 중 Visual Studio Code는 개발 언어마다 설치 플러그인들과 설정이 다르다. 선택한 프로젝트의 개발언어에 맞는 환경을 구성하자.

2 오픈 소스 프로젝트 개발환경 중에 빌드 환경을 구성해보자. 빌드하고 실행하는 과정을 정리하자.

6장

오픈 소스 기여 Step 2

Git 이해와 연습

Git이란 무엇일까? Git의 정의와 사용법을 설명한 문서는 많이 있다. 특히 Git의 공식 사이트에서 Pro Git이라는 책을 무료로 제공하는데, 한글 버전[38)]도 있다. 이 장에서는 필자의 경험과 Pro Git의 내용을 기반으로 프로젝트에서 많이 사용하는 Git 명령어들을 설명한다. 많은 명령어들이 있지만 그 중에서 로컬 명령어, 리모트 명령어, Branch, PR(Pull Request) 등과 같은 가장 기본이 되는 명령어들을 중심으로 살펴볼 것이다. 그 이후 오픈 소스 프로젝트 기여를 실제로 실습하면서, 보다 복잡한 명령어들을 논의할 것이다.

Git에서 가장 중요한 개념 중에 하나는 여러 사람들의 협업이다. 예를 들면, 같은 파일을 여러 사람들이 접근하여 수정하다 보니, 본인이 수정하는 시간에도 다른 사람들 역시 수정을 하고 있다는 것을 인지해야 한다. 본인의 수정 사항이 해당 메인테이너나 다른 개발자들에게 리뷰를 받고 병합(merge) 될텐데, 리뷰하는 과정에서 요청한 수정사항을 어떻게 Git으로 반영할 것인지도 이해하여야 한다. 이 장에서는 간단한 충돌 상태를 만들어 보거나 이미 있는 사항을 예제로 어떻게 해결하는지 살펴볼 것이다. 이런 예제는 이후 오픈 소스 프로젝트에 실제 참여했을 때 발생하는 문제의 해결 능력을 키워줄 것이다.

한가지만 더 언급하자. 아무리 Git에 대한 이해를 책으로 공부해도, 직접 해보는 것만 못하다. 아래 논의되는 Git의 개념과 명령어 사용법을 눈으로만 보지말고 손으로도 느껴보기를 바란다.

6.1 Git 이란?

Git/SVN/CVS와 같은 도구들은 형상 관리 도구라 불린다. 간단히 설명하면 이런 도구들은 프로그램 소스들에 대하여 시간/수정 별로 변경사항을 관리하여 추적 가능하게 해준다. Git이 도입되기 전에는 SVN/CVS 등으로 많이 사용되었다. 참고로 SVN은 subversion의 약자이며 CVS는 Current Version System의 약자이다. Git은 2005년에 리누즈 토발즈[39)]가 기존에 형상관리 도구가 가지고 있던 문제들을 보완할 수 있는 형태로 설계 하였으며, 근래 거의 모든 프로젝트들이 채용하고 있다고 해도 과언이 아니다.

필자는 기존에 프로젝트 개발 소스 관리를 위해 Subversion이라는 형상 관리 도구를 사용했었다. 이때 Subversion은 개인적으로 소규모 프로젝트에서는 사용될 수 있

38) https://git-scm.com/book/ko/v2
39) https://namu.wiki/w/리누스 토르발스 Linus Torvalds 라는 리눅스 커널의 창시자이다.

을 것 같지만, 여러 사람이 함께 모여 진행하는 협업 프로젝트에는 어울리지 않는 방식으로 형상관리를 진행한다는 생각했었다. 물론 Git이라는 것을 경험하지 못했다면, 그 방식이 옳다고 생각했었을 수도 있다. Subversion이 운영되는 프로젝트에서는 특정 소스 파일들이나 디렉토리가 특정 인원 혹은 개인의 몫으로 다른 개발자와는 구분이 되어 관리된다. 리뷰라는 것은 없고, 문제가 발생하면 해당 담당자가 소스 파일의 수정 이력을 기억해내어 진행하는 방식이었다. 필자가 파악한 기존 도구들과 다른 Git의 특징을 정리하면 다음과 같다.

- 변경에 대한 스냅샷 저장
  - Git은 현재 변경 사항에 대한 부분과 함께 이전 상태를 같이 저장한다. 스냅샷을 저장하는 것은 저장소의 용량을 커지게 하기 때문에, GC(Garbage Collection)을 통해 예전 저장된 스냅샷에 대헤서는 변경부만 남기도록 하고 정리를 하고 압축하여 관리하는 방식으로 진행한다.
- 대부분의 명령어들이 로컬에서 진행
  - Subversion 에서 파일의 히스토리를 얻기 위해서는 리모트에 최소 한번은 접근을 해야 한다(물론 캐시가 되지만). 또한 특정 리비전과 비교하기 위해서도 그렇다. Git은 이러한 과정을 모두 로컬에서 진행한다. 또한 Commit이라는 개념이 로컬에 적용된다. 리모트로 적용하는 명령어를 다르게 가져갔다. 로컬에서 형상관리를 한다는 Git의 특징은 관리를 분산시켜 주고, 리모트의 반영사항에 대한 충돌을 쉽게 해결 할 수 있게 한다.
- 수정사항에 대한 여러 단계의 상태
  - Committed : 로컬 저장소에 저장이 완료된 상태
  - Modified : 로컬 저장소에 마지막으로 저장상태와 다른 시점의 상태
  - Staged : 로컬 장소에 저장하기 전 상태
  - 이렇게 여러 상태들로 구분한 이유는 리모트의 변경사항과 병합을 하거나 충돌 해결을 효과적으로 할 수 있게 하기 위함이다.
- 커밋수정 사항을 최소화하게 한 접근

  Git을 사용하면서 가장 큰 장점으로 생각하게 된 특징이다. 커밋(Commit) 수정사항을 최소화 한다는 의미가 어떤 것인지 설명해보자. 예를 들어, 특정 파일에 여러가지 수정 사항을 반영하려고 한다. 수정한 사항은 한 라인에 80자 넘기지 않기, 들여쓰기를 공백 4개로 맞추기, 메모리 릭 수정이라는 3가지가 있다고 가정하자 하자. 몇 개의 커밋을 만들어야 하는가? 하나의 파일이므로 하나의 커밋을 만들어야 할까? 아니면 3개의 수정 사항이 있으니 3개를 만들어야 할까? 최소화의 원칙은 각 수정 특성에 맞게 3가지로 나누어 커밋을 만들어야 한다는 것

이다. 이렇게 했을 때의 장점을 알아보도록 하자.

1. 커밋의 메시지(Subject/Comment)가 조금 더 정확해진다. 하나의 커밋에 담은 수정 사항 자체가 작으므로 커밋 메시지에 적을 수 있는 내용이 분산되지 않고 집중되어 정확해진다.
2. 리뷰하기가 용의하다. 당연한 얘기지만, 메시지도 한가지 수정 사항에 대한 내용만 있으며, 수정 사항 변경의 결과가 명확하게 일치된다.
3. Revert 명령어(git revert)를 사용하기 용이하다. 여러가지 수정 내용을 최대한 논리적인 단위로 잘 나누었다면, 특정 수정사항 커밋이 문제가 되어 적용을 롤백하기도 쉬울 것이다. 그리고 그 수정만 롤백가능하게 작업하는 것이 중요하다.
4. bisect[40] 명령어의 사용이 용이하다. 앞으로 개발을 하면서 느끼게 되겠지만, 많은 사람들이 개발 진행하고 있는 프로젝트의 경우에 어떤 버그를 발견했을 때 가장 무식하지만 확실한 방법으로 그 버그가 발생하지 않았던 시점 부터 최근 커밋까지 하나씩 적용해가면서 확인해보고 어떤 커밋이 문제를 발생시켰는지 알아보는 것이다. Git에서 지원하는 bisect라는 명령어가 있다. 이 명령어는 찾는 시간을 단축하기 위하여 만들어 졌다. 앞서 설명한 방법으로 버그를 찾을 때, 특정 시작 지점으로 부터 하나씩 실행해보고 찾는 방법은 알고리즘 복잡도 분석에서는 O(n)의 성능을 가진다. 하지만 그 시작과 끝의 범위에서 특정 시점을 찾기 위해, 이진 트리 검색을 사용한다면 복잡도는 O(logN)이 될 것이다. 이는 하나씩 순서대로 검증했을 때 최대 100번의 시행을 해야 한다면, 이진 트리로는 최대 10번만으로 그 내용을 찾을 수 있다는 의미이다. bisect는 이런 것을 가능하게 해준다. 하지만 커밋에 너무 많은 수정 내용을 포함하고 있다면, bisect를 사용하더라도 찾은 커밋에 대한 분석을 한번 더 진행해야 한다.
5. 커밋의 병합(merge)가 용이해진다. 논리적으로 가장 작은 단위로 나누었다면, 충돌 자체가 가장 좁은 단위로 발생한다. 그래서 병합 자체에 손이 덜 가는 것이다. 여러 사람들이 참여하는 프로젝트는 같은 파일의 수정이 다른 내용으로 많이 진행이 되는데, 여러가지 내용을 담은 하나의 수정사항을 병합하려면 리뷰도 어렵거니와 병합하는 시점에 그 수정사항을 만든 사람과 미팅을 진행하는 것 등이 복잡해진다.

최소화의 특징은 앞으로 오픈 소스 프로젝트에 참여하면서 가장 중요하게 생각해야 할 부분이다. 이 부분만 잘 기억한다면, Git의 복잡해 보이는 명령어들도 단순 명

40) https://git-scm.com/book/ko/v1/Git-도구-Git으로-버그-찾기

료해지고 확장 가능하게 보일 것이다.

6.2 준비

3.1.6 프로젝트 북마킹에서 Github 마크다운 언어를 사용해서 오픈 소스 프로젝트를 찾는 과정을 노트하기 위한 새로운 프로젝트를 만든 것을 기억할 것이다. 이번 절 준비 과정에서도 같은 방법으로 개인 프로젝트를 하나 생성하자. Git은 명령라인에서 실행하는 일이 대부분이므로, 명령라인에서 실습하도록 한다. 본인은 Windows 에서 Git bash를 이용해서 진행할 것이다 (Windows/WSL/Ubuntu 등 어느 플랫폼에서도 진행 가능하다). 실습을 위해 디렉토리를 하나 만들자. 필자는 C:\Users\USER\Documents\Github에 만들었다. 그리고 우클릭하여 Git bash를 클릭하자. 해당 디렉토리에서 git bash 를 실행하면, 실행 되는 쉘이 해당 디렉토리에서 진행된다.

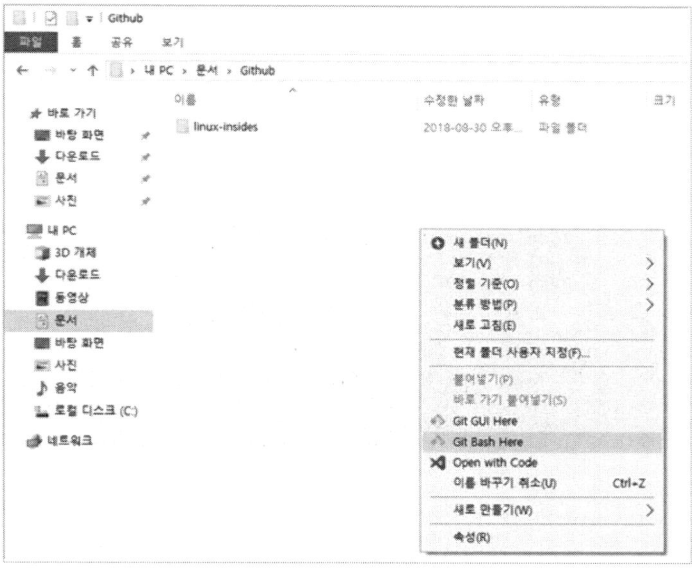

그림 6-1 윈도우 메뉴내의 Git 실행

Git bash는 리눅스의 bash 쉘과 동일한 환경을 제공하며, git 명령어를 사용할 수 있다. 우선 Github에 생성한 프로젝트를 복제(clone)해보도록 하자.

필자의 Github의 프로젝트 url은 https://github.com/daeseokyoun/findingOSSProject 이다. 접속해서 복제를 위한 url을 얻어보도록 하자. 접속을 하면 프로젝트 메인 페이지가 보이게 되고 중앙 우측에 보면 Clone or Download 버튼을 볼 수 있을 것이다. 버튼을 클릭해보자.

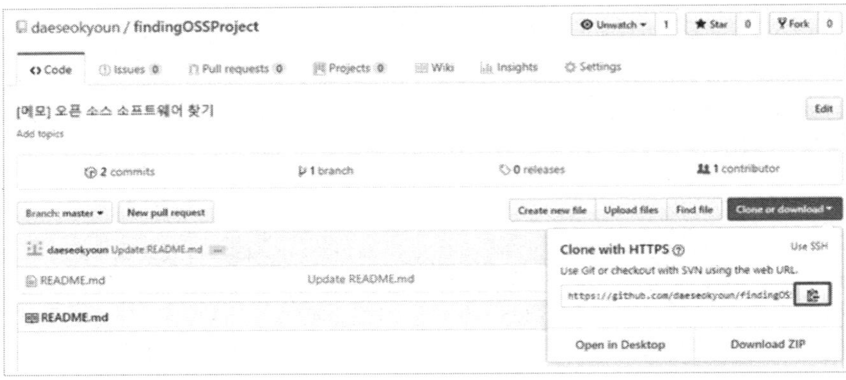

그림 6-2 프로젝트 복제 URL

클릭하면, 아래 Open in Desktop/Download ZIP 버튼이 있지만, 이것을 사용할 것이 아니라, "Clone with HTTPS"에서 url을 복사하여 git bash를 이용하여 복제를 진행할 것이다. 위의 캡쳐 이미지에서 빨간 박스의 복사 기능의 버튼을 클릭하자. 그러면 http로 된 프로젝트 복제(clone) 주소가 클립보드에 복사될 것이다. 그리고 앞서 git bash를 실행 한 터미널에서 git clone <프로젝트 url>을 입력해준다.

```
$ git clone https://github.com/daeseokyoun/findingOSSProject.git
```

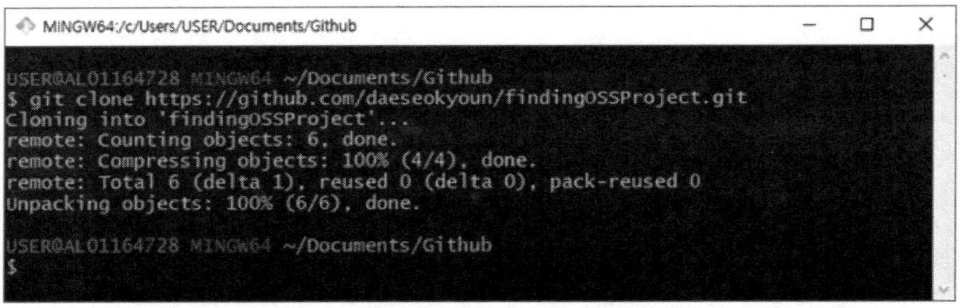

그림 6-3 프로젝트 복제

다운로드 메시지로 부터 프로젝트 복제가 완료되었음을 알 수 있다. 해당 프로젝트 디렉토리로 이동하여 다운로드가 받아졌는지 확인해보자.

```
$ cd findingOSSProject
$ ls
```

README.md 파일이 있고 3.1.6 장에서 실습한 내용의 파일을 확인할 수 있다.

6.3 로컬 명령어(Add / Status / Commit)

간단한 수정과 함께 로컬 저장소에 저장하는 방법을 알아보자. Git에 상태는 committed/modified/staged 등으로 세분된다. 이러한 상태를 이해하기 위해 새로운 파일을 생성해보자. 필자는 Contributor.md 파일을 생성했다. 필자는 명령라인에서 "echo"와 "입출력 재지정 (아래 예에서 > 부분)"를 사용하여 간단히 파일을 생성했지만, 원하는 독자는 VIM 편집기를 통해서 생성해도 좋다. Contributor.md 파일을 생성하고, git status를 통해 상태를 확인해보자.

```
$ echo "[Daeseok Youn](https://github.com/daeseokyoun)" > Contributor.md
$ git status
On branch master
Your branch is up to date with 'origin/master'.

Untracked files:
  (use "git add <file>..." to include in what will be committed)

        Contributor.md
nothing added to commit but untracked files present (use "git add" to track)
```

git status라는 명령어는 현재 로컬 저장소의 상태를 확인해주는 명령어이다. 새로운 파일을 생성했으니, git status 는 "untracked" 상태의 파일을 보여준다. untracked의 의미는 히스토리 관리가 되지 않은 파일이 이 저장소에서 보인다라는 의미이다. untracked 파일을 로컬 저장소에 추가하고 관리하기 위해서는 add를 통해 staged 상태로 변경하고 commit 명령어를 통해 로컬 저장소에 저장해야 한다. 일단 git add 명령어를 수행해보자.

```
$ git add Contributor.md
$ git status
On branch master
Your branch is up to date with 'origin/master'.

Changes to be committed:
  (use "git reset HEAD <file>..." to unstage)

        new file:   Contributor.md
```

add 명령을 통해 staged 상태로 Contributor.md 파일이 올라갔다. 하지만 아직 로컬 저장소에 저장이 된 것은 아니다. commit 명령을 통해 이 파일을 저장소에 저장해보도록 하자.

```
$ git commit
```

git commit 입력하면, git 이 commit 메시지를 위한 편집기로 “vi”를 실행할 것이다. 이는 windows 에 git을 설치하는 과정에서 기본 편집기를 vi로 설정했기 때문이다. 이 편집기에서 git commit 메시지를 작성할 수 있다. 이때 메시지는 아래 그림에서 보이는 것과 같은 기본 규칙을 지켜 주어야 한다.

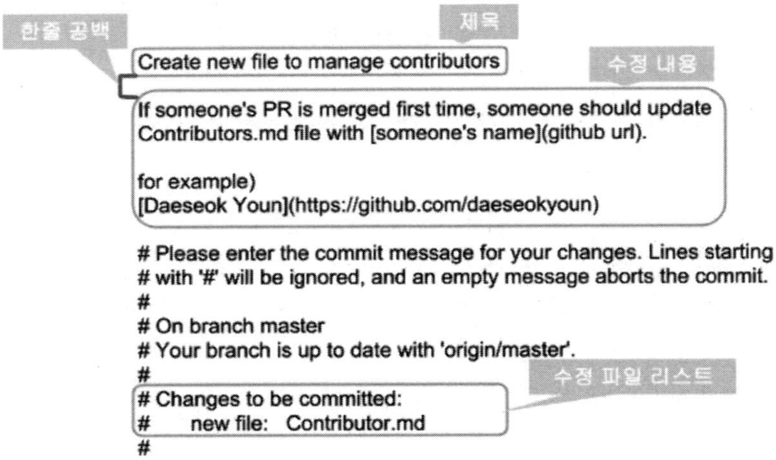

그림 6-4 Git 커밋의 구성

이미 언급했듯이 git commit을 입력하면 기본 편집기가 실행된다. 실행된 편집기의 맨 첫줄은 제목을 입력한다. 제목의 길이는 80자로 제한되어 있다. 80자를 넘어도 되지만, github 에서 확인할 때 “...”으로 보여진다. 제목 다음에는 한줄을 공백으로 넣어줘야 한다. 그렇게하면 git에서 제목과 수정 내용을 담는 부분을 구분할 수 있다. 위의 커밋에서 If가 시작되는 문장에서 윗 첫줄이 공백이다. 기억해두도록 하자. 만약 제목의 첫줄과 수정 내용 사이에 공백이 없다면 모두 제목으로 인식되어 엄청 긴 제목의 커밋이 될 것이다. 일단 제목 부터 입력하기 위해서 VIM 편집기의 입력모드 전환 명령어인 “i” 를 입력하자. 그리고 제목과 내용을 쓴 다음, esc 를 누르고(명령모드 진입) “:wq”(세미콜론 + wq + 엔터)하면 커밋이 로컬에 저장이 된다.

```
[master 7c63864] Create new file to manage contributors
 1 file changed, 1 insertion(+)
 create mode 100644 Contributor.md
```

저장하고 나오는 순간 위와 같은 메시지가 보이며, Contributor.md 파일이 정상적으로 로컬저장소에 생겼음을 알려준다.

관련 내용이 적용되었는지 log 명령어를 통해 알아보도록 하자.

```
$ git log
commit 7c638646164bbc5f8f491e6e99c9432b2f3ab48c (HEAD -> master)
Author: Daeseok Youn <daeseok.youn@gmail.com>
Date:   Sun Sep 2 18:47:16 2018 +0900

    Create new file to manage contributors

    If someone's PR is merged first time, someone should update
    Contributors.md file with [someone's name](github url).

    for example)
    [Daeseok Youn](https://github.com/daeseokyoun)

commit 014665ef1b31ada540c8c070d807388732649a1d (origin/master, origin/HEAD)
Author: daeseokyoun <daeseok.youn@gmail.com>
Date:   Sun Aug 5 22:00:04 2018 +0900

    Update README.md

    first-contributions 프로젝트 설명

commit ad365ef974e8f901a527ef4ecf71d4de7a17196f
Author: daeseokyoun <daeseok.youn@gmail.com>
Date:   Sun Aug 5 21:01:35 2018 +0900

    Initial commit
```

현재까지 로컬의 수정 사항을 모두 보여준다. 마지막 부분에서 커밋 한것이 잘 저장되어 있음을 알 수 있다. 지금까지 논의한 내용이 로컬에서 수행되는 가장 기본적인 명령어 흐름이다. 여러가지 다른 사항에 대응할 수 있는 다른 명령어들도 있지만 현재는 이정도만으로도 충분하다. 관심있는 독자는 Pro Git이라는 책을 살펴보는 것이 크게 도움이 될 것이다.

6.4 리모트 명령어(Push / Remote)

6.3장에서 로컬 저장소에 새로운 파일과 커밋을 생성했다. 하지만, 실제 github 저장소에 들어가서 코드 변경 이력을 보면, 아직 새로운 커밋이 보이지 않는다. 리모트에 변경사항이 담긴 커밋을 전송하려면 push 라는 명령어를 사용하면 된다. 하나의 수정 내용이 리모트에 반영되기까지의 상태 변화를 그림으로 표현하면 다음과 같다.

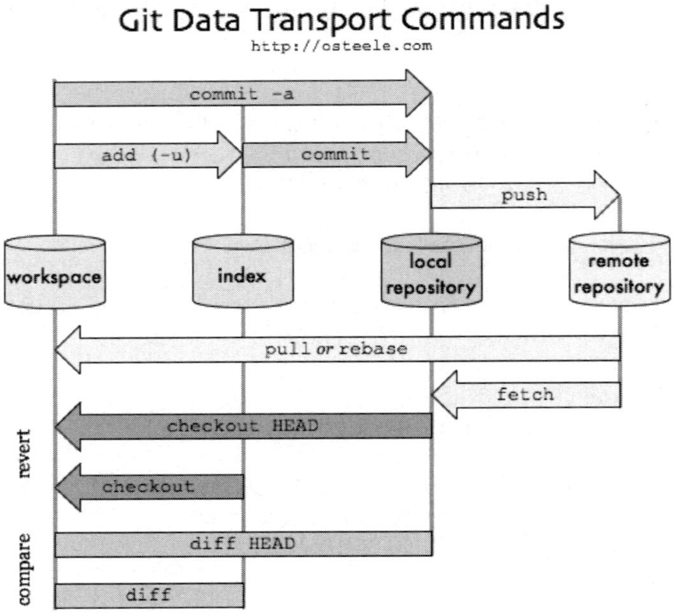

그림 6-5 Git 명령 흐름[41)]

6.3장에서 실행한 것이 local repository(로컬 저장소)에 저장이 된 것이고, push 명령어를 통해 리모트 저장소에 저장한다. push에 대해 좀 더 자세히 알아보자.

```
$ git push origin master
Enumerating objects: 4, done.
Counting objects: 100% (4/4), done.
Delta compression using up to 4 threads.
Compressing objects: 100% (2/2), done.
Writing objects: 100% (3/3), 452 bytes | 226.00 KiB/s, done.
Total 3 (delta 0), reused 0 (delta 0)
To https://github.com/daeseokyoun/findingOSSProject.git
   014665e..7c63864  master -> master
```

git push를 처음으로 하는 것이라면, github에 로그인이 한번 해 주어야 한다. 로그인 창이 한번 뜨며 계정과 비밀번호를 한번 입력하면 다음부터는 입력하지 않아도 계속 유지된다. git push 결과 리모트 저장소에 저장을 했다는 메시지가 출력되고 완료된다. 이때 입력한 명령어에서 origin/master의 의미를 먼저 파악해 보자.

- origin : 기본적으로 git 저장소를 만드는 것은 리모트의 어느 저장소(Github와 같은)가 만들어지는 것이다. 이때, 만들어지는 리모트의 저장소를 가리키는 포인

41) https://blog.osteele.com/2008/05/my-git-workflow/

터로 origin이라는 이름을 사용한다.

- master : master는 origin과 비슷하게 기본적으로 생성되는 브랜치의 이름이다. 처음 생성한 리모트 저장소의 접근은 origin이 하고, 기본적으로 생성되는 master라는 이름의 브랜치를 사용하는 것이다. 브랜치는 6.5장에서 조금 더 자세히 알아보자.

이제 github 저장소 사이트로 들어가, 새로 생성한 커밋이 리모트에 어떻게 적용이 되었는지 확인해보도록 하자.

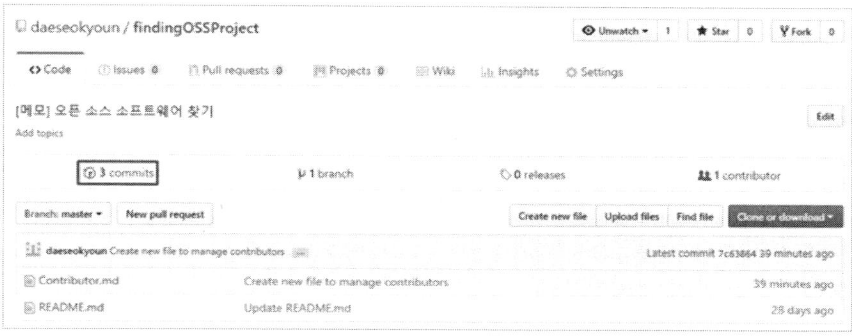

그림 6-6 프로젝트 커밋

접속하면, 새로 생성된 Contributor.md 파일이 추가된 것을 알 수 있다. 그리고 "3 commits"라는 부분을 클릭하면 최근 생성한 커밋의 제목을 볼 수 있다.

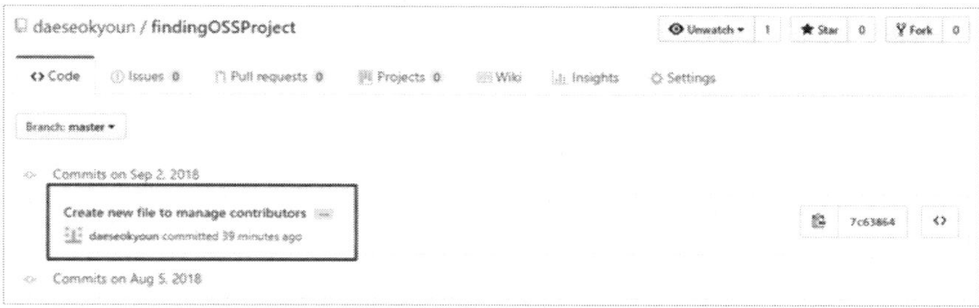

그림 6-7 프로젝트 커밋 히스토리

여기서 제목을 다시 클릭하면 상세 내용과 수정사항을 함께 볼 수 있는 페이지가 나온다.

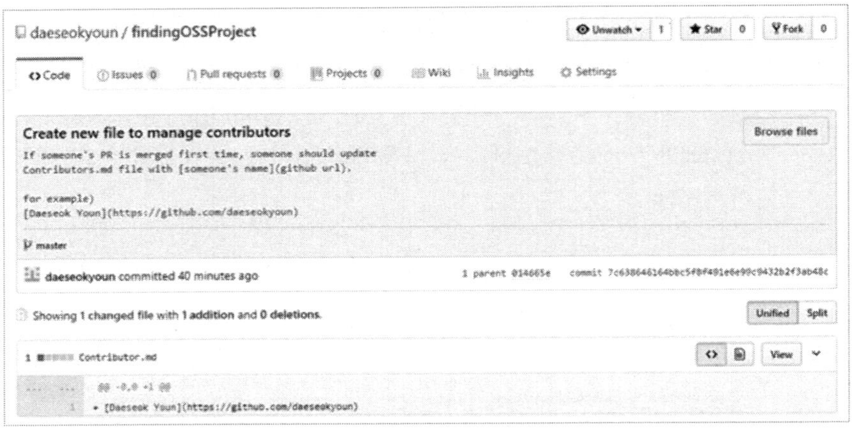

그림 6-8 Git 커밋 내용 확인

향후 이 화면을 가지고 리뷰도 할 수 있고, 논의도 할 수 있다.

6.5 Branch 의 이해

브랜치는 Git에서 여러 개발자가 협업하는 기반이 되는 개념이다. 새로운 브랜치를 생성함으로써 한 개발자는 다른 개발자들과 분리된 개발을 진행할 수 있고, 이후 브랜치들을 병합(merge)함으로써 개발 내용들을 통합할 수 있다. 앞서 소개한 Pro Git 이라는 책에 브랜치에 대한 설명이 자세히 나와있다. 이 절에서는 그 내용 중에서 핵심이 되는 부분을 쉽고 직관적으로 설명해 보겠다.

브랜치를 만드는 것은 현재 리모트 저장소에 있는 내용을 향후 내가 작업할 내용의 기준으로 정하겠다는 것을 의미한다. 이 기준에서부터 나의 개발이 완료되기 전까지, 다른 개발자들이 수정한 내용은 반영되지 않는다. 향후 내가 개발하고 싶은 내용이 완료되면, 브랜치 간의 병합을 통해 이전 기준으로 만들어진 내용을 최신의 내용과 병합하는 과정을 거처 메인 라인이라고 부르는 브랜치에 적용되게 된다.

Git 저장소를 새롭게 만들면, master라 불리는 이름의 브랜치가 생긴다. master라는 이름의 브랜치는 여러 개발 브랜치들에서 병합이 되는 최종 목적지가 된다. 많은 개발자들이 참여하고 있는 프로젝트에는, 다양한 브랜치를 생성하는 규칙들이 있으며 개발자들은 이 규칙들을 지켜가며 프로젝트를 진행한다. 예를 들어 설명해 보자. 한 프로젝트의 master 브랜치에 C1, C2, C3가 커밋되었다고 가정해 보자. 이때 개발자 1이 devel1이라는 브랜치를 만들고 개발자 2는 devel2라는 브랜치를 만들었다고 생각해 보자. 그 이후 개발자 1은 D1, D2를 커밋하고 개발자 2은 E1, E2를 커밋하였다면 아래 그림과 같이 브랜치들이 만들어 진다.

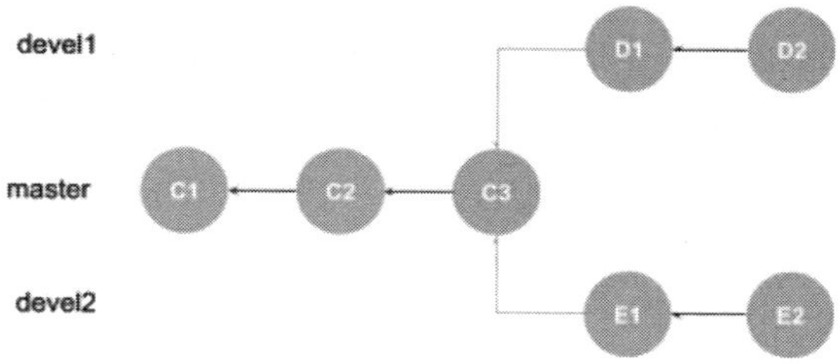

그림 6-9 브랜치 예제

C1, C2, C3 커밋은 master 브랜치에 적용된 것이며, D1, D2 커밋과 E1, E2 커밋은 각각 devel1, devel2에 적용된 것이다. 실제로는 커밋 이후 git push까지 해야 각 개발자들이 개발한 내용이 Github에 보여져 위 그림과 같은 구조를 완성할 수 있다.

브랜치를 생성하는 이유는 다양하다. 하나의 프로젝트가 개발됨에 있어, 버그를 수정하는 브랜치를 만들거나 새로운 기능을 개발하는 브랜치를 만들 수 있다. 필자의 생각으로는 브랜치를 만들어 놓고 너무 기간을 길게 가져가거나 너무 많은 수정을 하는 것은 피하는 것이 좋다. 브랜치와 master간에 차이가 커질 수 있기 때문이다. 차이가 커질 수록 병합 과정에서 충돌이 발생할 가능성이 커진다. 최소화의 원칙처럼, 브랜치에서 할 작업을 기능별/이슈별로 잘 나누어 최소화하고 완료하면 즉시 master와 병합하는 것이 좋다. 그럼, 병합하는 과정에서 문제를 많이 일으키지 않고 프로젝트 코드 업데이트를 진행할 수 있을 것이다.

다시 예로 돌아가 설명을 계속해 보자. 개발자1가 만든 브랜치가 master로 병합이 되었된 경우를 생각해 보자. C3을 기준으로 생성된 devel1 브랜치를 개발자1이 master로 병합하면 다음 그림과 같은 모양이 된다.

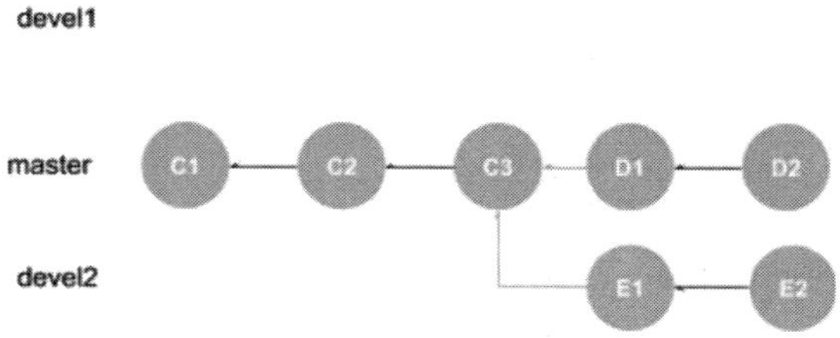

그림 6-10 브랜치 devel1 병합

이제 devel2를 병합해 보자. devel1을 병합할 때 보다 devel2를 병합할 때가 좀 더 복잡하다. devel1은 기준이 된 master와의 관계만 고려하면 되지만, devel2의 경우에는 master 뿐만 아니라 devel1의 커밋 내용도 고려해야 하기 때문이다. 이를 위해 Git은 두 가지 기법을 지원한다. 하나는 merge이고 또 다른 한 가지는 rebase이다.

두 기법의 차이는 merge는 브랜치의 기준이 된 이후의 커밋들을 하나의 커밋으로 묶어 master로 병합하는 것이고, rebase는 master 에 추가된 커밋이 있다면 추가된 커밋들의 새로운 기준으로 하여 브랜치의 커밋들을 하나씩 쌓는 것이다.

위 그림의 예에서 처럼 master와 devel2가 있는 상황에서, 실습을 통해 merge 와 rebase의 차이점을 알아보도록 하자. 우선, merge하는 시나리오부터 알아보자. merge는 다음의 단계로 진행된다.

```
$ git checkout –b devel2
....〈파일 수정〉
$ git add file1.c file2.c
// 커밋 E1 이 생성
$ git commit
... 〈또다른 파일 수정〉
$ git add file3.c
// 커밋 E2 생성
$ git commit
$ git checkout master
$ git merge devel2
```

merge가 완료되면 E1와 E2가 master 브랜치에 보이고 추가적으로 merge를 위한 커밋이 하나 더 생기게 된다. 추가적인 merge 커밋을 C4라고 하면 아래 그림과 같이 된다. 이 merge 커밋은 기존 E1와 E2의 수정 내용을 묶은 커밋이다.

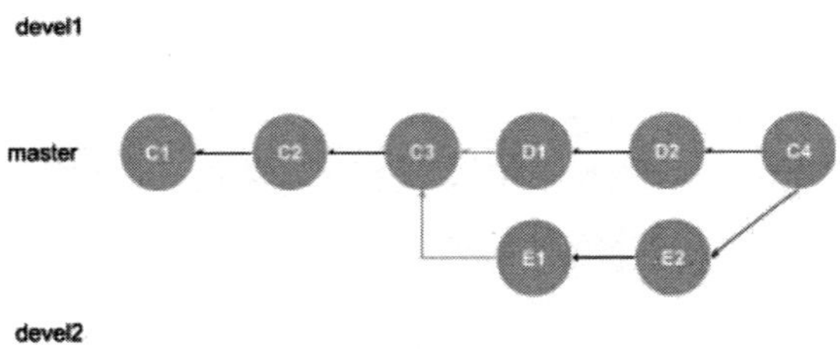

그림 6-11 브랜치 병합(merge)

이때 E1 또는 E2 내용과 D1 또는 D2 내용과 충돌이 발생할 수도 있다. D1과 E1은 모두 C3를 기준으로 서로 독립적으로 개발되었기에 개발자가 같은 부분을 다르게 수정하였다면 충돌이 된다. 충돌의 해결은 개발자들 간에 논의, master 브랜치 메인테이너의 결정, reset 등 다양한 방법이 가능하다. 묶음 커밋이 reset되면 E1, E2의 커밋도 같이 reset이 된다.

만일 devel2 브랜치의 merge가 성공적으로 완료되었다면, 이 브랜치는 제거 가능하다. 이때 사용하는 명령이 다음과 같다.

```
$ git branch –D devel2
```

그럼 이제부터는 devel2는 사라지고 master 만으로 운영된다.

이제부터 rebase를 알아보자. rebase는 단어 의미대로 기준을 다르게 바꾸겠다는 것이다. 지금까지 사용한 예제로 설명하면, devel2 브랜치가 생성될 때에는 C3이 기준이었는데 병합될 때에는 C3 이후에 D1, D2 등의 커밋이 추가되었으니 새로운 기준으로 바꾸겠다는 것이다. rebase는 다음과 같은 명령어들로 진행된다.

```
$ git checkout –b devel2
....〈파일 수정〉
$ git add file1.c file2.c
// 커밋 E1 이 생성
$ git commit
... 〈또다른 파일 수정〉
$ git add file3.c
// 커밋 E2 생성
$ git commit
// 여기까지는 merge 와 동일하다.
$ git checkout master
$ git pull origin master
$ git checkout devel2
$ git rebase master
```

위 진행 단계를 보면 merge와 rebase의 주요한 차이 중에 하나를 발견하게 된다. merge는 병합 목적지 브랜치인 master에서 명령어를 입력해야 하고, rebase는 병합될 브랜치인 devel2에서 진행이 된다. 위 단계의 마지막 명령어인 git rebase master를 하게 되면, 아래 그림처럼 devel2에 D1/D2의 커밋(master의 최신 반영)을 먼저 놓고, 다시 E1과 E2를 하나씩 쌓아본다. 즉, 새로운 master의 업데이트 상황에 다시 E1과 E2를 내가 커밋하는 것처럼 하는 것이다. 이렇게 하면, 실제 최신 master에서 devel2의 브랜치를 만들었으며 master의 최신 상황에 E1과 E2가 하나씩 커밋된 것처럼 행동을 하는 것이다. 결국 rebase를 이용하면 병합 과정에서 묶음 커밋이 새로 만들어지지 않는다.

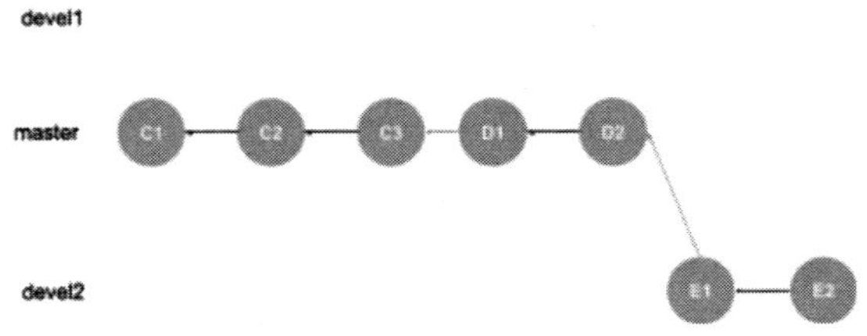

그림 6-12 브랜치 rebase

그럼 rebase를 하는 이유는 무엇일까? rebase는 프로젝트 수정의 특성에 따라 선택적으로 활용된다. 예를 들어, 프로젝트의 코딩 스타일 이슈를 수정하려는 경우를 생각해 보자. 그럼, 현재 master 브랜치에서 fix/coding-style이라는 브랜치를 생성한다. 그리고 나서 몇개의 수정 사항을 반영하여 master 브랜치에 병합을 요청하는데, 우선 순위가 낮은 수정 사항이다 보니 master 의 변경 사항들이 많이 생겨 자신이 수정한 사항이 master 브랜치에 병합되지 못하고 충돌이 발생한다면, rebase를 통해 최신 master 브랜치에 맞춰 커밋 하나하나를 업데이트 하는 방식으로 진행을 한다. 반면, 코딩 스타일이 아니라 메모리 릭(leak) 이슈를 해결한 hotfix 브랜치를 만들면, 수정 사항이 빠르게 병합 되어야 한다. 이때는, 특히 다른 수정과 충돌 가능성이 높지 않다면, 바로 merge를 수행하여 master 업데이트를 진행한다. 즉, merge와 rebase는 적절하게 사용하면 편리한 명령어가 될 것이다.

결국 브랜치는 기능별/이슈별 단위로 생성하여 짧은 주기로 진행하는 서브 프로젝트로 볼 수 있다. 오픈 소스는 프로젝트에 많은 사람들이 같은 파일들을 수정 진행을 하기에 브랜치라는 것은 매우 중요하다. Github의 PR(Pull Request)은 브랜치 단위로 이루어지는 내용이니 많은 연습을 통해 브랜치에 대한 이해를 높이도록 하자.

6.6 Github PR(pull request)

Github에서 PR(pull request)이란 자신의 수정 내용은 github의 원본 저장소로 병합하기 위하여 권한이 있는 사람에게 요청을 보내는 것이다. 일반적으로 오픈 소스 프로젝트의 참여는 github에 이미 있는 프로젝트를 fork하여 로컬 저장소로 가져오고, 여기에서 수정하여 커밋을 한다(필요하면 브랜치도 만들고). 그 이후 자신의 수정 내용을 병합해 달라고 원본 저장소 관리자에게 요청을 보내어 받아들여지면, Github에 반영이 되는 것이다. 이때 보내는 요청이 PR이다.

PR을 실습하기 아주 좋은 사이트가 있다. Github에서 first-contributions[42]이라는 프로젝트에 들어가 보자. 프로젝트의 접근은 url을 통해 바로 접근을 하거나 검색기로 “first-contributions github”라고 치면 된다. 이번 실습의 목표는 Github에 실제 존재하는 first-contributions 프로젝트에 독자 자신의 이름을 올리는 것이다.

42) https://github.com/Roshanjossey/first-contributions

그림 6-13 first-contributions 프로젝트 페이지

first-contributions 프로젝트는 이미 fork가 7000번 이상 이루어진 유명한 프로젝트이다. 이것은 github에서 PR(pull request)을 이해시켜주기 위한 목표로 만들어진 프로젝트이며, 다양한 문서들을 제공한다. 한국인 개발자들도 많이 참여하고 있으며, 한글 자료도 풍부하다. 우선 한글화된 페이지로 가 보도록 하자. 접속된 현재 페이지에서 아래로 내려가면 REAME.md 파일이 보일 것이다. 현재 내용은 영어로 되어 있는데, 다른 언어지원 항목에서 "KR"이라는 단어가 보일 것이다.

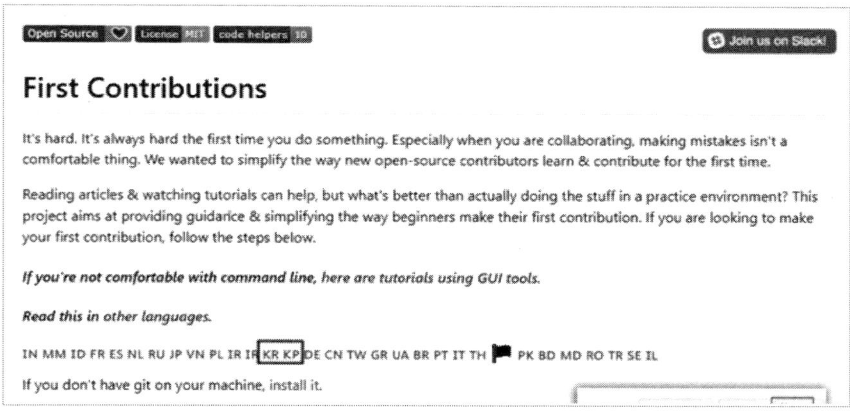

그림 6-14 first-contributions 메인 README.md

KR을 클릭하면 한글화된 페이지가 뜰 것이다. 많은 선배 개발자들의 공헌으로 번역이 아주 잘 되어 있다.

그림 6-15 first-contributions 한글화 페이지

이 페이지에 있는 설명대로 1) 저장소 포크하기, 2) 저장소 복제하기, 3) 브랜치 생성하기, 4) 변경하고 커밋하기, 5) 깃허브에 푸시하기를 수행한 이후, 마지막으로 이 절에 주제인 PR (pull request)를 제출할 수 있다. 그럼 first-contributions 프로젝트 관리자가 변경 사항을 확인한 이후 master 브랜치에 병합하게 된다.

실습을 수행하는 것에는 20~30분이면 충분하다. 꼭 직접해보고 Github의 PR이 어떤 식으로 흘러가는지 이해하도록 하자. 완료하고 나면 여러분의 커밋이 first-contributions 프로젝트에 올라가게 된다. 여러분의 이름도 보인다!! 드디어 오픈 소스에 참여하게 된 것이다.

6.7 Git 기반 프로젝트 호스팅

Github는 Git을 기반으로 프로젝트를 호스팅하는 대표적인 사이트이다. 그런데, Github 외에도 다양한 프로젝트 호스팅 사이트들이 존재한다. 이들은 기본적으로 Git을 사용하지만 별도의 소스 형상관리 방법을 사용하기도 한다. Github에서 관리되는 프로젝트들은 일반적으로 PR 이라는 것을 통해 기여를 진행한다. 그렇다고 모든 유명한 프로젝트들이 PR을 사용하는 것은 아니다. 이 절에서는 GitLab,

Bitbucket 등 다른 호스팅 사이트의 특징을 살펴 본다.

6.7.1 GitLab

만약 Github가 아닌 다른 대안(alternative) 사이트를 찾는다면, 아마 GitLab이 가장 먼저 고려되는 사이트이다. GitLab의 가장 큰 장점은 Github와 다르게 private 저장소를 마음껏 만들 수 있다는 것이다. 자신이 개발하고 있는 혹은 스터디를 위한 프로젝트가 외부에 공개되는 것이 꺼려진다면 좋은 선택이 될 수 있다. GitLab의 특징을 요약하면 다음과 같다.

- 제한 없는 개인(private) 프로젝트 생성
- 개인 프로젝트 호스팅을 위해 최적화
- 오픈 소스 라이선스 지원

필자의 경험으로 볼 때, Gitlab의 사용하기 편리하고 다양한 장점이 있지만 초보자가 참고할 만한 프로젝트가 적다는 것이 단점이 될 것이다. Gitlab은 Github와는 다르게 Pull Request가 아닌 Merge Request라는 단어를 사용한다. 그 외에는 Github와 비슷한 명령어들로 관리된다.

6.7.2 BitBucket

BitBucket 또한 private 프로젝트 생성을 가능하게 한다. 그리고 UI/UX가 깔끔하다. 몇몇이 모여 프로젝트를 생성하고 만들어가기에 좋은 호스팅 사이트이다. BitBucket도 Github처럼 Pull Request 방식으로 기여를 진행할 수 있다.

6.7.3 Gerrit

Gerrit은 프로젝트 호스팅 사이트는 아니지만, Git 저장소를 Web으로 한번 더 감싸고 있는 서비스라고 볼 수 있다. 정확히 Gerrit은 Git이라는 형상관리로 코드를 관리하는데 있어, 리뷰라는 것에 초점을 맞춘 시스템이다. Gerrit을 사용하고 있는 대표적인 오픈 소스 프로젝트에는 Android와 Chromium OS 프로젝트가 있다. Gerrit 시스템의 특징을 요약하면 다음과 같다.

- Push 명령을 통해 리모트 저장소에 적용되는 것을, 리뷰를 받고 진행하도록 중간과정에 관여한다.
- 각 commit에 수정 라인별로 주석을 남길 수 있도록 지원한다.

- 하나의 commit에 추가 수정된 내용을 patch 형태로 관리한다. 그래서 하나의 커밋의 내용 변천사를 한번의 접근으로 가능하게 해준다. 즉, 리뷰를 받고 리뷰가 반영된 변경을 하게 되면, 해당 커밋 내에서 변경 과정을 모두 추적할 수 있다.
- Android와 같은 대형 프로젝트에 3rd party 프로젝트나 하위 프로젝트(sub project)를 만들 때, 각각을 git 저장소로 연결하고 전체를 repo라는 개념으로 관리한다. 즉, repo라는 도구로 여러 개의 git 저장소를 컨트롤 할 수 있도록 지원하게 된다.

간단한 예제를 살펴보자. 일단 Android platform 프로젝트 Gerrit 시스템[43]에 접속 해보자.

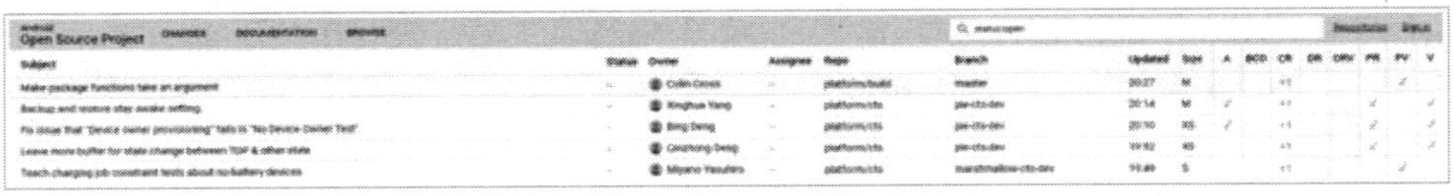

그림 6-16 안드로이드 Gerrit 시스템

접속을 하게 되면, 커밋 메시지, 저자(Author), 저장소 이름 등으로 나와 있다. 하나를 클릭해서 진입을 해보도록 하자.

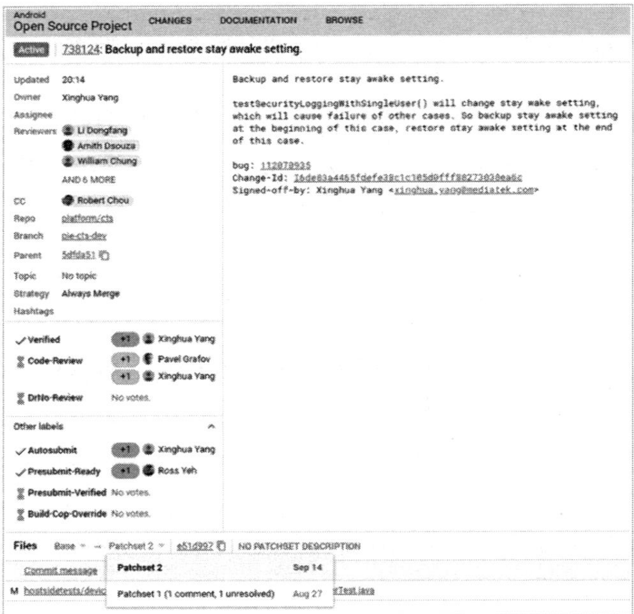

그림 6-17 Gerrit 시스템의 커밋 구성

43) https://android-review.googlesource.com/q/status:open

Gerrit이라는 시스템을 이용하여 커밋을 하게 되면, 커밋에 Change-Id라는 항목이 들어가게 되는데, 이 Id는 같은 파일의 추가적인 수정사항을 하나의 접근으로 관리할 수 있도록 한다. 위의 캡쳐에서 화면 아래에 보면 patchset 1/patchset 2라는 부분이 보일 것이다. 같은 Change-Id로 코드리뷰를 받고 해당 저자가 수정하여 다시 올리면 Gerrit 시스템에서 patchset 2를 새로 만들어 변경 사항을 추적 관리 해준다. 이 점이 Gerrit 시스템의 큰 장점 중에 하나이다. 파일 수정 사항을 클릭하여 직접 살펴보자.

그림 6-18 Gerrit 코드 리뷰

변경 사항이 기본적으로 나오고, 해당 변경 사항에 대한 리뷰 커멘트가 노란색 박스 내에 보여진다. 여기서 계속 답글을 추가하여 하나의 수정사항에 대한 논의도 가능한 구조이다. 이런 리뷰 시스템은 효과적인 협업에 큰 도움이 된다. 만약 Android/ Chromium 프로젝트에 참여하고자 한다면, 이 Gerrit 시스템의 사용에 익숙해져야 한다.

6.7.4 Issue Tracker(Bugzilla)

오픈 소스 프로젝트를 이슈 트랙커의 형태로 관리하는 프로젝트들도 있다. 가장 대표적인 프로젝트 그룹은 GNOME이다. 이 프로젝트는 리눅스에서 화면에 보여지는 X 서버와 관련이 있는 프로젝트들 집합체이며, 이 프로젝트에 기여를 하기 위해서는 Bugzilla라는 시스템에 익숙해져야 한다. Bugzilla는 이슈 트랙커로 이슈를 관리하기 위해 사용되지만, 해당 이슈에 패치를 제공하여 오픈 소스 기여를 진행할 수도 있다. Gnome bugzilla[44]에 접속해보자.

44) https://bugzilla.gnome.org/

그림 6-19 GNMOE Bugzilla 페이지

접근을 하면 버그 보고나 이슈를 관리하기 위한 게시판이 보일 것이다. 여기서 이슈를 보고 하고 관련된 패치를 등록하면, 관리하는 개발자가 리뷰를 하고 병합을 해준다. 만약, 충돌이 발생하면 다시 rebase 를 요청하는 경우도 있다. 그러면, git에 커밋을 패치의 형태로 변환하여 파일로 출력하고 그 파일을 등록하면 된다.

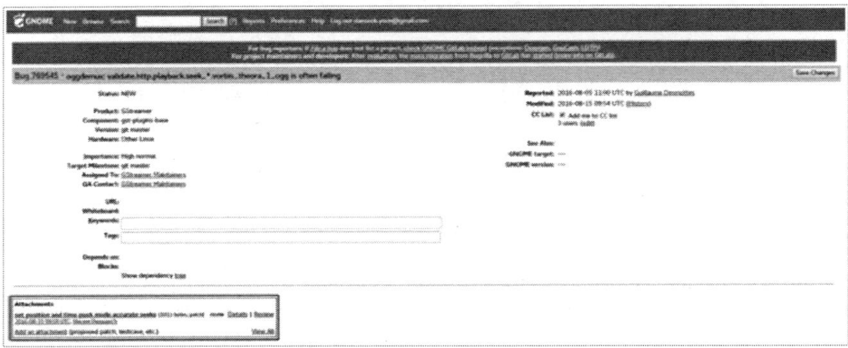

그림 6-20 Bugzilla 이슈 운영

이렇게 이슈를 등록하고 관련된 패치를 첨부하는 것으로 프로젝트를 관리하는 것도 장점이 많다. GNOME 그룹의 프로젝트들은 대형이면서 활발하게 개발되고 있는 프로젝트들이 많이 있기 때문에, 이런 방식도 알아두는 것이 좋을 것이다.

6.7.5 Mailing List

가장 오래된 방법 중 하나이지만 아직도 사용되는 프로젝트 관리 방법이 바로 모든 것을 메일로 진행하는 방법이다. 이런 방식의 대표적인 프로젝트에 리눅스 커널이 있다. Git이라는 도구도 리눅스 커널을 만든 리누스 토발즈의 작품이다.

리눅스 커널에는 내부 디렉토리 및 모듈 별로 메인테이너들이 존재한다. 메인테이너들은 매일 수많은 패치를 메일로 받고 있으며, 리뷰 및 병합을 진행한다. 리뷰라는 것도 모두 메일을 이용하고 있다. 어떤 식으로 진행되는지 예를 들어 알아보도록 하자. 리눅스 커널 메일링 리스트중에 linux-kernel이라는 이름이 있다. 이 메일링 리스트에 가입을 하면, 전세계 모든 개발자가 보내는 메일을 뉴스레터 처럼 받아 볼 수 있다.

그림 6-21 리눅스 커널 메일링 리스트

가입을 하게 되면 커널 관련된 내용이 하루에도 수도 없이 쏟아진다. 패치를 보내는 방식은, Git으로 커밋을 한 내용을 패치의 형태로 만든 다음에 패치의 내용을 Plain-Text 형식으로 메일에 그대로 첨부하여 보내야 한다.

Nathan Chancellor <natechancellor@gmail.com>
Jonathan, Hartmut, Lars-Peter, Peter, linux-iio, linux-kernel, Nick, Nathan에게

영어 > 한국어 메일 번역

```
Clang warns when an enumerated type is implicitly converted to another.

drivers/iio/adc/max9611.c:292:16: warning: implicit conversion from
enumeration type 'enum max9611_conf_ids' to different enumeration type
'enum max9611_csa_gain' [-Wenum-conversion]
                *csa_gain = gain_selectors[i];
                          ~ ^~~~~~~~~~~~~~~~~
1 warning generated.

Change the type of the variable 'gain_selectors' to int so that Clang
understands this is expected behavior.

Reported-by: Nick Desaulniers <ndesaulniers@google.com>
Signed-off-by: Nathan Chancellor <natechancellor@gmail.com>
---
 drivers/iio/adc/max9611.c | 2 +-
 1 file changed, 1 insertion(+), 1 deletion(-)

diff --git a/drivers/iio/adc/max9611.c b/drivers/iio/adc/max9611.c
index 0538ff8c4ac1..3c358b16a8fa 100644
--- a/drivers/iio/adc/max9611.c
+++ b/drivers/iio/adc/max9611.c
@@ -275,7 +275,7 @@ static int max9611_read_csa_voltage(struct max9611_dev *max9611,
                                    u16 *adc_raw,
                                    enum max9611_csa_gain *csa_gain)
 {
-       enum max9611_conf_ids gain_selectors[] = {
+       int gain_selectors[] = {
                CONF_SENSE_1x,
                CONF_SENSE_4x,
                CONF_SENSE_8x
```

그림 6-22 리눅스 커널 패치 내용 예제

메일을 열면, 수정 내용을 볼 수 있다. 여기에 답 메일을 보내게 되면, 관련 메일링 리스트에 등록된 전세계 모든 개발자들이 보게된다. 수정 사항에 대한 리뷰도 보낼 수 있으며, 관련된 내용을 논의하는 것도 메일로 진행된다. 방식은 오래된 느낌이지만 다른 UX/UI를 가진 시스템보다 더 잘 진행되기도 한다. 리눅스 커널 프로젝트에 관심이 있다면, 이 방식에 익숙해져야 할 것이다.

연습문제

1 Github의 first-contributions 프로젝트에 PR을 보내보자.

2 자신이 생성한 프로젝트를 복제하고, 마크다운 편집기(Atom)으로 편집 수정하여 반영해보자.

3 Gerrit이 운영되고 있는 Android Platform이나 Chrome 프로젝트에 접속하여 소스 코드 수정 및 리뷰의 진행사항을 살펴보자.

4 Git의 명령어중 Merge/Rebase의 차이점은?

5 오픈 소스 프로젝트 중 메일링 리스트로 운영되고 있는 프로젝트를 찾아보자.

7장

오픈 소스 기여 Step 3

무엇을 할 것인가?

지금까지 우리는 관심있는 프로젝트를 찾는 방법을 배웠다. 그리고 이 프로젝트를 수정하고 병합하는 방법을 배웠다. 즉, 어떻게(how) 오픈 소스를 기여할 수 있는지에 대한 방법을 이해한 것이다. 이제부터는 무슨(what) 기여를 할 것인지 생각해 보자.

오픈 소스 기여를 위해서는 우선 해당 프로젝트에 대한 애착이 있어야 한다. 그 프로젝트를 빌드하고 다양한 방법으로 테스트하고 그리고 소스를 분석해 보아야 한다. 그러다 보면 기여를 할 수 있는 내용들이 보이기 시작한다. 빌드하는 환경에 대한 조언을 추가하고 싶기도 하고, 예외적인 수행 결과를 보고하고 싶기도 하고, 더 나아가면 소스 코드를 수정하여 병합하고 싶을 때도 있다. 이번 장에서는 이러한 오픈 소스 기여를 실제로 진행하는 방법을 살펴본다. 우선 간단한 형태의 기여를 알아볼 것이며, 그 후에 프로젝트를 더 깊게 분석하고 발전시키는 기여를 논의한다. 이런 식으로 오픈 소스 프로젝트에 기여하며 다른 개발자와 소통한다면 많은 재미를 느낄 수 있을 것이고, 자신을 발전 시킬 수 있는 좋은 계기를 만들 수 있을 것이다.

7.1 다양한 플랫폼 빌드

오픈 소스 프로젝트들은 다양한 플랫폼에서 빌드 및 실행을 지원한다. 대표적인 플랫폼에는 윈도우즈, 리눅스 배포판(Fedora, Ubuntu, CentOS 그리고 SUSE 등), MacOS, 안드로이드 등이 있다. Python/Javascript/JAVA와 같은 스크립트 및 가상 머신 기반의 실행은 플랫폼에 의존적이지 않다. 다만 윈도우즈와 리눅스에서 쓰는 문자의 인코딩 방식이나 서로 다르게 개발된 패키지를 사용하는 경우에는 분기 처리를 해줘야 하는 등의 이슈는 있다.

한가지 예를 들어 보자. Quiver[45)]프로젝트는 python으로 개발되었으며, 윈도우즈와 리눅스에서 실행가능하도록 설계되었다. 이 프로젝트에 있는 코드 중 server.py가 import하는 모듈 중에 gevent.wsgi가 있는데, 윈도우즈에서 사용되는 모듈은 gevent.pywsgi라는 이름으로 되어있다. 아래는 이와 관련 PR을 진행한 내용이다. 실제 이 이슈가 보고되었으며, gevent.wsgi의 import가 실패하면, gevent.pywsgi로 다시 시도하도록 수정된 내용이다. 추가적으로 ./tmp 경로를 .\\tmp로 변경하여 윈도우즈에서 인식할 수 있도록 한 변경사항도 포함되어 있다.

45) https://github.com/keplr-io/quiver

```
@@ -2,6 +2,8 @@ from __future__ import print_function

 import json

+import platform
+
 import os
 from os.path import abspath, dirname, join
 import webbrowser
@@ -10,7 +12,10 @@ from flask import Flask, send_from_directory
 from flask.json import jsonify
 from flask_cors import CORS

-from gevent.wsgi import WSGIServer
+try:
+    from gevent.wsgi import WSGIServer
+except ImportError:
+    from gevent.pywsgi import WSGIServer

 from quiver_engine.util import (
     load_img, safe_jsonify, decode_predictions,
@@ -133,7 +138,11 @@ def run_app(app, port=5000):

 def launch(model, classes=None, top=5, temp_folder='./tmp', input_folder='./',
            port=5000, html_base_dir=None, mean=None, std=None):
-    os.system('mkdir -p %s' % temp_folder)
+    if platform.system() is 'Windows':
+        temp_folder = '.₩₩tmp'
+        os.system('mkdir %s' % temp_folder)
+    else:
+        os.system('mkdir -p %s' % temp_folder)

     html_base_dir = html_base_dir if html_base_dir is not None else
dirname(abspath(__file__))
```

이러한 기여는 단지 윈도우즈에서 해당 프로젝트를 실행만 해보면, 문제를 바로 파악할 수 있는 내용이다. 만일 문제를 발견하였지만 어떻게 이를 해결해야 할지 모른다면, 발견한 문제만 이슈로 등록해도 좋다. 위 gevent.wsgi 예도 처음에는 문제 등록만 되었었다[46]. 문제를 등록하면, 관련 진행사항을 추적할 수도 있고 어떻게 수정되는지 알아 갈 수도 있다. 좋은 공부가 되는 것이다. 이슈 등록할 때 많은 내용을 담을 필요도 없다. 자신이 실행한 명령 등을 나열하고 출력된 에러를 붙여 넣기만 하면 되는 것이다. 이렇게 하는 것도 좋은 기여 방식에 하나이다. 소소하지만, 관심을 많이 가질수록 자신이 얻어가는 내용도 많아진다.

46) https://github.com/keplr-io/quiver/pull/72 windows에서 실행시 모듈을 찾지 못한다는 문제 보고다.

윈도우즈와 리눅스 플랫폼 모두에서 정상 동작을 하는지 빠르게 검토하기 좋은 환경으로는 5.1절에서 설명한 WSL이 있다. 물론 WSL 에서 그래픽이 필요한 프로젝트는 지원이 되지 않을 것이다. 하지만, 각종 웹 서버나 앞서 언급했던 개발 언어들로 된 프로젝트의 경우에는 빠르게 검토할 수 있다. 어느 정도 규모가 있는 오픈 소스 프로젝트들이 제공하는 빌드 가이드 문서에는 다양한 플랫폼에 대한 지원을 포함하고 있다. 빌드 방법을 잘 따라 해보고 것이 해당 프로젝트에 참여하는 첫걸음이다. 빌드가 잘 되지 않는다는 이슈가 등록된 프로젝트를 찾아보는 것도 좋은 공부가 된다. Github에서 이슈 키워드로 "failed to build on windows"를 검색해 보자. 라고 입력해보자. 아래와 같은 화면이 나올 것이다.

그림 7-1 Windows 실행 실패 이슈 검색

왼쪽 목록에서 "Issues" 항목을 보면 검색된 내용이 209K개나 되는 것을 알 수 있다. 검색어로 윈도우즈 대신 "ubuntu"나 다른 리눅스 배포판을 사용해도 좋다. 이렇게 검색해서 출력된 이슈 중인 프로젝트를 찾아 기여를 시도해 보는 것도 좋다. 개발 환경을 빠르게 구성하는 것은 오픈 소스 프로젝트를 진행하기 위해 필수로 선행되어야 한다. 그래서 필자는 윈도우즈에서 WSL 설치나 가상 환경 구축, 그리고 다양한 도구를 5장에서 설명하였다. 특수한 장비가 따로 필요하거나 특정 빌드 환경이 필요하지 않는 이상, 5장의 내용으로 개발 환경을 충분히 구성할 수 있을 것이다.

다양한 플랫폼에서 빌드 문제는 쉽게 확인 할 수 있고 또한 쉽게 고쳐질 수 있는 문제이다. 어떤 경우에는 출력된 에러만 조사해 보아도 관련 해결책이 나온다. 관심이 있는 프로젝트가 생겼다면 빌드해보고 실행해보자. 문서에 나와있는대로 잘 되지 않는 경우가 종종 많다. 그런 부분을 차근차근 검색하여 해결하거나 이슈로 보고를 해서 오픈 소스 프로젝트에 기여할 수 있도록 하자.

7.2 코딩 스타일

많은 개발자들이 편집기에 다양한 설정으로 코드를 작성한다. 이때 개발자의 취향에 따라 차이가 발생하기도 한다. 어떤 개발자는 들여쓰기로 공백 2개만 사용하고, 어떤 개발자는 4개 또는 탭을 사용한다. 한편, 함수를 호출하면서 사용하는 괄호를 함수 이름 뒤에 바로 붙이거나 공백 하나를 넣거나 하는 등 자신만의 고유한 스타일을 갖고 있다.

하나의 프로젝트에서 여러 가지 코딩 스타일을 모두 가져간다면 실제 코드를 리뷰하는 시점에서 어려움이 발생한다. 실제 코드가 변경된 부분이 아닌데 단지 코딩 스타일이 달라서 변경사항으로 보인다면, 해당 수정에 집중하여 비교할 수 없다는 단점이 있다. 이러한 문제를 예방하기 위해 많은 프로젝트는 사전에 코딩 스타일을 정의하고, 개발자들이 이를 따르도록 권장한다. 코드 수정과 함께 코딩 스타일도 리뷰한다. 최근에는 Git 의 pre-commit hook을 통해, 개발자가 커밋하려고 하는 수정사항이 미리 정의된 코딩 스타일을 따르는지 검사하고 정정까지 해준다.

그럼, 어떤 코딩 스타일로 정의하는 것이 좋을까? 구글에서 제공하는 C++[47] /JAVA/ Python 등의 코딩 스타일 가이드가 아주 잘 되어 있다. 물론 모든 프로젝트가 구글에서 제공하는 코딩 스타일을 따라야 하는 것은 아니다. 단지 참고하여 해당 프로젝트만의 코딩 스타일을 가져 가면 될 것이다. 구글 코딩 스타일 문서를 보면 코딩 스타일을 맞춰야 하는 항목들이 얼마나 많은지 확인 할 수 있다. 오픈 소스 프로젝트에 참여하다 보면, 코딩 스타일에 대한 리뷰를 받을 수 있고, 이때는 다른 코드의 형태를 잘 분석하여 스타일을 맞추어 진행해야 한다.

필자의 경험을 한가지 더 공유한다. 필자는 리눅스 커널에서 사용하는 코딩 스타일[48]에 대한 수정을 해 본 경험이 있다. 이때 파악한 것인데, 리눅스는 코딩 스타일에 대한 교육을 위하여 의도적으로 코딩 스타일이 맞지 않은 파일을 그대로 두는 경향이 있다. 예를 들어 새롭게 추가된 장치 드라이버 소스 코드나 새롭게 생성되는 파일에 대한 코딩 스타일을 바로 변경 적용하지 않고, 프로젝트에 관심있는 개발자들을 위해 연습용(?)으로 남겨둔다. 이러한 코드를 분석하고 코딩 스타일을 수정하는 과정을 통해, 많은 개발자들이 리눅스 커널 프로젝트가 지향하고 있는 스타일에 적응 할 수 있다는 장점이 있다. 코딩 스타일은 여러 개발자들이 하나의 프로젝트를 진

47) http://jongwook.kim/google-styleguide/trunk/cppguide.xml 구글 C++ 코딩 스타일 가이드 한글 번역 문서

48) https://wiki.kldp.org/wiki.php/LinuxKernelCodingStyle 리눅스 커널 코딩 스타일 가이드 한글 번역 문서

행할 때, 한사람이 코딩을 한 것처럼 보이게 하는 효과도 있다.

최근 Github 프로젝트에서는 코딩 스타일에 대한 이슈가 크게 줄어들었다. 이는 pre-commit hook 으로 미리 정정되거나 또는 개발자가 커밋 하기 전에 미리 코딩 스타일을 점검하였기 때문으로 판단된다. 점검을 위해 lint라는 정적 코드 분석 도구들이 많이 활용된다. 예를 들어 Visual Studio Code에서 플러그 인으로 lint를 사용할 수 있다. 이 절에서는 python 코드를 위해 lint를 설치하고 사용하는 방법을 알아보자.

어떤 프로젝트를 python을 사용하여 개발한다고 가정해 보자. 리눅스 환경 또는 윈도우즈 만을 사용하여 개발할 수도 있지만, 이 절에서는 개발은 윈도우즈 환경에서 진행하고 확인은 WSL(Ubuntu), 즉 리눅스 환경에서 진행하는 상황을 가정한다. Python이 cross-platform 수행을 지원하기는 하지만, 실제로는 개발 과정에서 고려해야 할 부분이 있기 때문에 이러한 좀 더 복잡한 환경을 가정하고 설명해 보자.

먼저 Python 개발 환경을 구축해보자. Python 프로젝트의 기본 환경은 Python 2.x/Python 3.x를 설치하고, pip 툴을 통해 python에서 사용할 모듈들을 설치하여 개발을 진행하는 식이다. 이를 위한 첫번째 단계로 5.5절에서 설명한 ConEmu를 실행하여, WSL(Ubuntu) Bash를 실행하자. 여기에 Python 3.5 버전 및 관련된 패키지 몇가지를 설치 할 것이다.

```
sudo apt install python3.5 python3.5-venv python3.5-dev
```

Python3.5와 virtualenv 그리고 <패키지 이름>-dev 패키지는 대부분 관련 header 파일을 설치하는 것이다. 패키지를 이용하여 라이브러리를 제작하는 경우에 꼭 설치되어 있어야 하니 설치 하도록 하자. 그리고 테스트할 간단한 디렉토리를 만드는데, 윈도우즈에서 Visual Studio Code가 접근할 수 있는 공간에 만들어 보자.

```
mkdir -p /mnt/c/Users/USER/Document/Github/python-test
cd /mnt/c/Users/USER/Document/Github/python-test
```

python-test라는 디렉토리는 윈도우즈에서 바라볼 때 “문서”라는 디렉토리 하위에 Github/python-test로 만들어 졌다. 계속해서 Python 개발언어로 진행하기 위한 기본 준비 작업을 진행해보자.

```
$ python3 -m venv .venv
$ . .venv/bin/activate
(.venv) $ python
Python 3.5.2 (default, Nov 23 2017, 16:37:01)
[GCC 5.4.0 20160609] on linux
Type "help", "copyright", "credits" or "license" for more information.
>>>
(.venv) $ code .
(.venv) $
```

명령어를 하나씩 살펴 보도록 하자.

python3 -m venv .venv는 python 개발을 위한 가상 환경을 만드는 명령어이다. 가상 환경이라고 특별한 것이 아니라, pip 로 개발 모듈을 설치하거나 관리하기 위해 시스템 디렉토리가 아니라 개발자가 지정한 곳에서 진행하도록 만들어 준다. 이렇게 하는 것은 해당 프로젝트 만을 위한 설치 패키지를 관리 할 수 있다는 장점이 있다. 이 명령어를 사용하면 해당 위치에 .venv라는 디렉토리가 만들어진다. .venv 하위에는 기본적인 시스템 유사한 디렉토리들이 생긴다. 여기서 “. .venv/bin/activate” 명령어를 해준다면, 가상환경으로 진입하게 되고 쉘 맨 앞에는 가상환경 내에 있다는 의미로 (.venv)이 보여진다. 이제 python이라는 명령어를 실행해보자. 그러면 Python 3.5.2 버전의 인터프리터가 실행됨을 알 수 있다 (Ctrl + D 명령어로 인터프리터를 빠져나올 수 있다.). 마지막으로 code .을 입력하면 현재 환경 그대로 가져간 상태로 Visual Studio Code가 실행된다.

Visual Studio Code가 실행되면, code . 명령어를 실행했던 디렉토리 기준으로 프로젝트가 생성된다. python 개발 프로젝트이므로, 왼쪽 하단에 “Extensions” 메뉴로 진입하여, Python 확장을 설치해야 한다. 아래 캡쳐된 이미지의 1, 2, 3의 순서대로 선택하여 설치 진행하면 된다. 설치가 완료되었다면, 간단한 Python 코드를 만들어 보도록 하자. 현재 설치된 Python 버전은 3.5.2이다. 2.7과 가장 큰 차이점이 print 문을 사용할 경우에 3.x는 괄호가 무조건 있어야 한다. 이 사항을 Visual Studio Code에 설치된 lint가 어떻게 확인하고 알려주는지 알아보도록 하자.

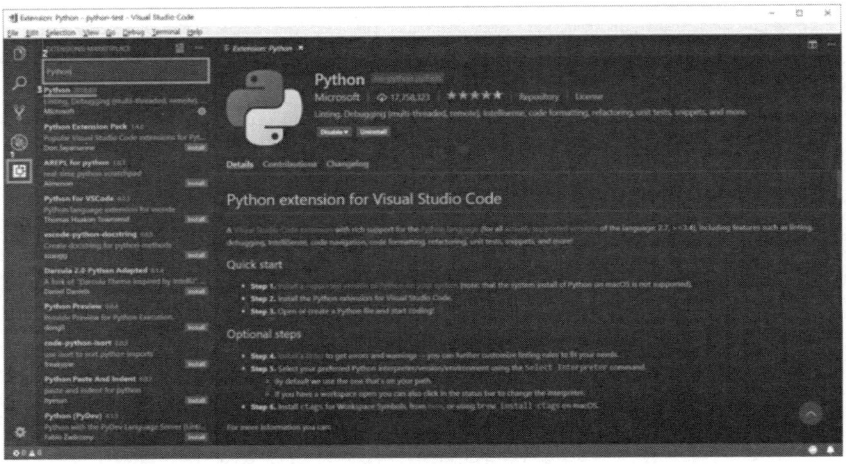

그림 7-2 VSCode의 파이썬 플러그인

우선 간단한 코드를 작성해보도록 하자. Visual Studio Code를 통해 python 파일을 생성하고 아래와 같은 코드를 작성하고 저장(Ctrl + S)해보자.

```
import sys

print "test"
```

여기서 사용하는 환경은 윈도우즈의 Visual Studio Code와 WSL(Ubuntu) 실행환경이다. 하지만, lint를 동작시키기 위해서는 윈도우즈에 Python이 설치가 되어 있어야 한다. 파일을 저장하는 순간 Visual Studio Code 도구 오른쪽 하단에 경고 메시지가 나온다.

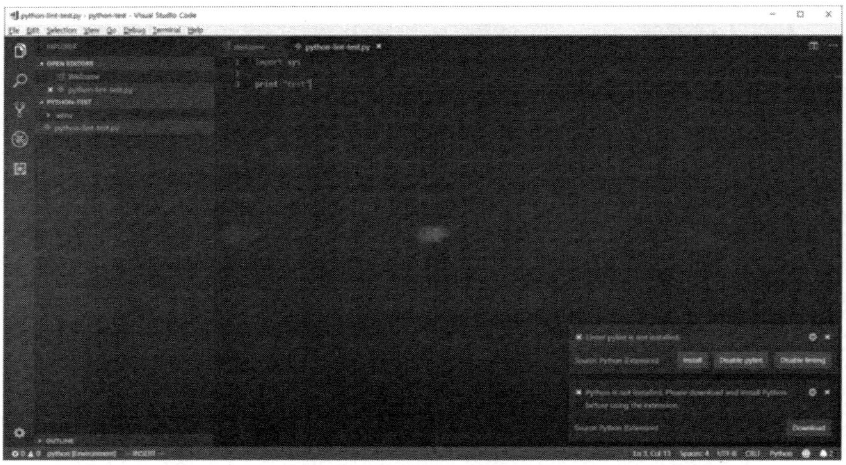

그림 7-3 VSCode의 파이썬 실행 경고

하단의 메시지는 python linter가 설치되지 않았다는 것과 윈도우즈에 Python이 설치되지 않았다는 것이다. 일단 윈도우즈에 python을 설치해주기 위해 우측 하단에 발생한 팝업 두 개중 Python 설치에 관련된 내용을 보면 “Download”라는 버튼이 있다. 클릭하면 Python 다운로드 페이지로 접속을 한다.

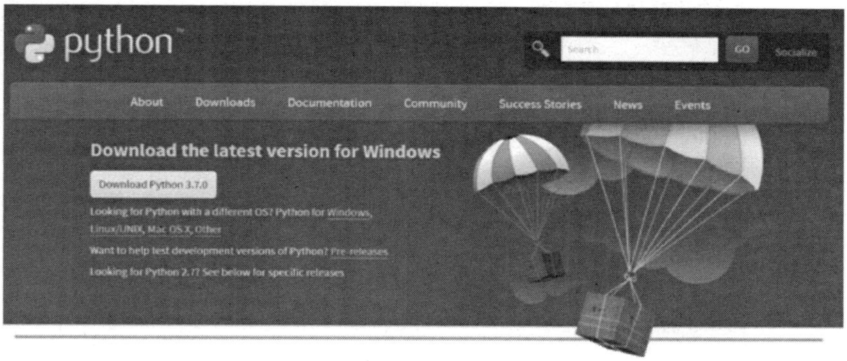

그림 7-4 파이썬 홈페이지

WSL(Ubuntu)에 설치된 Python 버전과 동일한 버전을 다운로드 받거나 최신 버전을 받아도 무방하다. 다운로드를 받으면, python-3.x.x.exe 설치 파일이 다운로드되고 실행하면 아래와 같은 과정을 진행한다.

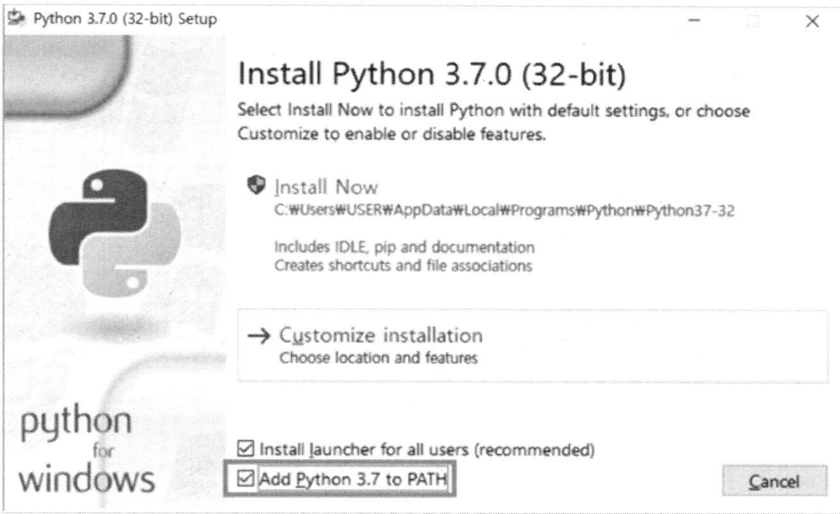

그림 7-5 파이썬 3.7.0 설치

설치는 아주 간단하지만, 설치 실행을 누르고 첫 화면에서 “Add Python 3.7 to PATH”라는 것을 체크 해주자. 이는 윈도우즈 환경 변수인 PATH에 Python이 설치되고 실행파일이 존재하는 경로를 자동으로 등록해준다. 꼭 해주도록 하자. 그리고 나서 "Install Now"를 클릭하면 별다른 과정없이 설치가 완료된다. 다시 Visual Studio code로 가서 python linter 설치를 진행하자. 그러면 Visual Studio Code 내부의 Python 터미널이 실행되고 pylint라는 모듈을 시스템에 설치를 한다.

그림 7-6 VSCode에서 파이썬 실행

설치하자 마자 방금 만들었던 코드의 print문 아래에 빨간색 밑줄이 생긴다. 밑줄에 마우스를 가져다 올려보자.

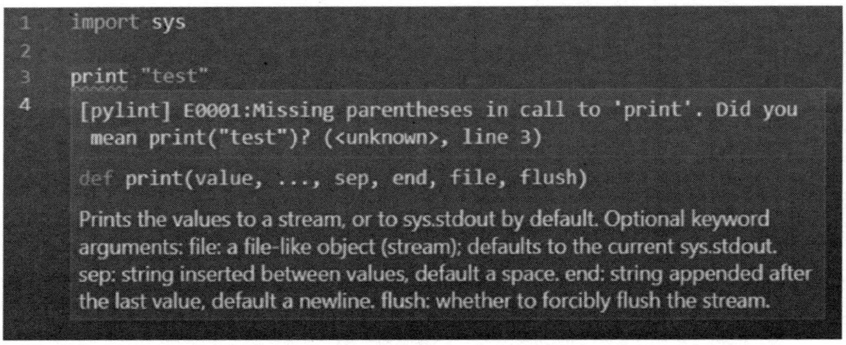

그림 7-7 VSCode에서 파이썬 linter 경고

이와 같이 Python 3에서는 print에 괄호를 넣어 print("test")로 해주어야 한다는 것이다. 실제 "test"라는 문구에 앞 뒤로 괄호를 넣으면 빨간 줄이 사라진다. 이제 Python 코드를 실행해보자. Python 특징에 맞게 같은 코드를 리눅스와 윈도우즈에서 동일하게 실행된다. ConEmu 창으로 다시 돌아가보자.

```
(.venv) $ python python-lint-test.py
test
```

python이 방금 작성한 코드가 있는 python 파일을 실행하여 "test"라는 문자열을 출력하게 된다. 가상환경을 종료하려면 "deactivate"라고 입력하면 된다.

```
(.venv) $ deactivate
$
```

그러면 앞에 (.venv)가 사라지고 원래 쉘로 돌아온다. 한편, Visual Studio Code에서 바로 실행도 가능하다. Visual Studio Code에서 해당 코드에 클릭하여 포커스를 놓고, Ctrl + F5를 누르면 해당 파일을 실행해준다. 물론 디버깅도 가능하다.

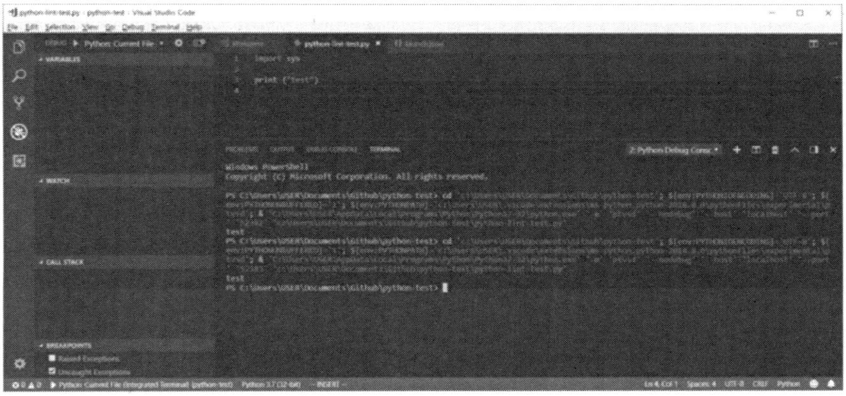

그림 7-8 VSCode에서 파이썬 디버깅

Visual Studio Code에서 Python 디버깅 콘솔과 함께 test라고 출력되어지는 부분이 보일 것이다. 아주 간단한 방식의 실행이므로 디버깅이나 개발은 추후에 살펴 보도록 하자. 검색을 해도 많이 나오는 부분이니 찾아보면서 자신만의 개발환경을 만드는 것도 좋을 것이다.

이런 방법으로 Python 코드를 개발하는 과정에서, 정적 코딩 분석 및 스타일을 정리해주는 것이 가능하다.

이제 다른 예를 살펴보자. 리눅스 커널도 자신만에 코딩 스타일을 갖는다. 그리고 리눅스 커널 코드 역시 Visual Studio Code로 분석 가능하다. 하지만 테스트 및 검증은 python과는 다른 도구들을 사용해야 한다. 리눅스 커널에서 코딩 스타일에 대한 패치가 메일링 리스트에서 어떤 식으로 전달되고 어떻게 처리되는지 확인 해보도록 하자.

리눅스 커널은 모든 패치를 메일로 보내고 리뷰를 받고 해당 저장소에 병합되는 구조이다. 메일링 리스트에 가입을 하면, 누구든지 보내진 패치를 볼 수 있고, 누구든지 그 패치에 대한 리뷰를 하거나 질문을 할 수 있다. 리눅스 커널은 특정 파일이나 자신이 수정한 패치에 대해 코딩 스타일을 확인해볼 수 있는 스크립트를 제공한다. 제공된 스크립트로 특정 파일에서 코딩 스타일이 잘못되어 있는 부분을 찾아서 수정해서 패치를 보내도 환영받는다.

[PATCH 2/4] staging: rtl8188eu: do not line break function definition - style

Michael Straube <straube.linux@gmail.com>
gregkh, devel, linux-kernel, Michael에게

영어 > 한국어 메일 번역

```
Do not line break function definition. Clears a checkpatch issue.
CHECK: Lines should not end with a '('

Signed-off-by: Michael Straube <straube.linux@gmail.com>
---
 drivers/staging/rtl8188eu/core/rtw_efuse.c | 4 +---
 1 file changed, 1 insertion(+), 3 deletions(-)

diff --git a/drivers/staging/rtl8188eu/core/rtw_efuse.c b/drivers/staging/rtl8188eu/core/rtw_efuse.c
index 9226a96aba67..ce8add5773de 100644
--- a/drivers/staging/rtl8188eu/core/rtw_efuse.c
+++ b/drivers/staging/rtl8188eu/core/rtw_efuse.c
@@ -900,9 +900,7 @@ static void Efuse_ReadAllMap(struct adapter *pAdapter, u8 efuseType, u8 *Efuse)
 }

 /* Transfer current EFUSE content to shadow init and modify map. */
-void EFUSE_ShadowMapUpdate(
-	struct adapter *pAdapter,
-	u8 efuseType)
+void EFUSE_ShadowMapUpdate(struct adapter *pAdapter, u8 efuseType)
 {
	struct eeprom_priv *pEEPROM = GET_EEPROM_EFUSE_PRIV(pAdapter);
...
```

그림 7-9 리눅스 커널 코딩 스타일 수정 예제

위의 패치 예를 보자. 보통 리눅스 커널의 코드는 한 라인에 80자 문자가 넘어서면 라인 분리를 하는데, 현재는 각 인자 별로 라인을 분리해 놓은 부분이 있다. 이 부분을 한줄로 변경하고 패치를 만들어 보낸 것이다. 코딩 스타일은 프로젝트에 참여할 때 관련 내용을 숙지하는 것이 좋다. 한편, 많은 개발자들이 참여할 수록 코딩 스타일은 더욱 엄격하게 지켜지게 된다.

7.3 정적 분석 툴

각 개발 언어별로 정적분석 도구들이 존재한다. 예를 들어 Python / Javascript와 같은 인터프리터 방식의 개발언어들은 Linter라는 도구가 있다. 이것은 개발과정에서 많은 분석 결과를 보고해준다. 한편 C나 C++ 등과 같은 개발언어는 개발된 코드를 컴파일 하기전에 또는 빌드하는 과정에서 코드를 분석하고 문제점을 보고한다. 예를 들면 선언이나 구현이 되었지만 실제 사용되지 않는 변수나 함수들에 대한 보고나, 실행 중에 발생할 수 있는 잠재적 문제를 경고한다. 이러한 도구를 사용하면 실제 수행해보지 않고도 개발 코드에 존재하는 문제들을 해결할 수 있다. 또한 이런 도구들을 통해 어떤 코드가 좋은 코드이고 나쁜 코드인지에 대한 것을 배울 수 있다.

이러한 장점이 있기 때문에 많은 오픈 소스 프로젝트들도 정적 분석 도구를 적극 활용한다. 7.2절에서 살펴보았던 Visual Studio Code에서 python linter의 활용이 대표적인 예이다. 이런 분석 도구는 전체적인 코드의 품질을 향상시키고 잠재적인 문제점을 줄일 수 있다. 정적 분석 도구는 wiki[49)]에 잘 정리가 되어 있다. wiki 페이지를 확인해보면 알겠지만, 너무도 많은 정적 분석 도구들이 있다. 이 중에서 C/C++, python, Javascript 등과 같은 대표적인 개발 언어에서 채용되는 정적 분석 도구를 살펴보자. 정적 분석 도구들은 설치 및 실행이 다양해서 특정 도구를 사용해보았다 해도, 다른 도구들을 사용할 때는 이질감을 느낄 수 있다. 여기서 소개하는 정적 분석 도구는 무료 이면서 사용하기가 쉬운 잘 알려진 도구들 중심으로 설명할 것이다.

7.3.1 C / C++

C 또는 C++로 개발된 대표적인 오픈 소스 프로젝트로는 리눅스 커널(C), Chromium OS(C++), Gstreamer(C) 등이 있다. 이 프로젝트들은 오랫동안 진행해온 것들이다. C/C++ 언어의 경우에 코드를 빌드하지 않고 패턴으로 분석하는 방식이 있고, 빌드하는 과정에서 검출하는 방식이 있다. 리눅스 커널의 경우에는 Sparse[50)]/Coccinelle[51)] 정적 분석 도구를 사용할 수 있도록 스크립트로 지원한다. Sparse/Coccinelle[52)]는 잘못된 패턴들의 사용을 검출 하는 방식으로 이루어진다. 한편, clang이 제공하는 scan-build는 빌드하여 오브젝트를 만드는 과정에 참여하여 분석하는 방식을 사용한다. cppcheck[53)]라는 도구도 있는데, 설치와 사용법이 간단하다는 장점이 있다.

---

49) https://en.wikipedia.org/wiki/List_of_tools_for_static_code_analysis 대부분의 정적 분석 도구를 리스트 업했다.

50) https://en.wikipedia.org/wiki/Sparse / https://kernelnewbies.org/Sparse 커널 프로젝트를 빌드하고 sparse의 사용법을 자세히 소개한다.

51) http://coccinelle.lip6.fr/

52) https://clang-analyzer.llvm.org/scan-build.html Ubuntu에서 sudo apt install clang을 설치하면 scan-build를 사용할 수 있다. WSL에서 시도 해보도록 하자.

53) http://cppcheck.sourceforge.net/ cppcheck은 사용법이 쉽고 다양한 ide의 플러그인으로도 제공이 된다.

7.3.2 Python

Python으로 개발된 대표적인 프로젝트에는 django, flask 그리고 tensorflow나 keras 등과 같은 딥러닝 프로젝트가 있다. Python에서 정적 분석 도구로는 7.2장에서 소개한 pylint[54]가 대표적이다. Python 모듈로 설치하고(pip) pylint <python 파일>으로 실행하면 코딩 스타일 확인 및 에러 검출을 해주는 도구이다. Python의 코딩 스타일은 PEP(Python Enhancement Proposals) 8장[55]에 자세히 설명되어 있다.

7.3.4 Javascript

Web과 관련된 프로젝트들은 Javascript 개발언어를 많이 사용한다. Nodejs, angularjs, reactjs, vue.js 등 Javascript를 확장한 프로젝트들도 많이 존재한다. Javascript는 python과 마찬가지로 jsHint[56], ESLint[57]라는 이름으로 정적 분석 도구들을 제공하고 있으며 개발 IDE와 통합하여 사용가능하다.

어느 프로젝트를 어떤 개발 언어로 진행하던지, 정적 분석 도구를 사용해 보는 것은 좋은 습관이다. 정적 분석 도구는 특정 코드 생성 패턴을 기반으로 더 나은 방향으로 제안을 해줄 수 있기 때문이다. 그로 인해 자신의 불필요했던 개발 습관을 교정하거나 조금 더 나은 품질의 코드를 생산할 수 있게 된다. 하지만 한가지 명심해야 할 것은 정적 분석 도구는 도움을 받기 위한 도구일 뿐이라는 것이다. 좋은 품질의 코드를 만들기 위해서는 다른 개발자들과 코드 분석 및 리뷰를 많이 하는 것이 더 효과적이다. 또한 유닛 테스트 혹은 테스트 코드들을 통해 쉽게 검증할 수 있도록 만들어 가는 과정이 수반되어야 함을 명심하자.

7.4 문서화

오픈 소스 프로젝트에서 가장 중요한 부분이라고 할 수 있는 문서화에 대한 내용을 공유한다. Github에는 문서로만 되어 있는 프로젝트도 있으니, 관련 프로젝트에 참여해보는 것도 도움이 될 것이다. 그리고 6.6장에서 소개한 first-contributions 프로젝트에 한글화를 진행했던 개발자가 있었을 것이다. 오픈 소스 프로젝트의 대부분 문서가 영문으로 작성되어 있어, 문서화에 많은 의미를 두고 있는 프로젝트들은 한

54) https://www.pylint.org/ pylint 홈페이지
55) https://www.python.org/dev/peps/pep-0008/ PEP8장
56) http://jshint.com/ javascript code의 정적분석 실습이 가능하다.
57) https://eslint.org/ eslint 공식 사이트

글화를 진행하는 것을 크게 반기고 있다. 다양한 언어로 번역 기여를 필요로 하는 대표적인 프로젝트들을 살펴보자.

- MDN (Mozilla Developer Network) 프로젝트 번역
  해당 홈페이지[58]로 진입하면, 문서 번역에 어떻게 참여할 수 있는지 한글로 자세히 설명되어 있다.
- Electron 프로젝트
  Electronjs는 javascript로 만들어진 web application을 Chrome 엔진을 가지고 데스크톱 응용 프로그램으로 변환을 해주는 프로젝트이다. 이 프로젝트도 다양한 언어로 번역을 자유롭게 진행할 수 있도록 만들어 두었다. 현재 한글은 40% 정도 진행되고 있으며, Electron 프로젝트도 계속 발전을 하고 있으니 참여해보는 것도 좋을 것이다.
- KLDP[59] 리눅스 한글 문서 프로젝트
  리눅스 관련 문서에 대한 한글화를 진행하고 있는데, 도움이 필요한 페이지[60]를 명시해두었고 누구가 쉽게 수정이 가능하도록 만들어져있다.
- readthedocs[61]
  최근 많은 프로젝트들이 사용하고 있는 문서 플랫폼이다. rst 문법을 지원하며, github 저장소를 기반으로 한글화 프로젝트를 많이 진행하고 있으니 관심있는 프로젝트 한글화를 먼저 진행해보는 것도 좋은 경험이 될 것이다.

오픈 소스 프로젝트들은 많은 개발자들이 참여할 수 있도록 하기 위하여 다양한 언어로 번역이 많이 이루어지고 있는 편이다. Github에서는 마크다운 언어로 작성된 문서 프로젝트들이 많이 있으며, 이를 한글화 해보는 것도 좋을 것이다. 물론 해당 저장소를 복제해서 한글화 진행해도 좋고, 프로젝트 이슈에 한글화 진행에 관련된 사항을 남기고 진행하는 것도 좋을 것이다. 앞서 소개드린 first-contributions 프로젝트를 봐도 한글화를 해둔 프로젝트들이 더 참여하기가 좋고, 쉽게 이해가 되니 많은 문서들이 한글화가 되었으면 하는 바램도 있다. Github에서 한글화 진행되고 있는 문서 프로젝트들을 알아보자.

- first-contributions[62] 프로젝트
  한글화를 진행했고, 메인 페이지에 Ko-kr이라는 링크로 한글을 쉽게 볼 수 있도

58) https://developer.mozilla.org/ko/docs/MDN/Getting_started
59) https://wiki.kldp.org/wiki.php/KLDP
60) https://wiki.kldp.org/wiki.php/HelpWanted
61) https://readthedocs.org/
62) https://github.com/firstcontributions/first-contributions

록 해놓았다. 많은 내용을 담고 있는 프로젝트는 아니지만, 효과적으로 Github PR 시스템을 쉽게 이해 할 수 있도록 해주는 프로젝트이다.

Github 검색으로도 충분히 쉽게 찾을 수 있다. 검색어로 "translation korean"이라고만 해도 많은 프로젝트들이 검색된다. 한글화 또한 많은 관심과 노력을 기울이고 있는 개발자들이 많이 있다는 것을 반증하는 것이다. 문서화는 시간을 어느정도 투자를 해야 하기에 쉽게 진행하기는 어렵지만, 한번 만들어진 한글화 문서는 많은 한국 개발자들에게 도움이 될 것이라 생각된다. 뿐만 아니라 어느정도 문서화에 참여했다면 해당 프로젝트에 애착을 가질 수 있고, 그 과정에 프로젝트에 이해도도 높아질 것이다.

7.5 이슈 재현 및 수정

어느 오픈 소스 프로젝트든지 게시판 형태로 이슈를 추적 관리한다. Github에서는 각 저장소 마다 Issues라는 탭으로 프로젝트의 문제점을 보고 받고 수정하는 과정들을 기록한다. 리눅스 커널, GNOME 프로젝트, Mozilla와 Apache 프로젝트 그룹의 경우는 이슈를 관리하기 위해 앞서 소개한 Bugzilla를 사용한다.

사용법은 다른 이슈 관리 도구와 비슷하다. 이슈의 중요도를 등급별로 표시하는 기능이라든지 버그인지 프로젝트의 확장인지를 구분하는 등의 라벨을 제공한다. 그래서 3.1장에서 소개한 방법대로 초보자를 위한 이슈들만 추적할 수 있는 방법이 가능한 것이다. 자신이 개발에 참여하고 싶은 오픈 소스 프로젝트를 찾았다면, 먼저 해야하는 것이 개발 환경을 구성하는 것이다. 그리고 일반적으로 INSTALL/README/CONTRIBUTING이라는 이름으로 제공되는 문서를 꼼꼼히 읽어봐야 할 것이다. 그리고 차근 차근 빌드하고 실행하는 방법을 진행해보고 문서의 부족한 부분을 채우거나 실행과정에서 발생하는 문제를 이슈로 보고하면 된다.

Part III

8장

오픈 소스 기여에 대한 사례

이 장에서는 실제 오픈 소스 프로젝트에 기여한 경험을 기반으로 사례를 소개한다. 한가지 중요한 철학을 먼저 공유한다. 오픈 소스 프로젝트에 기여하는 것은 거창하게 오랜 기간 준비가 필요한 것도 아니고, 대단한 기술 습득을 한 후에 진행해야 하는 것도 아니다. 그저 자신이 개발하고자 하는 오픈 소스 프로젝트에 대한 애착이면 충분하지 않을까 하는 것이 필자의 생각이다.

기여를 위해서는 우선 적당한 오픈 소스 프로젝트를 찾아야 한다. 그런데 찾는 과정은 결코 쉬운일이 아니다. 두 가지 상충하는 요구 조건이 있기 때문이다. 우선, 프로젝트가 수준이 있어야 하며 어느 정도 완성도도 갖추어야 한다. 한편, 내가 기여를 할 수 있게 빈틈도 어느정도 있어야 한다. 그렇다고 너무 오래 고민은 하지 말자. 괜찮다고 생각되는 프로젝트를 복제하고 컴파일하여 몇가지 테스트를 해보자. 그리고 현재까지 변경사항들을 살펴보도록 하자. 어떤 문제들이 있었는지 이슈 게시판을 뒤져 보기도 하자. 꾸준한 관심이 오픈 소스 프로젝트에 기여하는 밑거름이 되기도 한다.

오픈 소스 프로젝트를 선택하고 빌드 및 테스트를 어느 정도 진행하다 보면 갑자기 막막해 질 때도 있다. 대부분이 잘 되는 것 같고, 다음 단계로 무엇을 진행해야 할지 답답한 경우도 생기기 마련이다. 이때는 코드 변경사항과 문서를 많이 보도록 하자. 관련된 기술 문서나 논문을 찾아보는 것도 좋다. 해당 프로젝트의 커뮤니티를 활용하는 것도 좋은 방법중에 하나가 될 것이다.

오픈 소스 프로젝트에 기여하는 것은 처음 한번이 어려운 일이다. 많은 오픈 소스 중에 자신이 원하는 프로젝트를 찾아야 하고 어떤 식으로 참여할 수 있을지 고민도 해야 하니 시간도 제법 걸린다. 포기하고 싶은 생각도 든다. 그럴 때가 되면 처음 한 번이 어렵다는 것을 늘 생각하라. 그리고 오픈 소스 프로젝트는 초심자의 참여를 환영한다는 것도 염두에 두자. 어느 정도 프로젝트에 익숙해 졌다면, 과감하게 프로젝트 이슈 게시판에 어떤 일을 하면 좋을지 물어보는 것도 추천한다.

이제부터 필자의 기여 경험을 소개해 보겠다. 우선 리눅스 커널에서 패치를 제공한 과정을 공유하고, Quiver에서 PR(Pull Request)를 보낸 경험을 소개한다. 이러한 경험이 오픈 소스 프로젝트에 참여하려는 개발자들에게 좋은 길잡이가 되길 기대한다.

8.1 리눅스 커널에 코딩 스타일 적용

리눅스 커널에 가장 기본적인 코딩 스타일을 이해하고 문제를 발견하여 해결하고 적용하는 방법을 알아본다. 리눅스 커널 프로젝트를 선택한 이유는 개발자들이 많고 이때문에 코딩 스타일 이슈가 중요한 문제가 되기 때문이다. 뿐만 아니라 리눅스 커널은 운영체제로 컴퓨터 분야의 핵심 알고리즘과 자료 구조가 집약된 곳이며, 코드를 보는 것 만으로 개발자의 실력을 향상시킬 수 있다. 운영체제의 커널을 공부하는 것은 공통 기술의 지식을 쌓는 것이니 어떤 일을 하더라도 도움이 많이 될 것이다.

한편, 코딩 스타일을 예제로 선택한 이유는 다른 기여에 비해 간단하여 리눅스 커널에 참여하는 것까지가 비교적 쉽기 때문이다. 반면 리눅스 커널의 메인 항목(예를 들어 스케줄러, 메모리 관리 시스템, 파일 시스템, 드라이버)에 기여를 하려면 상당히 오랜 기간 동안 분석과 테스트 및 공부가 선행되어야 한다. 하지만 논리적인 관점에서 코딩 스타일이나 메인 항목이나 기여하는 과정은 동일하다. 따라서 리눅스 코딩 스타일에 대한 기여 경험은 향후 리눅스 분석과 메인 항목의 기여에 공헌할 것이다.

이 절에서는 우선 리눅스 개발 환경을 설명한다. 개발 환경의 설정은 간단한 코딩 스타일 문제를 찾는 것이나 커널의 메인 항목(예를 들어 스케줄러, 메모리 관리 시스템, 파일 시스템, 드라이버)을 개발하는 것이나 동일하다. 그 이후에 코딩 스타일 패치를 보내기 위한 저장소를 복제하여 진행하는 과정을 소개한다. 리눅스 커널 빌드와 테스트는 WSL 환경에서는 진행하기가 어려움으로 VirtualBox를 이용한 개발환경으로 진행하도록 하자. 즉, 윈도우즈 운영체제에 VirtualBox를 설치하고 VirtualBox의 게스트 운영체제로 Ubuntu 16.04를 설치한 환경이다.

8.1.1 리눅스 빌드 환경 구축 및 빌드

리눅스 커널 빌드를 위한 기본적인 패키지 설치와 빌드에 대해서 알아보자. 리눅스 커널이 빌드되기 위해서는 C/Assembly 코드를 컴파일 할 수 있는 패키지(gcc / make 등)들과 리눅스 커널 빌드 설정을 위해 TUI(Text-Based User Interface)를 그리기 위한 ncurse5 라이브러리가 필요하다.

```
$ sudo apt install build-essential gcc libncurses5-dev gcc make git exuberant-ctags
libssl-dev bison flex libelf-dev bc
```

패키지를 설치하고 나면, Git을 이용해서 리눅스 커널 저장소에서 커널 소스를 받아와야 한다. 하지만, 그냥 Github에 있는 리눅스 커널 저장소[63]에 가서 복제를 하고 수정하고 PR을 보낸다면, 받아 들여지지 않는다. 저장소에 가서 Pull Request에 있는 내용들을 보자. 거기에는 PR 을 보내면, KernelPRBot이라는 계정에서 리눅스 커널은 메일링 리스트로 운영이 되며, 패치를 보내려면 어떤 링크에서 확인 후 진행하라고 설명되어 있다. 즉, Github에 있는 저장소에는 실제 토르발즈가 릴리즈한 최

63) https://github.com/torvalds/linux

신 코드만을 확인하는 용도로만 쓰인다. 그렇다면 리눅스 커널 소스는 어떻게 받아야 하는 것일까? 일단 공식 홈페이지인 www.kernel.org에 접속해보자.

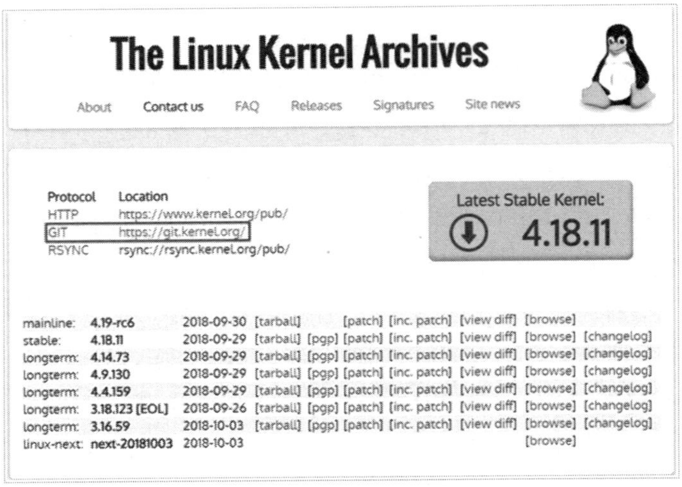

그림 8-1 리눅스 커널 아카이브

우측 가운데에서는 최신 리눅스 커널 코드를 압축된 형태로 받을 수 있고, 저장소에서 GIT 의 항목으로 선택해보자. 엄청나게 많은 저장소들이 보일 것이다. 이 많은 저장소 중에 어떤 것을 선택해서 패치를 어떻게 보내야 하는지 알 수가 없다. 리눅스 커널은 기본적으로 master 저장소가 있고, linux-next라는 이름에 개발 브랜치(저장소)가 따로 있다. 일반적으로 개발을 한다면 linux-next 브랜치[64]를 받아서 진행하면 어느정도 개발 최신의 코드를 가지고 진행할 수 있을 것이다.

하지만, 코딩 스타일을 수정 및 적용하여 패치를 보내는 곳은 또 다른 저장소를 이용해야 한다. 리눅스 커널 소스 트리에서 Drivers라는 디렉토리가 있는데, 그 디렉토리는 Greg이라는 메인테이너가 관리한다. 특히나 staging 이라는 디렉토리는 아직 리눅스 커널 메인라인에서 여러가지 이유로 받아들여지지 않은 코드들이 있는 곳이다. 여기에서는 대부분이 리눅스 커널 코딩 스타일이 적용되지 않고, 아직은 문제를 포함하고 있는 코드들이 존재한다. 즉, 향후에 이런 문제를 해결한 후 메인라인으로 포함될 수 있는 후보자들을 모아놓은 디렉터리이다. 그래서 drivers/staging/ 하위의 코드들은 코딩 스타일이 맞지 않는 파일들이 많이 있다. 관련 저장소를 복제해보도록 하자.

```
$ git clone -b staging-testing
git://git.kernel.org/pub/scm/linux/kernel/git/gregkh/staging.git
```

64) https://git.kernel.org/pub/scm/linux/kernel/git/next/linux-next.git/ linux-next 저장소

이제 빌드를 하면 되는데, 그전에 약간의 설정을 해야 한다. 정작 여기서는 리눅스 커널을 가상머신(대부분 QEMU를 이용한다)을 이용하여 검증을 하지 않기 때문에 빌드만 성공하게 하려 한다. 결국, drivers/staging 하위에 파일들을 빌드만 할 수 있게 설정하는 것이다. 기본적으로 리눅스 커널의 빌드는 가장 일반적인 X86_64 아키텍처로 진행한다. 복제한 디렉토리로 이동하여 리눅스 커널을 빌드해 보도록 하자.

```
$ cd ~/work/kernel/staging
$ cp -a arch/x86/configs/x86_64_defconfig .config
$ make ARCH=x86_64 menuconfig
```

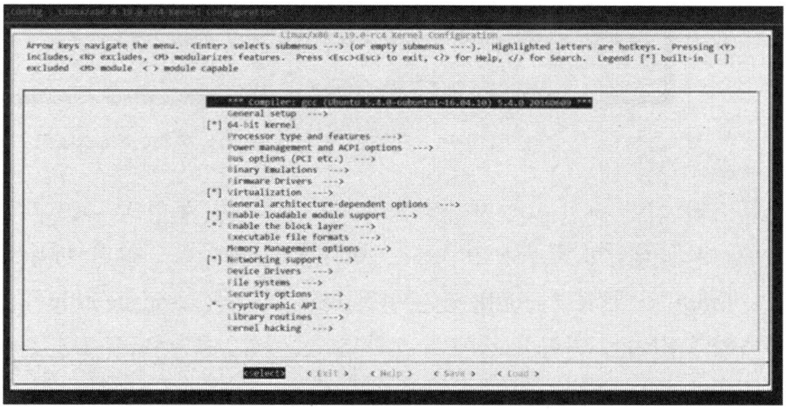

그림 8-2　리눅스 커널 설정

"menuconfig"는 리눅스 커널의 설정을 도와주는 도구가 작동할 것이다. 여기서 많은 메뉴들이 있는데, Device Drivers 항목에 들어가서 Staging이라는 설정을 찾아 보자.

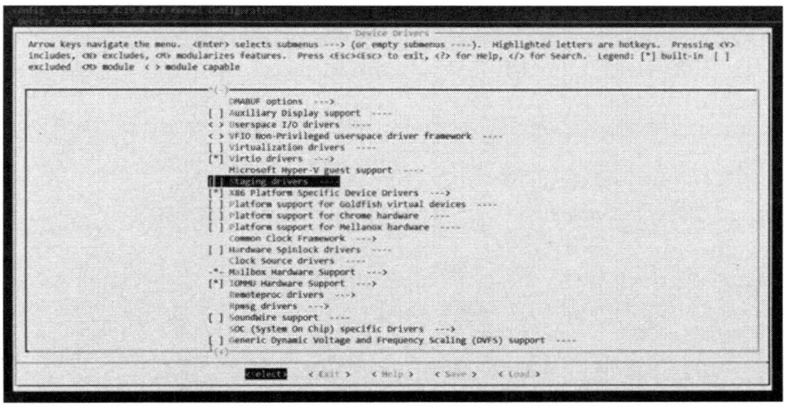

그림 8-3　리눅스 커널 Staging 설정

[ ] Staging drivers --- 되어 있는 부분에서 스페이스를 누르면 [*] Staging drivers 라고 "*"이 생긴다. 그 하위 메뉴에 들어가기 위해 엔터를 입력하자.

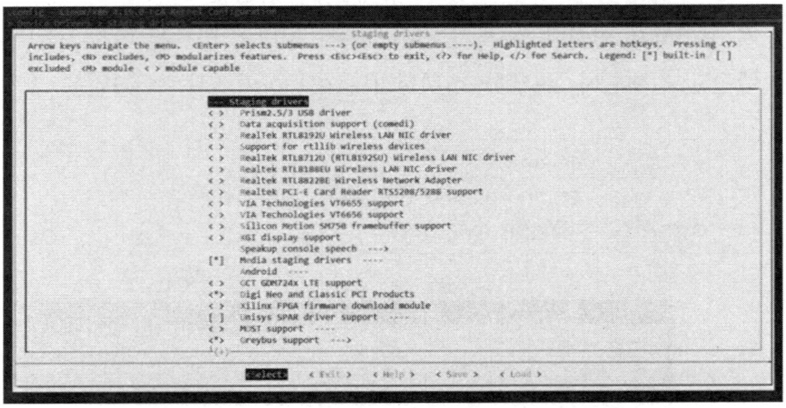

그림 8-4 리눅스 커널 Staging 드라이버 리스트

아직 어떤 파일을 수정해야 할지 결정을 하지 못했으니, 오른쪽 화살표이동으로 맨 아래 메뉴에서 "<Exit>"를 선택하자. 그러면 그 상위 메뉴로 이동하고 계속 "<Exit>"하게 되면 .config라는 설정 파일을 만들고 menuconfig를 종료한다. staging 하위의 장치 드라이버 중에 수정하고 싶은 파일을 선택했다면, 다시 menuconfig를 수행하여 그 장치 드라이버가 컴파일 될 수 있도록 선택해줘야 한다. 설정을 저장 했으니, 빌드를 한번 해보도록 하자.

```
$ make –j8
```

-j 옵션은 빌드 쓰레드를 몇개 사용할지를 알려주는 옵션인데, -j8은 8개를 쓰겠다는 것이다. 보통 CPU 개수만큼 숫자를 써주도록 한다. 빌드가 문제없이 마무리된다면, 아래와 같이 메시지가 뜨고 종료한다.

```
....
  LD        vmlinux
  SORTEX    vmlinux
  SYSMAP    System.map
  Building modules, stage 2.
  CC        arch/x86/boot/version.o
  MODPOST 17 modules
  LDS       arch/x86/boot/compressed/vmlinux.lds
  VOFFSET   arch/x86/boot/compressed/../voffset.h
  RELOCS    arch/x86/boot/compressed/vmlinux.relocs
  OBJCOPY   arch/x86/boot/compressed/vmlinux.bin
```

```
  CC        arch/x86/boot/compressed/kaslr.o
  GZIP      arch/x86/boot/compressed/vmlinux.bin.gz
  CC        arch/x86/boot/compressed/misc.o
  MKPIGGY   arch/x86/boot/compressed/piggy.S
  AS        arch/x86/boot/compressed/piggy.o
  LD        arch/x86/boot/compressed/vmlinux
  ZOFFSET   arch/x86/boot/zoffset.h
  OBJCOPY   arch/x86/boot/vmlinux.bin
  AS        arch/x86/boot/header.o
  LD        arch/x86/boot/setup.elf
  OBJCOPY   arch/x86/boot/setup.bin
  BUILD     arch/x86/boot/bzImage
Setup is 15644 bytes (padded to 15872 bytes).
System is 8042 kB
CRC d9806909
Kernel: arch/x86/boot/bzImage is ready  (#2)
```

이렇게 리눅스 커널이 빌드가 완료된다.

8.1.2 checkpatch.pl을 통한 coding style 수정 부분 찾기

이제 코딩 스타일에 맞지 않는 부분을 찾아 수정해 보자. staging 디렉토리에서 진행할 것이다. 사실 리눅스 커널에서 코딩 스타일의 수정은 staging 아닌 다른 디렉토리(예를 들어 리눅스의 mm/이나 kernel/ 디렉토리)에서는 어렵다. 이는 그 디렉토리의 메인테이너가 수정 요청을 받아 들이지 않을 확율이 높기 때문이다. 이는 git blame 명령을 올바르게 지원하기 위함이다. git blame 명령은 해당 파일을 마지막으로 수정한 개발자를 보여 주는 명령이다. 즉, 코드에 대한 책임을 가지게 하고 유지보수에 필요한 개발자를 알려주는 것이다. 그런데, 만일 코딩 스타일 수정이 받아들여지면 git blame 명령에서 실제로 그 파일에서 중요한 내용을 수정한 개발자가 아닌 코딩 스타일을 수정한 개발자가 마지막 수정 개발자로 보여지게 된다. 그럼 유지 보수에 적절한 개발자가 아닌 사람이 나타나게 된다. 따라서 메인테이너는 실제 개발자가 코딩 스타일을 수정하려도 요청한 것이라면 받아들이겠지만, 다른 사람이 이 파일에 대한 코딩 스타일 수정을 요청하면 받아 들이지 않는다. 반면 staging 디렉토리의 파일들은 아직 메인라인에 진입하기 전 상태이며 로직의 수정 뿐만 아니라 코딩 스타일의 수정도 받아들여 진다.

이제 코딩 스타일 수정을 대한 본론으로 들어가보도록 하자. 8.1.1절에서 복제한 staging 저장소의 디렉토리로 이동하면, scripts/checkpatch.pl 파일이 있을 것이다. 이 스크립트는 perl 언어로 만들어져 있으며, 간단한 실행으로 해당 파일이나 patch에서 리눅스 커널 개발에 수정된 내용이 코딩 스타일에 맞게 개발되었는지 확인 시켜준다.

```
$ ./scripts/checkpatch.pl --help
Usage: ./scripts/checkpatch.pl [OPTION]... [FILE]...
Version: 0.32

Options:
  -q, --quiet              quiet
  --no-tree                run without a kernel tree
  --no-signoff             do not check for 'Signed-off-by' line
  --patch                  treat FILE as patchfile (default)
  --emacs                  emacs compile window format
  --terse                  one line per report
  --showfile               emit diffed file position, not input file position
  -g, --git                treat FILE as a single commit or git revision range
                           single git commit with:
                             <rev>
                             <rev>^
                             <rev>~n
                           multiple git commits with:
                             <rev1>..<rev2>
                             <rev1>...<rev2>
                             <rev>-<count>
                           git merges are ignored
  -f, --file               treat FILE as regular source file
<중략>
  -h, --help, --version    display this help and exit

When FILE is - read standard input.
$
```

많은 옵션들이 있지만, 여기서 사용할 옵션은 --file(-f) 옵션이다. 파일을 입력으로 받아 모든 라인을 검사하며, 각 라인의 코딩 스타일 문제를 출력해준다. 간단하게 실행을 먼저 해보자. 우리가 원하는 것은 drivers/staging 하위에 있는 파일을 수정하는 것이다.

```
$ ls drivers/staging/
Kconfig         clocking-wizard    fsl-dpaa2      gs_fpgaboot      most
mt7621-pci      octeon-usb         rtl8712        unisys           wilc1000
Makefile        comedi             fwserial       iio              mt29f_spinand
mt7621-pinctrl  olpc_dcon          rtl8723bs      vboxvideo        wlan-ng
android         dgnc               gasket         ks7010           mt7621-dma
mt7621-spi      pi433              rtlwifi        vc04_services    xgifb
axis-fifo       emxx_udc           gdm724x        media            mt7621-dts
netlogic        rtl8188eu          rts5208        vme
board           erofs              goldfish       modules.builtin  mt7621-eth
```

```
nvec             rtl8192e        sm750fb         vt6655
built-in.a       fbtft           greybus         modules.order    mt7621-mmc
octeon           rtl8192u        speakup         vt6656
$
```

drivers/staging 디렉토리에는 위 내용처럼 많은 파일들과 하위 디렉토리들이 존재한다. 그 중 맘에 드는 디렉토리를 골라보자. 필자는 drivers/staging/erofs 디렉토리를 선택했다.

```
$ ./scripts/checkpatch.pl -f drivers/staging/erofs/* | less
```

이렇게 하면, erofs 하위에 있는 모든 파일들의 코딩 스타일을 하나씩 검사하여 현재 화면에서 출력할 수 있을 만큼 출력해준다.

```
drivers/staging/erofs/data.c
-----------------------------------------
CHECK: Alignment should match open parenthesis
#43: FILE: drivers/staging/erofs/data.c:43:
+struct page *__erofs_get_meta_page(struct super_block *sb,
+        erofs_blk_t blkaddr, bool prio, bool nofail)

CHECK: Comparison to NULL could be written "!page"
#56: FILE: drivers/staging/erofs/data.c:56:
+        if (unlikely(page == NULL)) {

CHECK: Alignment should match open parenthesis
#79: FILE: drivers/staging/erofs/data.c:79:
+                __submit_bio(bio, REQ_OP_READ,
+                        REQ_META | (prio ? REQ_PRIO : 0));

CHECK: Alignment should match open parenthesis
#174: FILE: drivers/staging/erofs/data.c:174:
+int erofs_map_blocks_iter(struct inode *inode,
+        struct erofs_map_blocks *map,

CHECK: Comparison to NULL could be written "mpage_ret"
#179: FILE: drivers/staging/erofs/data.c:179:
+                if (*mpage_ret != NULL)
```

checkpatch.pl에서 보고하는 코딩 스타일 검사 결과는 서로 다른 레벨을 갖는다. 대표적인 레벨이 CHECK, WARN, ERROR이다. 뒤로 갈수록 문제의 심각성이 커진다고 볼 수 있다. 보고된 문제들 중에서 일부를 수정하고, 그 수정 사항을 보내면 리뷰를 통해 적용이 되거나 혹은 다른 방향을 제시 받거나 할 수 있다.

코드 스타일 검사에서 자주 출력되는 내용들을 논의해 보도록 하자.

- Alignment should match open parenthesis
  일반적으로 한 라인에 80자가 넘어가면 그 라인을 엔터로 분리한다. 이때 다음 라인을 어디서 시작할지를 결정하는데 함수의 경우에는 왼쪽 괄호와 맞추는 것이 리눅스 코딩 스타일이다. 예를 들면,

```
struct page *__erofs_get_meta_page(struct super_block *sb,
        erofs_blk_t blkaddr, bool prio, bool nofail)
```

  이렇게 되어 있다면,

```
struct page *__erofs_get_meta_page(struct super_block *sb,
                                    erofs_blk_t blkaddr,
                                    bool prio, bool nofail)
```

  다음 라인을 그 전 라인의 괄호를 기준으로 만들어 준다. 만들어줄 때는 탭(8칸)으로 최대한 맞추고, 나머지는 공백으로 맞춰 주면 된다.

- line over 80 characters
  말 그대로 라인이 너무 길다는 것이다. 일반적으로 80자 이내로 한 라인을 만든다. 단순히 80자를 맞추려고 엔터를 넣어서는 안된다. 실제 프로그램을 재구성해야 하는 경우도 있다. 예를 들어, if 문이 다른 if 문을 다음 라인으로 갖는 경우, 한 라인으로 합쳐서 라인 들여쓰기를 줄이는 것이 더 좋을 수도 있다. 예를 들어,

```
if (A) {
        if (B) {
        ……
        }
}
를,
if (A && B) {
….
}
```

  식으로 바꾸면, 한번의 들여쓰기가 없어지고, 결과적으로 라인의 수를 줄일 수 있다. 이런 내용은 수정 후 리뷰를 받다 보면 자신의 코딩 실력도 향상된다.

- Logical continuations should be on the previous line

이것도 많이 나오는 오류 중에 하나이다. if 문 내부의 로직들이 &&나 ||로 연결되어 여러가지 논리적 연산이 있는 경우에, 라인이 너무 길어져서 엔터를 넣어야 하는 경우에, 논리 기호를 맨 마지막에 두고 라인을 변경해야 한다. 예를 들어,

```
if (A && B && C) {
}
```

에서 C를 다음 라인으로 넘겨야 한다면

```
if (A && B &&
	C) {
}
```

이런 형태로 되어야 하는 것이다. 이 부분은 가끔 논리적 연산으로 맨 앞으로 하는 경우가 더러 있기 때문에, 리눅스 커널에서 통일 시켜주기 위해 정의한 것으로 보인다.

- please, no spaces at the start of a line
  리눅스 커널은 들여쓰기가 모두 탭(8칸 크기)으로 이루어진다. 만약 들여쓰기에 공백으로 시작한다면, 무조건 탭으로 맞춰줘야 한다. 물론 앞서 여러 라인으로 분리되는 경우에 공백을 포함 할 수는 있지만, 공백으로 시작을 해서는 안된다.

이외에도 다양한 코딩 스타일 에러들이 출력되지만, 이 정도만 확인하고 이제부터 수정에 들어가 보자.

8.1.3 편집기 설정

이 절에서는 커널 코딩 스타일을 위한 기본적인 설정을 편집기에서 진행한다. 앞서 언급한 리눅스 커널의 코딩 스타일은 들여쓰기가 8칸 탭으로 되어있다. 근래의 C/C++ 코딩 스타일 들여쓰기는 단순 공백 2칸 혹은 4칸으로 지정이 된 경우도 많다. 그 이유는 탭이라는 것의 크기가 가변적이기 때문에 어느 편집기에서 열어도 기존 스타일을 바꾸지 않도록 하기 위해서이다. 예를 들어 만약 어떤 개발자가 들여쓰기를 위해 탭을 사용하고 탭을 공백 4칸으로 정의하여 프로젝트를 진행하는데, 다른 개발자가 편집기의 탭을 8칸 크기로 설정 했다면, 파일을 여는 순간 들여쓰기가 통일되어 있지 않게 된다. 그런 이유에서 들여쓰기는 공백(space)의 개수로 많이 정의된다.

하지만 리눅스 커널은 현재 8칸 크기의 탭(tab)을 사용하고 있으며, 따라서 편집기

를 이 규칙을 따르도록 설정해줘야 한다. Visual Studio Code에서도 리눅스 커널 개발을 하지만, 많은 경우 Vim 또는 Emac 편집기를 을 많이 사용한다. 이 절에서는 Vim 편집기를 이용해서 리눅스 커널 패치를 만들어 볼 것이다. Ubuntu에는 Vim이 기본적으로 설치되어 있다. 그리고 Vim 편집기의 사용자 설정은 ~/.vimrc 파일을 참조한다. 만일 .vimrc가 없다면 /etc/vim/vimrc를 참조하게 된다. 일단 .vimrc를 열어 아래와 같은 설정을 해주자.

```
$ vi ~/.vimrc
set tabstop=8
set softtabstop=8
set shiftwidth=8
set noexpandtab
```

설정을 하나씩 살펴보자. tabstop은 하나의 탭의 크기를 몇 바이트로 할 것인지 설정한다. 즉 set tabstop=8은 탭 하나의 크기를 8로 하겠다는 것이다. softtabstop은 Tap 키를 눌렀을때, 그 크기를 얼마로 하겠냐는 것이고, shiftwidth는 <<(내어쓰기) 또는 >>(들여쓰기)를 눌렀을때 얼마의 크기로 움직일 것인지 설정하는 것이다. 마지막으로 noexpandtab은 tab을 공백으로 변경하지 말라는 옵션이다. set expandtab을 누르면 tabstop 만큼 커서가 이동하고, tabstop 만큼 공백으로 채워진다. 탭(tab)과 공백은 다르다는 것을 알고 있을 것이다. 리눅스 커널은 탭을 있는 그대로 크기만 지정해서 사용한다. 설정이 끝났다면, vim 편집기를 열어 간단한 코드를 작성해보자. i를 눌러 입력모드로 전환하고 탭키를 눌러보자. 그러면 한번 누를때 마다 8칸 정도로 점프하는 것을 확인할 수 있다.

8.1.4 patch 전달을 위한 email 클라이언트 설정

리눅스 커널은 메일링 리스트를 통해 patch를 전달하고 적용한다. 그래서 실제 patch를 전송하기 위한 설정이 필요하다. 필자는 gmail의 stmp/pop3 서버를 이용해서 메일을 보내도록 하겠다. 그리고 email 클라이언트는 mutt[65]라는 도구를 이용할 것이다. 리눅스 커널의 패치를 보내기 위해 검증 완료된 email 클라이언트 리스트[66]가 있으니 확인해보고 골라 사용해보도록 하자. gmail을 이용할 것이라면 gmail을 이용해서 그냥 보내고 받으면 안되는 것인가? 하는 의문이 생길 것이다. gmail에 패치를 포함해서 보낼 경우에는 탭을 공백으로 자동 변경이 되어 실제 보내는 내용과 다르게 된다는 문제가 있다. 그래서 gmail Web은 확인하는 용도로만 사용하도록 하자.

65) http://www.mutt.org/ 기본적인TUI 기반 email 클라이언트이다.

66) https://www.kernel.org/doc/html/v4.11/process/email-clients.html

9장 커뮤니티에서 리눅스 커널 메일링 리스트 가입을 확인해보자. 먼저 Gmail 계정을 하나 만들어야 한다. 만들고 나서 외부 클라이언트에서 메일을 확인하거나 보내기를 하려면 몇가지 설정을 해야 한다.

Gmail에 접속해서 우측 상단에 톱니바퀴를 클릭해서, "설정"으로 이동한다.

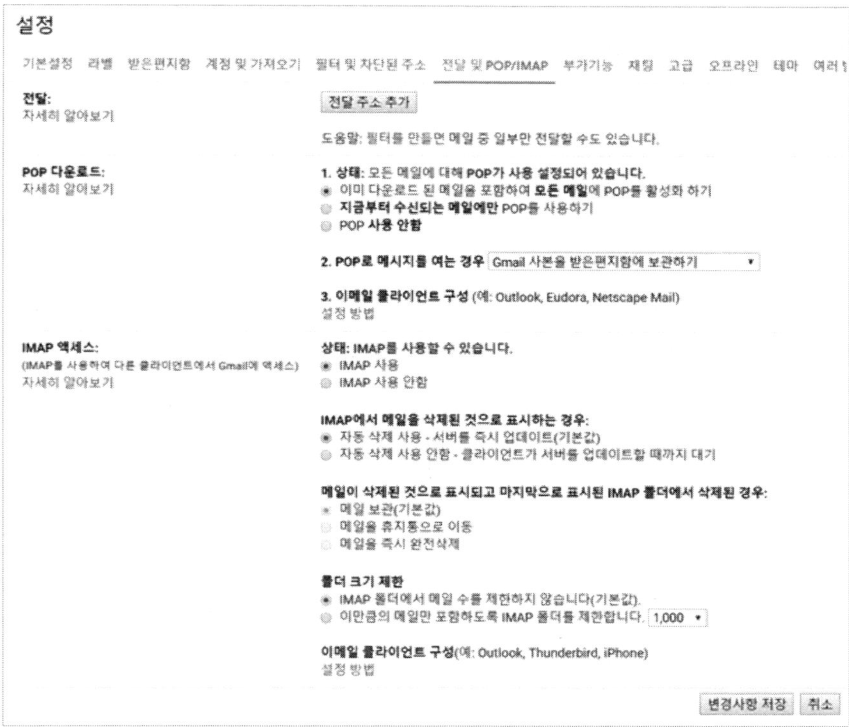

그림 8-5 Gmail 설정

설정으로 가면 상단에 많은 메뉴들이 있는데, 그중 "전달 및 POP/IMAP"을 클릭해서 POP/IMAP을 모두 가능하도록 설정하고 "변경사항 저장" 버튼을 눌러준다. 이렇게하면 Gmail을 외부에서 받고 보낼 수 있도록 할 수 있게 된다. POP/IMAP 내용 바로 밑에 "자세히 알아보기"를 눌러보면, 어떻게 설정할지 알려주니 확인해보도록 하자. 이제 리눅스 커널 패치를 보내기 위한 email 클라이언트 중에 mutt 설치 및 설정을 알아보도록 하자.

```
$ sudo apt install mutt
```

설치 진행하면, 간단한 설정을 위한 TUI 기반 메뉴가 나오는데, 엔터를 연속으로 입력하여 지나가도록 하자. 다음은 기본 디렉토리 생성과 muttrc 설정파일 만드는 과정이다.

```
$ sudo touch $MAIL
$ sudo chmod 660 $MAIL
$ sudo chown `whoami`:mail $MAIL
```

mutt를 위한 디렉토리 생성과 권한 설정이다. 그대로 입력해주자.

이제 중요한 .muttrc를 생성하고 gmail을 위한 설정을 해보도록 하자. 그리고 간단한 메일을 보내 봄으로써 확인까지 하면 끝이다. 실제 그래픽 UI가 보이지 않을 뿐이지 아주 편리한 email 클라이언트이며 아직까지 개발되고 있는 도구이기도 하다.

```
$ vi ~/.muttrc
set realname = "<Real Name>"
set from = "<gmail account>@gmail.com"
set use_from = yes
set envelope_from = yes

set smtp_url = "smtps://<gmail account>@gmail.com@smtp.gmail.com:465/"
set smtp_pass = ""
set imap_user = "<gmail account>@gmail.com"
set imap_pass = ""
set folder = "imaps://imap.gmail.com:993/"
set spoolfile = "+INBOX"
set ssl_force_tls = yes

# G to get mail
bind index G imap-fetch-mail
set editor = "vim"
set charset = "utf-8"
set record = "
```

Vim 편집기로 ~/.muttrc 파일을 생성하고 열어서 위와 같이 입력을 해준다. 여기서 중요한 것은 smtp_pass/imap_pass는 비워두고 “”(따옴표)만 열고 닫아 두자. 이는 실제 메일을 보내거나 mutt를 실행할때 입력하도록 되어 있다. <Real Name> 부분에 영문으로 자신의 이름을 적는다(예를 들어 Daeseok Youn). 그리고 <gmail account> 부분에 gmail 계정을 입력하면 모두 완료된다. 이제 mutt를 실행하고 메일을 보내보도록 하자.

```
$ mutt
```

실행하면 화면 맨 하단에 daeseok.youn@gmail.com@imap.gmail.com의 암호: 메

시지가 나오고 gmail 계정 암호를 넣으면, gmail로 부터 메일을 받아온다.

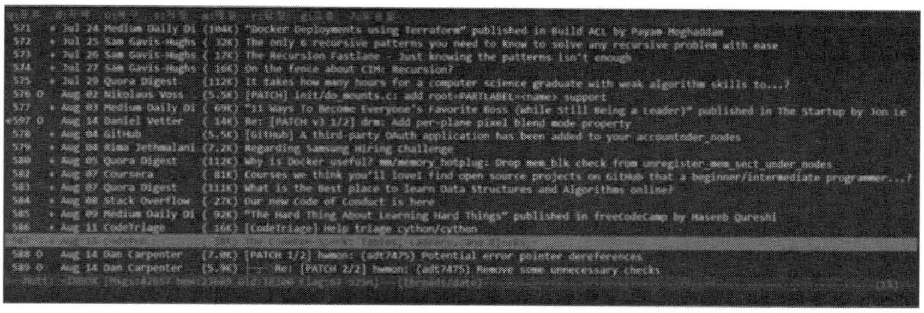

그림 8-6 Mutt 실행

```
Fetching message headers... 34319/42657 (80%)
```

이런 메시지가 나오고, 100 %가 되면 위의 이미지처럼 자신의 메일을 확인할 수 있다. 메일이 많다면 처음에 시간이 조금 걸린다. 여기서 대문자 G를 입력하면 서버에 새 메일이 있는지 확인하는 기능이 있다.

이제 mutt 를 이용해서 메일을 보내 보도록 하자.

상단 메뉴 중에 "m: 메일"이라고 보일 것이다. m을 입력해보자. 그러면 화면 맨 아래에 "To:"라고 표시된다. 자신의 email을 입력하자. 다음에는 "Subject:" 입력사항이다. 단순히 "Test"라고 입력하자. 이제 기본으로 사용할 email 편집기인 vim이 뜰 것이다. 여기에 내용을 입력하면 되는데, Vim 의 입력모드인 i를 누르고 "Verify mutt client"라고 입력해주자. 그리고 명령모드 진입을 위해 Esc 키를 입력하고 ":wq"(따옴표 제외) 를 입력하자. 그렇게 하면 마지막으로 입력한 내용을 정리해주고, y 를 누르면 메일을 보내게 된다. y를 누르게 되면 gmail 암호를 한번 더 묻는데 입력해주어야 한다.

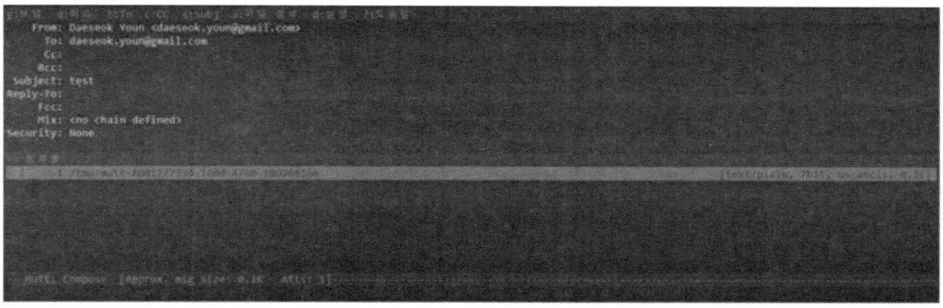

그림 8-7 Mutt로 메일 보내기

자신이 입력한 내용을 다시한번 확인하도록 하자. 보내고 나서 Web을 통해 gmail

에 접속하고 해당 메일이 도착했는지 확인하자.

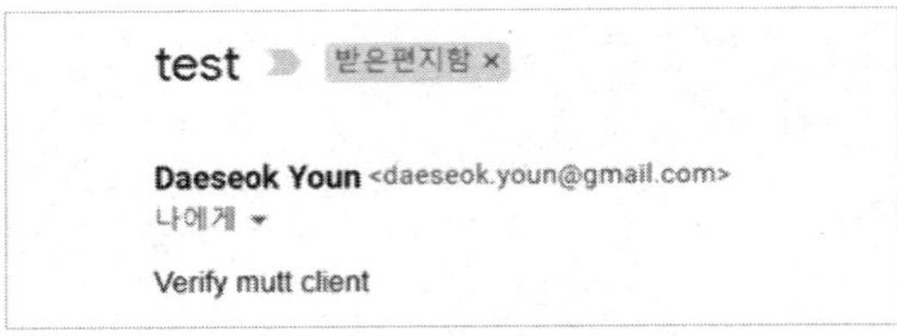

그림 8-8 Mutt로 보낸 메일 확인

본인이 쓴 제목과 내용을 확인하면 완료가 된 것이다. 이제 리눅스 커널 패치를 보내 보도록 하자.

8.1.5 patch 보내고 확인 하기

이제 간단하게 패치를 만들고 앞서 설정한 mutt 로 메일을 보내보도록 하자. 일단 작업할 로컬 브랜치를 만들자. 필자는 fix-coding-style라는 이름으로 만들었다. 현재 리모트 저장소와 동기화를 한 로컬 브랜치 이름은 개발자 자신이 작업할 큰 틀로 이름을 지어, 향후에 해당 브랜치가 어떤 목적으로 만들어졌는지 확인할 수 있도록 하는 것이 좋다.

```
$ git checkout -b fix-coding-style
$ git branch
* fix-coding-style
  staging-testing
```

이제 로컬 브랜치가 만들어졌고, 이전 8.1.2장에서 수행했던 checkpatch.pl 스크립트를 통해 확인했던 코딩 스타일 에러를 수정해보도록 하자. 그 전에 어떤 오픈 소스 프로젝트를 진행하더라도 git 을 사용해서 만들어질 커널 패치에 대한 기본적인 원칙을 살펴 보도록 하자.

- 하나의 패치는 한가지의 논리적인 단위로 만들어야 한다.
  예를 들어, 80자가 넘는 라인을 수정한 것과 들여쓰기를 같이 수정해서 하나의 패치로 만들어서는 안된다. 80자가 한 라인을 넘어 수정한 것과 들여쓰기 수정은 하나씩 두 개의 패치로 보내야 한다.
- 코딩 스타일 수정이지만, 제목은 간단 명료하게 내용을 충분한 수정에 대한 설명이 있어야 한다. git commit을 하는 시점에 맨 첫 라인은 제목을 적게 된다. 그 때, 다른 로그를 보면 알겠지만, 모듈이름을 먼저 기록해야 한다. 예를 들어

staging 하위에 있는 장치 드라이버 중 erofs 라면 제목이 "staging: erofs: <제목>"의 형태로 작성되어야 한다.

- 모든 하나의 커밋은 Signed-off-by: Daeseok Youn <daeseok.youn@gmail.com> 라인이 마지막에 들어가야 한다. 리눅스 커널은 모든 패치를 메일을 통해서 진행하기에 메일을 전달받고 리뷰를 하고 적용하는 과정에 모든 참여자들이 Signed-off-by 라인을 추가하고 있다. 관련 git 명령어는 commit에 -s 옵션을 넣어주면, git에 설정된 user.name과 user.email의 내용이 기록이 된다.

다양한 원칙이 더 있지만, 현재로써는 가장 기본적으로 지키고 확인해서 보내야 할 원칙들만 나열 했다. 이제 패치를 해보자. 필자는 drivers/staging/erofs 하위의 파일중, unzip_vle_lz4.c을 선택했다. checkpatch.pl의 수행 결과 중에 아래와 같은 에러를 수정할 것이다.

```
ERROR: need consistent spacing around '*' (ctx:WxV)
#184: FILE: ./unzip_vle_lz4.c:184:
+                       memcpy(vin + PAGE_SIZE *i, t, PAGE_SIZE);
                                               ^
```

아주 간단한 에러이다. '*' 앞 뒤에는 공백이 있어야 한다는 것이다. 실제 파일을 열어 vin + PAGE_SIZE *i라고 되어 있는 i 앞에 공백을 넣어주고 저장하자. 수정을 하고 git diff 명령어로 수정 내용을 확인하게 되면,

```
$ git diff
diff —git a/drivers/staging/erofs/unzip_vle_lz4.c b/drivers/staging/erofs/unzip_vle_lz4.c
index f5b665f..501cfe0 100644
— a/drivers/staging/erofs/unzip_vle_lz4.c
+++ b/drivers/staging/erofs/unzip_vle_lz4.c
@@ -181,7 +181,7 @@ int z_erofs_vle_unzip_vmap(struct page **compressed_pages,
                for (i = 0; i < clusterpages; ++i) {
                        void *t = kmap_atomic(compressed_pages[i]);

-                       memcpy(vin + PAGE_SIZE *i, t, PAGE_SIZE);
+                       memcpy(vin + PAGE_SIZE * i, t, PAGE_SIZE);
                        kunmap_atomic(t);
                }
        } else if (clusterpages == 1)
```

라고 출력된다. 아주 간단한 수정이다. 그리고 코딩 스타일 수정은 제목과 내용을 적어 넣기가 아주 좋다. 다른 사람들의 같은 수정은 당연히 있기 때문에 참고해도 되고, checkpatch.pl에서 출력되는 에러 내용을 복사해서 넣어도 된다. 실제 commit을

해보자.

```
$ git add drivers/staging/erofs/unzip_vle_lz4.c
$ git commit -s
staging: erofs: adds a space around '*'

fix checkpatch.pl error:
ERROR: need consistent spacing around '*' (ctx:WxV)
#184: FILE: ./unzip_vle_lz4.c:184:
+                       memcpy(vin + PAGE_SIZE *i, t, PAGE_SIZE);

Signed-off-by: Daeseok Youn <daeseok.youn@gmail.com>

# 변경 사항에 대한 커밋 메시지를 입력하십시오. '#' 문자로 시작하는
# 줄은 무시되고, 메시지를 입력하지 않으면 커밋이 중지됩니다.
# 현재 브랜치 fix-coding-style
# 커밋할 변경 사항:
#        수정함:        drivers/staging/erofs/unzip_vle_lz4.c
```

'git commit -s'를 해야 하는 것을 잊지 말자. 맨 첫줄은 제목을 넣는 자리이다. staging: erofs:를 먼저 입력하고 '*' 앞에 공백하나를 넣었다는 제목을 입력하고, 꼭 한줄을 비워둬야 한다.

빈 한줄을 넣지 않고 내용을 바로 입력을 하면, git은 제목이 계속 이어지는 줄 알기 때문이다. **꼭 한줄을 제목 다음에 비워 두자.**

그리고 이런 수정은 컴파일에는 문제가 없을 것이지만, 그래도 수정 다음에는 컴파일을 무조건 해주자. 그러기 위해서는 다음과 같은 과정이 필요하다.

1. 해당 모듈이 커널 설정에 포함되어 있는지 확인
2. make 하여 실제 해당 파일이 빌드가 되었고, 에러가 없는지 확인

일단 커널 설정을 해보자. 필자는 erofs 모듈을 수정했다. 그렇다면 해당 모듈이 커널 빌드에 포함이 되어 있는지 확인을 어떻게 해야 하는지 알아보자. 커널 장치 드라이버는 해당 모듈의 디렉토리 하위에 Kconfig라는 파일이 있다. 대부분 맨 상단에 관련 모듈의 설정 이름이 있다.

drivers/staging/erofs/Kconfig를 열면, 맨위에 EROFS_FS라는 설정 이름이 있다. 이 이름만 알면 커널 설정할 수 있다. 커널 설정을 열어보자.

```
$ make ARCH=x86_64 menuconfig
```

열어서 키보드의 '/'를 눌러보자. 그러면 설정 검색 창이 나오고 거기에 EROFS_FS

를 입력해보자.

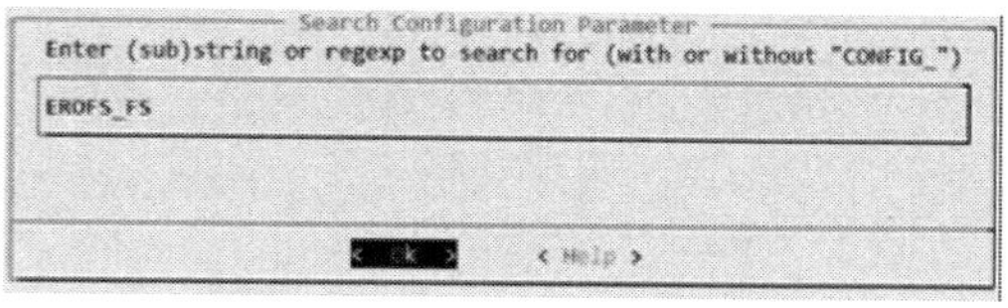

그림 8-9 리눅스 커널 설정 찾기

이렇게 검색을 하면, 몇 개의 결과가 나오는데 그중 해당되는 내용을 보면,

```
Symbol: EROFS_FS [=y]
Type  : tristate
Prompt: EROFS filesystem support
  Location:
    -> Device Drivers
(1)   -> Staging drivers (STAGING [=y])
  Defined at drivers/staging/erofs/Kconfig:3
  Depends on: STAGING [=y] && BLOCK [=y]


Symbol: EROFS_FS_CLUSTER_PAGE_LIMIT [=]
Type  : integer
Prompt: EROFS Cluster Pages Hard Limit
  Location:
    -> Device Drivers
      -> Staging drivers (STAGING [=y])
        -> EROFS filesystem support (EROFS_FS [=y])
(2)       -> EROFS Data Compresssion Support (EROFS_FS_ZIP [=n])
  Defined at drivers/staging/erofs/Kconfig:90
  Depends on: STAGING [=y] && EROFS_FS_ZIP [=n]


Symbol: EROFS_FS_DEBUG [=y]
Type  : bool
Prompt: EROFS debugging feature
  Location:
    -> Device Drivers
      -> Staging drivers (STAGING [=y])
(3)     -> EROFS filesystem support (EROFS_FS [=y])
  Defined at drivers/staging/erofs/Kconfig:20
  Depends on: STAGING [=y] && EROFS_FS [=y]
```

그림 8-10 리눅스 커널 설정 찾기 결과

위와 같이 나온다. 그 중 맨위의 설정은 Device Drivers → Staging drivers 하위에서 찾을 수 있다고 나온다. 해당 루틴으로 들어가보자. 단계로 들어가면 "EROFS filesystem support"라는 이름이 보인다. 해당 이름으로 커서를 움직여서, 스페이스를 입력하고 < * > EROFS filesystem support로 해준다. 즉 '*' 이 꼭 나와야 한다. 그리고 설정을 종료하고 해당 모듈을 빌드해보자. 그리고 관련된 설정은 모두 "*" 표시를 해주도록 하자. 그리고 해당 모듈만 빌드하고 싶으면, 해당 모듈의 경로를 make 뒤에 넣어주면 된다.

```
$ make ARCH=x86_64 drivers/staging/erofs/
scripts/kconfig/conf  —syncconfig Kconfig
```

```
  CALL      scripts/checksyscalls.sh
  DESCEND   objtool
  CC        drivers/staging/erofs/super.o
  CC        drivers/staging/erofs/inode.o
  CC        drivers/staging/erofs/data.o
  CC        drivers/staging/erofs/namei.o
  CC        drivers/staging/erofs/dir.o
  CC        drivers/staging/erofs/utils.o
  CC        drivers/staging/erofs/xattr.o
  CC        drivers/staging/erofs/unzip_vle.o
  CC        drivers/staging/erofs/unzip_lz4.o
  CC        drivers/staging/erofs/unzip_vle_lz4.o
  AR        drivers/staging/erofs/built-in.a
```

여기서 다른 빌드 에러도 없었으며, 필자가 수정한 unzip_vle_lz4.o가 만들어졌으니, 해당 수정은 정상적이었다고 생각해도 된다. 이제 빌드가 완료되었으니, 패치 파일을 만들어 보도록 하자. 앞서 소개 했듯이 리눅스 커널에 패치를 보내려면 메일로 보내야 한다. 그럴려면 패치를 파일 형태로 만들어줘야 하고 만든 파일을 mutt 옵션에 붙여서 보내면 된다.

```
$ git format-patch HEAD^ -o ~/work/patches/
/home/daeseok/work/patches/0001-staging-erofs-adds-a-space-around.patch
```

git에서 format-patch라는 명령어를 이용하는데, 현재 필자가 만든 패치는 하나이며, 필자가 만든 로컬 브랜치에 최상단에 있다. 이때 HEAD^는 맨위를 중심으로 하나 이전부터라는 의미이며, 최신 커밋을 패치로 만들겠다는 것이다. 그리고 -o 옵션은 만들어진 패치 파일을 원하는 디렉토리에 만들어 주도록 해준다. 수정 내용이 잘 되었는지 확인하자. 또한 이 패치 자체가 코딩 스타일의 문제는 없는지 다시 한번 확인을 해야 한다. 이런 것은 습관적으로 해주는 것이 좋다. checkpatch.pl을 -f 옵션을 빼고 패치 파일을 경로로 넣어주면 checkpatch.pl이 코딩 스타일을 확인해준다.

```
$ ./scripts/checkpatch.pl
~/work/patches/0001-staging-erofs-adds-a-space-around.patch
total: 0 errors, 0 warnings, 0 checks, 8 lines checked

/home/daeseok/work/patches/0001-staging-erofs-adds-a-space-around.patch has
no obvious style problems and is ready for submission.
```

이제 보내도 좋다고 메시지가 출력된다. 이제 이 패치를 이전에 설정한 mutt를 이용해서 보내보도록 하자. 우선 이 패치 파일을 누구에게 보내야 하는 것인지 확인해야 한다. 이것도 커널에서 perl 스크립트로 제공한다. scripts/get_maintainer.pl이라는 것을 이용하면 된다.

```
$ ./scripts/get_maintainer.pl
~/work/patches/0001-staging-erofs-adds-a-space-around.patch
Gao Xiang 〈gaoxiang25@huawei.com〉 (maintainer:STAGING - EROFS FILE SYSTEM)
Chao Yu 〈yuchao0@huawei.com〉 (maintainer:STAGING - EROFS FILE SYSTEM)
Greg Kroah-Hartman 〈gregkh@linuxfoundation.org〉 (supporter:STAGING SUBSYSTEM)
linux-erofs@lists.ozlabs.org (open list:STAGING - EROFS FILE SYSTEM)
devel@driverdev.osuosl.org (open list:STAGING SUBSYSTEM)
linux-kernel@vger.kernel.org (open list)
```

여기에 출력되는 모든 메일주소에 보내야 한다. 먼저 여기에 열거된 메일 리스트를 "복사 붙여넣기"하기 좋게 출력해보도록 하자.

```
$ ./scripts/get_maintainer.pl —separator , —nokeywords —nogit —nogit-fallback
—norolestats ~/work/patches/0001-staging-erofs-adds-a-space-around.patch
Gao Xiang 〈gaoxiang25@huawei.com〉,Chao Yu 〈yuchao0@huawei.com〉,Greg
Kroah-Hartman
〈gregkh@linuxfoundation.org〉,linux-erofs@lists.ozlabs.org,devel@driverdev.osuosl.org,linux
-kernel@vger.kernel.org
```

--separator, --nokeywords --nogit --nogit-fallback --norolestats의 옵션을 get_maintainer.pl에 넣어주자. 그러면 메일을 복사하기 좋게 만들어 준다. 일단 메모장에 관련된 메일 주소들을 복사 해두자.

이제 패치를 mutt를 통해 보내 보도록 해보자.

```
$ mutt -H ~/work/patches/0001-staging-erofs-adds-a-space-around.patch
```

이렇게 입력하면, 화면 하단에 To:라고 나온다. 이제 메모장에 복사해두었던 메일 주소들을 붙여 넣기 하자. 다음은 Subject:가 나오는데, 이것은 patch 파일에서 제목으로 입력했던 내용이 자동으로 들어간다. 필자의 경우에는 Subject: [PATCH] staging: erofs: adds a space around '*'라고 나온다. 확인하고 엔터만 입력하자. 다음 화면은 -H 옵션으로 넣었던 patch 파일의 내용을 다시 한번 보여준다.

```
fix checkpatch.pl error:
ERROR: need consistent spacing around '*' (ctx:WxV)
+                              memcpy(vin + PAGE_SIZE *i, t, PAGE_SIZE);

Signed-off-by: Daeseok Youn 〈daeseok.youn@gmail.com〉
```

```
---
 drivers/staging/erofs/unzip_vle_lz4.c | 2 +-
 1 file changed, 1 insertion(+), 1 deletion(-)

diff --git a/drivers/staging/erofs/unzip_vle_lz4.c b/drivers/staging/erofs/unzip_vle_lz4.c
index f5b665f..501cfe0 100644
--- a/drivers/staging/erofs/unzip_vle_lz4.c
+++ b/drivers/staging/erofs/unzip_vle_lz4.c
@@ -181,7 +181,7 @@ int z_erofs_vle_unzip_vmap(struct page **compressed_pages,
                for (i = 0; i < clusterpages; ++i) {
                        void *t = kmap_atomic(compressed_pages[i]);

-                       memcpy(vin + PAGE_SIZE *i, t, PAGE_SIZE);
+                       memcpy(vin + PAGE_SIZE * i, t, PAGE_SIZE);
                        kunmap_atomic(t);
                }
        } else if (clusterpages == 1)
--
2.7.4

```

이것도 확인만 하고 :wq를 입력해주자(Vim 편집기 종료). 마지막으로 입력한 내용을 모두 확인을 할 수 있는 화면이 나온다. 여기서 'y'(보내기)를 누르면 gmail 암호를 물어보게 되고, 암호를 입력하면 앞서 넣었던 메일 주소에 모두 전송한다.

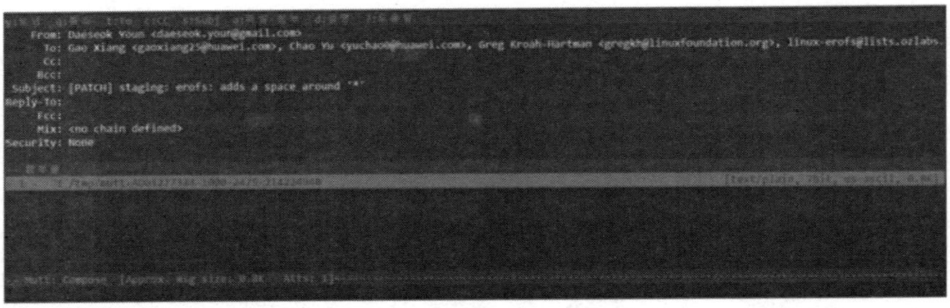

그림 8-11 리눅스 커널 패치 보내기

보내고 나면, 잘 보내어졌는지 메일링 리스트를 확인해봐야 한다. 만약 linux-kernel 메일링 리스트에 가입했다면, 바로 확인이 가능하겠지만 그런 것이 아니라면 직접 메일링 리스트 사이트로 접속해야 확인 할 수 있다.

https://marc.info/?l=linux-kernel 주소로 접속해보자.

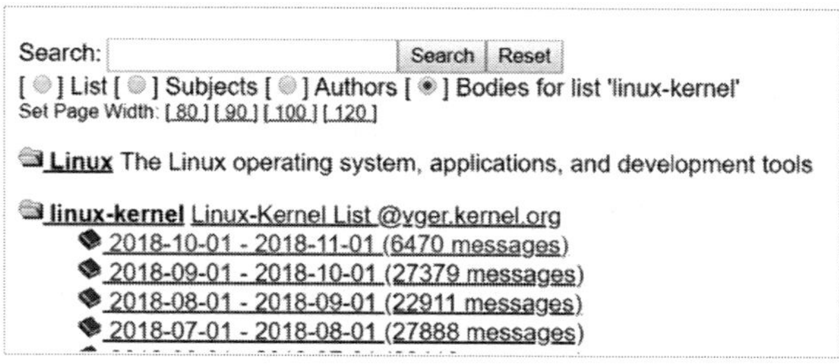

그림 8-12 리눅스 커널 메일링 리스트 아카이브

상단에 2018-10월 한달의 메시지를 모아 놓는 곳이 있다. 2018-10-01 - 2018-11-01 를 클릭해준다. 그리고 자신이 보낸 패치를 찾아보자.

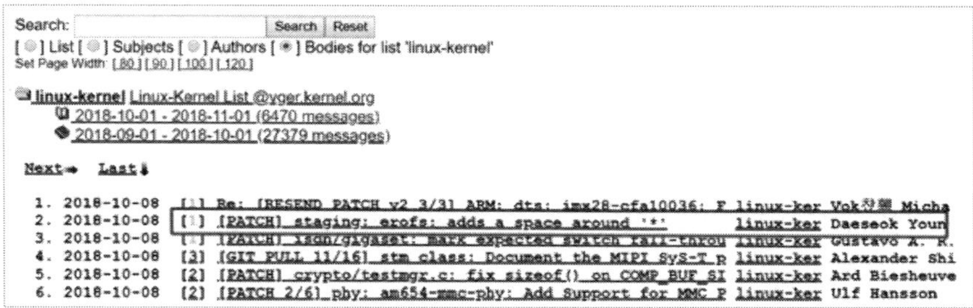

그림 8-13 보낸 패치 확인

나의 패치가 보인다. 만약 10분 내로 여기에 보이지 않는다면, 전송이 실패 했거나 안보내진 것이니 메일 설정을 다시 한번 확인해보아야 한다. 또 다른 사이트로는 lkml.org 에 들어가면 메일링 리스트의 업데이트를 보여주고 검색가능하게 해준다.

8.1.6 보낸 이후에 대한 행동

패치가 보내지고 나면, 다른 개발자 리뷰가 있을 수도 있고 없을 수도 있다. 없다면 Greg이라는 분이 나의 패치가 정상적으로 다음 단계의 저장소에 적용되었으며, 다음에는 어떻게 될 것이라는 메시지를 받을 수 있다. 만약 다른 개발자의 리뷰가 있어서 업데이트를 해야 하는 상황이 생길 수 있다. 리뷰를 받는다면, 수정에 대한 변론을 하거나 패치 재수정해서 보내야 한다. 여기서 사용할 수 있는 명령어들을 확인 해보자.

지금 fix-coding-style이라는 브랜치의 맨 상위에는 현재 수정된 커밋 하나만 있는 경우라고 가정한다. 이때 추가적인 수정을 하면, 변경 사항이 생긴다. git add 하는 것은 동일한데, git commit할 때는 "--amend"라는 옵션을 주어 현재 마지막 커밋에 추가적인 수정을 덧 붙여서 진행해준다. 그리고 다시 git format-patch를 통해, 패치 파일을 다시 만들어 줘야 한다. 이때, --subject-prefix="PATCH v2"를 추가적으로 실행해 줘야 한다.

```
$ git format-patch --subject-prefix="PATCH v2" HEAD^ -o ~/work/patches/
```

이렇게 하면 된다. 또한 같은 내용의 두번째 버전을 보낼 때는 부연 설명을 해주어야 한다. 부연 설명은 리뷰를 해주는 개발자나 메인테이너에게만 전달하는 메시지를 넣어야 하는데, 그 메시지는 패치 파일에서 "---" 아래에 넣어줘야 한다. 새로 만들어진 패치를 Vim으로 열어 추가 부연설명을 넣어주자.

```
From a17b193151d3589523442148160211658543029c Mon Sep 17 00:00:00 2001
From: Daeseok Youn <daeseok.youn@gmail.com>
Date: Mon, 8 Oct 2018 20:02:10 +0900
Subject: [PATCH v2] staging: erofs: adds a space around '*'

fix checkpatch.pl error:
ERROR: need consistent spacing around '*' (ctx:WxV)
+                               memcpy(vin + PAGE_SIZE *i, t, PAGE_SIZE);

Signed-off-by: Daeseok Youn <daeseok.youn@gmail.com>
---
Changes in v2:
   - additional explanation

 drivers/staging/erofs/unzip_vle_lz4.c | 2 +-
 1 file changed, 1 insertion(+), 1 deletion(-)

diff --git a/drivers/staging/erofs/unzip_vle_lz4.c b/drivers/staging/erofs/unzip_vle_lz4.c
index f5b665f..501cfe0 100644
--- a/drivers/staging/erofs/unzip_vle_lz4.c
+++ b/drivers/staging/erofs/unzip_vle_lz4.c
@@ -181,7 +181,7 @@ int z_erofs_vle_unzip_vmap(struct page **compressed_pages,
                 for (i = 0; i < clusterpages; ++i) {
                         void *t = kmap_atomic(compressed_pages[i]);

-                        memcpy(vin + PAGE_SIZE *i, t, PAGE_SIZE);
+                        memcpy(vin + PAGE_SIZE * i, t, PAGE_SIZE);
                         kunmap_atomic(t);
                 }
         } else if (clusterpages == 1)
--
2.7.4
```

위에서 --- 아래의 내용을 적절하게 써주고, mutt로 다시 보내면 리뷰를 다시 해주거나 병합(Merge) 될 것이다. 답변하는 것에 너무 걱정하지 말고, 최대한 답변을 해주자. 그런 습관들이 앞으로 오픈 소스 프로젝트에 참여하는 좋은 자세가 될 것이다.

8.2 Quiver의 windows 플랫폼 빌드 문제 수정

이 예는 필자가 학생들과 함께 수행했던 작업으로 Github에서 Quiver 프로젝트를 진행하기 위해 플랫폼을 구축할 때 발견한 이슈를 알리고 이를 해결한 내용이다.

8.2.1 문제점 발견

Quiver는 python 개발 언어로 개발 진행된, 머신러닝 관련 시각화 도구 프로젝트이다. Python 프로젝트인 만큼 다양한 플랫폼에서 실행을 지원하는 것을 목표로 했지만, 윈도우즈 플랫폼에서 사용하는 패키지의 이름이 달라 문제점이 발생하는 것을 발견하였다.

```
  File "<ipython-input-2-ea1a5fb2dbea>", line 1, in <module>
    runfile('C:/Users/User/AppData/Local/conda/conda/envs/Siamese_for_image/Lib/site-packages/keras/untitled4.py',
wdir='C:/Users/User/AppData/Local/conda/conda/envs/Siamese_for_image/Lib/site-packages/keras')

  File "C:\Users\User\AppData\Local\conda\conda\envs\Siamese_for_image\lib\site-packages\spyder\utils\site
\sitecustomize.py", line 705, in runfile
    execfile(filename, namespace)

  File "C:\Users\User\AppData\Local\conda\conda\envs\Siamese_for_image\lib\site-packages\spyder\utils\site
\sitecustomize.py", line 102, in execfile
    exec(compile(f.read(), filename, 'exec'), namespace)

  File "C:/Users/User/AppData/Local/conda/conda/envs/Siamese_for_image/Lib/site-packages/keras/untitled4.py", line
1, in <module>
    from quiver_engine import server

  File "c:\users\user\appdata\local\conda\conda\envs\siamese_for_image\quiver-master\quiver_engine\server.py",
line 14, in <module>
    from gevent.wsgi import WSGIServer

ModuleNotFoundError: No module named 'gevent.wsgi'
```

그림 8-14 문제점 발견

8.2.2 수정 및 PR 보내기

gevent.wsgi 패키지의 로드가 실패하게되면 gevent.pywsgi 패키지로 다시 로드하는 방식으로 해결을 시도해 보았다. 관련 수정을 하고 수행하여 문제점이 해결되는 것을 확인하였다. 이에 대한 PR을 위하여 우선 해당 프로젝트를 복제하였다. 그리고 복제한 프로젝트에서 새로운 브랜치를 생성하고 관련 수정 내용을 커밋하고 복제된 저장소에 적용하였다. 이 과정은 6장에서 논의했던 것과 동일한 방법으로 진행하면 된다.

그림 8-15 문제점 수정에 대한 PR

실제로 PR를 보내 해당 저장소를 관리하는 개발자에게 리뷰를 받았다. 윈도우즈 플랫폼에서 정상적인 실행을 검토 했고 변경사항도 적절하기에 이 수정사항을 정상적으로 메인라인에 적용되었다.

8.2.3 병합(Merge)

검토가 완료되면 관리자가 실제 메인라인(master 브랜치)에 병합을 진행한다. 그러면 PR은 수정사항이 병합되고 나서 Closed 상태로 변경된다.

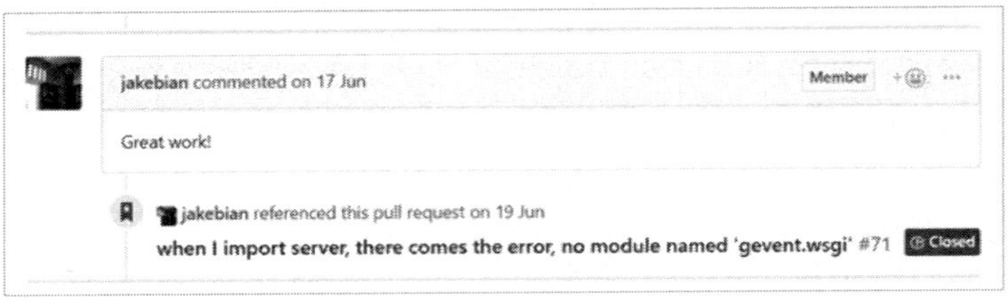

그림 8-16 PR 병합 확인

그리고 나면 master 브랜치는 업데이트가 되고 최신 코드는 해당 수정사항을 포함하게 된다.

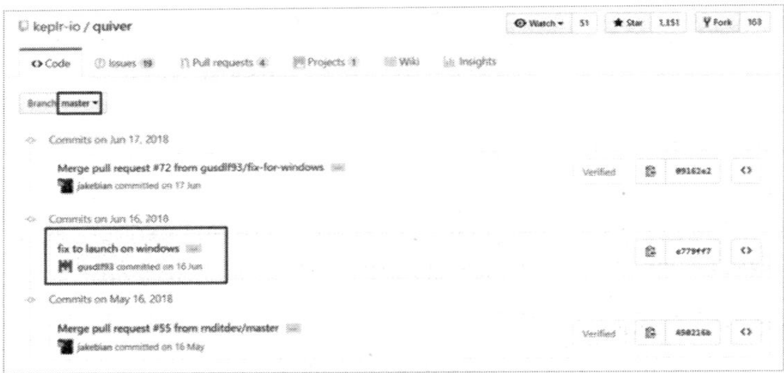

그림 8-17 커밋 히스토리 확인

이제 해당 저장소를 복제하는 누구에게나 우리가 수정했던 사항이 보이게 되는 기쁨을 느끼게 될 것이다.

8.3 google-interview-university 문서 번역

google-interview-university[67] 문서화 프로젝트는 개발자가 구글에 입사하기 위한 여정을 기록해 놓았다. 해당 프로젝트를 다양한 언어로 번역하려는 시도들이 많이 있었고, 한글화도 역시 시도되었다. 한글화는 아직도 진행중이지만, 필자는 해당 저장소를 복제하여 나만의 한글화를 완료한 상태이다. 이와 같이 문서로만 구성된 프로젝트에는 참여하기가 어렵지 않다. 영어를 번역하는 과정에서 오역이나 잘못된 것이 생기면, 누군가가 이를 고쳐나가면서 완성도를 높일 수 있다. 특히 구글 인터뷰 대학 프로젝트는 프로그래머, 특히 취업 준비를 앞 둔 개발자가 알고 있으면 좋을 문서와 영상 링크가 많이 있기에 한번 살펴보는 것을 권장한다.

연습문제

1 선택한 프로젝트가 다양한 플랫폼을 지원하는 개발언어로 개발되었다면, WSL을 이용해서 우분투 혹은 윈도우즈에서 빌드 및 실행이 되는지 확인하자.

2 선택한 프로젝트에 코딩 스타일을 적용하기 위한 방법을 검토 해보자. 예를 들어, 실제 코드를 커밋하는 시점에 검사(git commit hook)하는 방법이 있을 수 있다.

3 선택한 프로젝트가 사용하는 주요 개발언어 정적 분석 도구를 설치하여 선택한 프로젝트에 정적 분석 도구가 검출하는 각종 에러를 분석해보자.

4 선택한 프로젝트를 빌드하고 실행하는 과정에서 빌드 문서에 빠지거나 추가했으면 하는 사항을 이슈로 알려보자.

5 선택한 프로젝트를 복제하고, 빌드 문서나 프로젝트 기술 문서를 한글화하는 브랜치를 만들고 한글화를 진행해보자.

6 리눅스 커널 코딩 스타일을 수정하여 패치를 메일링 리스트로 보내보자.

67) https://github.com/jwasham/coding-interview-university

9장

오픈 소스 기여를 위한 기초 체력 다지기

커뮤니티 활용

다양한 커뮤니티를 통해 개발과 관련된 정보를 얻고, 다른 개발자들이 어떤 식으로 진행하는지에 대한 정보를 얻을 수 있다. 이런 정보들을 통해 향후 오픈 소스 프로젝트를 어떤 식으로 사용하고 접근할 수 있는지에 대한 내용들을 파악할 수 있다. 이 장에서는 필자가 특히 유용한 정보들을 많이 얻었던 커뮤니티들을 소개한다.

9.1 Github community

Github 내부에 커뮤니티 페이지가 있다. Github와 관련된 질문 및 답변들이 많이 존재한다. 여기에도 다양한 목록의 게시판이 있는데 하나씩 봐도 좋지만, 검색에서 "beginner"라는 검색으로 초보자가 해봄직한 내용의 대화들을 찾아보면 흥미로울 것이다.

https://github.community/로 접속해서 한번씩 살펴보고, 우측 상단에 있는 검색창에 "beginner"라고 입력해보자. 검색된 내용을 중심으로 하나씩 보다 보면 오픈 소스 프로젝트에 처음 진입하는 개발자들 질문들과 답변들이 보일 것이다. 어떻게 질문했고 어떤 답변들이 있는지 확인하다 보면 좋은 정보들을 얻을 수 있을 것이다.

9.2 Google Plus

Gmail 계정을 만들었다면, Google Plus 에도 접근이 가능하다. plus.google.com으로 접속해보자. 상단 검색창에 "open source software"라고 입력해서 커뮤니티를 찾아보도록 하자. 그중 필자가 선택한 커뮤니티는 첫번째 검색결과로 나온 곳에 가입을 했고 다양한 정보를 얻어 보고 있다.

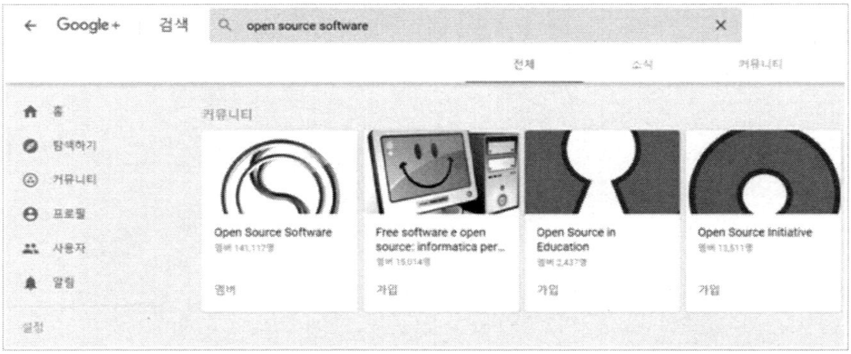

그림 9-1 Google Plus에서 오픈 소스 프로젝트 관련 커뮤니티

이 외에 많은 커뮤니티가 있고 정보가 많으니 검색하고 최신 트렌드를 살펴 보도록 하자.

9.3 Mailing List (리눅스 커널)

근래는 다양한 게시판들이 지원되다 보니 메일링 리스트 형태로 정보를 주고 받는 프로젝트들이 거의 없어졌다. 하지만 리눅스 커널은 메일링 리스트를 계속 유지하고 사용하고 있으며, 여기에서도 다양한 정보들을 얻을 수 있다. 만약 리눅스 커널 개발을 진행한다면, 무조건 구독을 해야 한다. 앞서 살펴본 리눅스 커널 패치는 각 패치에 모듈 이름을 적게 되어 있다. 그 모듈 이름으로 어떤 패치들이 있는지, 다른 개발자들은 어떤 개발을 하고 있는지 파악하고 공부할 수 있을 것이다. LKML.Org[68]에서 메일의 내용을 볼 수 있지만, 자신이 원하는 모듈만 보기 위해서는 정렬 기능들이 있어야 하는데, 그런것까지는 지원하지 않는다. 그래서 자신의 email 클라이언트를 통해 메일을 정렬하고 불필요한 정보를 필터링 해서 보고 싶은 내용만 보면 된다.

9.4 Linux Weekly News

커뮤니티는 아니지만, 리눅스 관련 뉴스들이 지속적으로 나오는 사이트이다. 최신 문서나 뉴스를 그 시점에 바로 보기 위해서는 매달 7 달러를 내야 하지만, 그렇지 않다면 사실 무료나 다름없다. 일주일 정도 지난 유료 글은 모두 오픈이 된다. 리눅스 커널이나 오픈 소스 관련해서 많은 뉴스들이 나오고 있으며, 틈틈이 접속해서 읽어보면 볼거리가 많이 있다.

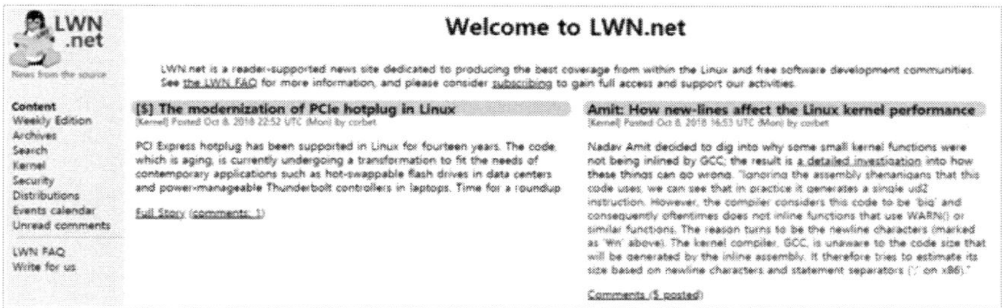

그림 9-2 리눅스 주간 뉴스

68) https://lkml.org/ 리눅스 커널 메일링 리스트에 올라오는 메일들을 제공한다.

왼쪽 메뉴에서 Archives를 누르면 이전 뉴스에 대한 내용들을 볼 수 있다. 개발자들이 공유한 내용들이 많은 도움이 될 것이라는 생각이다.

9.5 freecodecamp(Medium)

freecodecamp는 무료로 코딩을 가르쳐주는 비영리 단체인데, Medium[69] 엔진을 통해 다양한 문서들이 올라온다. 여기 올라오는 문서들은 대체로 Javascript 관련된 내용이 많지만, 개발에 관련된 많은 이야기들도 올라온다. 이를 통해 다른 개발자들이 어떤 자세로 개발에 임하는지를 들어 볼 수 있는 좋은 공간이다. freecodecamp는 Youtube에 채널을 갖고 있으며 이 채널을 통해 또다른 정보를 전달 해준다.

69) https://medium.freecodecamp.org/

10장

오픈 소스 개발을 위한 기초 체력 다지기

개발 능력 업그레이드

필자는 어떻게 하면 지금보다 더 나은 개발자가 될 수 있는지에 대한 고민을 끊임없이 하고 있다. 개발 일을 하다보면, 자신이 어느 정도 실력을 가지고 있는지, 현재 트랜드를 잘 따라가고 있는지 궁금해하기 마련이다. 이에 대한 질문을 많이 하다보면, 다양한 접근법들이 보이게 된다. 그런식으로 알아낸 좋은 사이트와 공부 방법을 공유하고자 한다. 오픈 소스 프로젝트에 참여하다 보면 자연스레 실력이 늘겠지만, 누군가가 이렇게 저렇게 하라고 간섭해주지 않다보니 간과하고 넘어가는 부분도 있다. 그런 부분에 대해서 스스로가 공부를 하면서 채워 나가야 더 좋은 개발을 할 수 있을 것이다. 필자가 오픈 소스 프로젝트 기여를 위해 스스로 공부해야 할 대표적인 분야를 정리하면 다음과 같다.

- 자료 구조 / 알고리즘
  사실 회사 다니고 일을 하면서 많이 신경쓰지 않았던 부분이다. 이유는 일을 하면서 크게 활용할 일이 없다는 느낌을 받았기 때문이다. 하지만 가장 기본적인 자료 구조와 알고리즘을 공부한다면, 자신이 개발하는 코드의 품질이 높아지고 다른 개발자와 다양한 논의를 할 수 있는 확장성이 생기게 된다. 10.1절에서는 어떻게 하면 튼튼히 이 내용을 재미있게 공부할 수 있는지 알아보겠다.
- 컴퓨터 시스템
  컴퓨터 시스템에 대한 이해는 오픈 소스 개발을 위해서는 중요하다. 특히, 운영체제와 컴퓨터 구조는 지속적으로 정리하고 공부하는 것이 중요하다. 또한 최근에 뜨고있는 빅데이터 플랫폼(하둡이나 맵-리듀즈 프레임워크)이나 딥러닝 플랫폼도 이해하고 있으면 많은 오픈 소스 프로젝트에 참여할 수 있을 것이다.
- 개발 언어
  어떤 개발 언어를 선택하고 배워야 할까는 고민하지 말자. 필요에 의해서 혹은 자신이 원하는 오픈 소스 프로젝트가 해당 개발 언어를 쓰면 배우는 것이다. 자신이 배운 언어는 C 언어인데 Python 프로젝트를 어떻게 하나, 하는 식의 생각은 접어두자. 모든 개발 언어들의 철학과 사용법은 다르겠지만, 큰 틀에서 배우고 오픈 소스 프로젝트를 하다보면 금방 익숙해 진다. 어떤 개발 언어든 프로젝트에 참여해서 해봐야 실제 배움이 있다고 본다.
- 영어
  필자도 가장 걱정스러운 부분이다. 지금까지 영어를 배우고 사용해봤지만, 아직도 부족하다고 생각하는 것이 영어이다. 하지만 자신이 아는 범위 내에서 잘 활용하는 것도 중요하다. 개발 언어처럼 영어도 사실 잘 쓰지 않으면 실력이 퇴화되는 것은 마찬가지이다(둘 모두 언어아닌가!). 계속 사용해보자. 어떤 커뮤니티나 오픈 소스 프로젝트에서든 영어 못하는 개발자들이 있긴하지만, 영어 못한다고 욕하는 사람은 없다. 어쩌면 오픈 소스 프로젝트 하는 것이 여러분들의 묵혀 두었던 영어 능력을 사용하게끔 해주는 좋은 기회가 될 수 있다.

10.1 자료 구조 및 알고리즘 연습

이 절에서는 자료 구조와 알고리즘에 대한 공부를 할 수 있는 좋은 온라인 강의 사이트를 공유한다. 또한, 필자가 생각하는 재미있게 공부하는 방법을 소개한다. 우선, 자료 구조와 알고리즘을 간단히 정의해 보자. 자료구조는 기본적으로 연결리스트/스택/큐/트리 등의 데이터를 보관하고 적절하게 꺼내어 쓰도록 해주는 방식에 대한 공부이고, 알고리즘은 각종 정렬/그래프/동적프로그래밍 등의 로직에 관련된 내용을 공부하는 것이다.

오픈 소스 프로젝트를 진행할 때 개발 언어의 라이브러리들이 너무 잘되어 있어 사실상 자료 구조나 알고리즘까지 알 필요는 없는 경우가 빈번하다. 하지만 그 내부와 속성을 잘 이해하면 프로젝트의 분석과 테스트, 그리고 기여를 더욱 높은 수준으로 진행할 수 있을 것이다. 코드를 이해할 때에도 어떤 자료 구조가 사용되었는지 파악이 선행된다면 훨씬 쉽게 이해할 수 있을 것이다. 필자는 다양한 온라인/오프라인 문서와 동영상을 많이 이용했고, 재미를 위해서 Hackerrank/HackerEarth/LeetCode 등을 이용했다.

10.1.1 온라인 강의 / 책

필자는 다양한 온라인 강의를 통해 꾸준하게 개발과 관련된 공부를 진행해 왔다. Coursera/Udacity/Udemy/FreeCodeCamp/KhanAcademy 등의 사이트가 대표적인 예다. 이러한 사이트는 다양한 강의를 제공한다. 영어가 약간 부담스러운 개발자는 한글로 진행되는 또는 한글 자막이 있는 사이트도 좋다. 프로그래머즈(https://programmers.co.kr/) 같은 좋은 사이트도 있으며, 좋은 블로그도 많다. 네이버 edwith/SNOW에서 자막이 있는 좋은 강의를 많이 제공한다. 필자는 여기서 MIT 에서 진행한 "Introduction to Algorithm"[70]을 추천한다. 이 강의는 알고리즘 입문자를 위해 가장 좋은 평을 받고 있는 강의 중에 하나이다. 자막도 잘되어 있고 알고리즘에 대한 이해를 위해 좋은 자료라 생각한다.

좋은 알고리즘 책으로는 Algorithms[71]이라는 제목의 책을 추천한다. 온라인으로

70) https://www.edwith.org/introalgorithm 가입하고 무료로 강의를 들을 수 있다.
71) https://algs4.cs.princeton.edu/home/

제공되며 무료로 볼 수 있는 것이 장점이다. 대부분의 알고리즘이 그렇지만, 카테고리가 비슷비슷 하다. 동영상과 함께 참고 할 만한 문서로 좋을 듯하다. 다른 책으로는 Cracking Coding Interview라는 책을 권한다. 한글로 번역되어 시중에 판매되고 있는데, 실제 구글/아마존/MS 등이 어떤 식으로 면접을 위해 알고리즘 문제를 출제하고 접근하는 방법을 보는지에 대한 내용을 알 수 있다. 책에 있는 문제들을 잘 풀 수 있도록 목표를 잡아 보는 것도 약간은 지겨울 수 있는 알고리즘 공부를 재미있게 할 수 있는 방법이라 본다.

자료구조는 어떤 것을 배워야하는지만 인지하면 검색을 통해 많은 자료를 찾을 수 있을 것이다. 배열(Array)/연결리스트(Linked List)/스택(Stack)/큐(Queue)/트리(Tree) 식으로 찾아보면 좋을 것이다. 바로 다음절인 10.1.2에서 소개할 온라인 코딩 사이트에서 자료구조 문제를 풀면서 공부해 보는 것도 좋은 방법이다.

10.1.2 온라인 코딩 사이트

온라인 코딩 사이트의 최대 장점은 코딩을 하고 해결을 하는 과정을 온라인에서 바로 진행할 수 있으며, 자신이 해결한 문제에 대한 점수도 볼 수 있다는 점이다. 책으로 보고 동영상 강의를 듣는 것보다는 훨씬 인터랙티브하다. 하지만 내용이 너무 어렵다던가 자신의 현재 어떤 것들을 해야 하는지를 파악하기가 어렵다거나 하는 문제가 발생하기도 한다. 특히, 어느 정도 쉬운 문제가 끝나면 그 다음으로는 무엇을 진행해야하는지 모르는 경우가 있다. 같은 문제를 필자도 고민을 했고, 필자가 찾아낸 재미있게 자료구조와 알고리즘을 스스로 배울 수 있는 방법을 소개해 보고자 한다.

우선 자료구조에 대한 연습 및 문제풀이를 위한 좋은 사이트인 Hackerrank를 소개한다. 이 사이트는 개인적으로 자료구조 문제를 풀어보는 곳으로는 좋다고 생각하지만, 알고리즘 문제를 풀기에는 조금 접근하기가 어렵다. 이유는 알고리즘 문제들의 설명이 간결하지 못하고 (필자 생각에는 불필요하게) 복잡하다. 이때문에 초보자가 연습하기에는 좀 어려울 수도 있다. 하지만 알고리즘 문제는 다양한 문제해결 능력을 향상시키는 것을 목표로 하며 따라서 이러한 문제에 대한 인식 연습도 필요하다. 그러니 일단 자료 구조 문제를 중심으로 풀고, 알고리즘 문제는 어렵다는 느낌이 들면 다른 사이트나 책으로 공부를 더 해본 후 풀어보도록 하자.

우선 https://www.hackerrank.com로 접속해서 가입부터 하자. Gmail 계정이 있다면 그 계정 정보로 로그인하고 프로파일 설정을 하면 된다. 실제 처음 계정을 만든다면, Hackerrank 문제들을 풀기 위해 어떻게 온라인 편집기를 사용하고 문제를 풀고 어떻게 검사를 받는지에 대한 가이드가 나온다. 그 가이드에 따라 관련된 문제를 몇개 풀어 보자. 가이드가 완료되면, 화면 가운데에 Hackerrank의 어떤 문제들을 먼저

할 것인지 목록이 보일 것이다. 안보인다면, 화면 왼쪽 상단에 "Practice" 로 이동을 하면 보일 것이다.

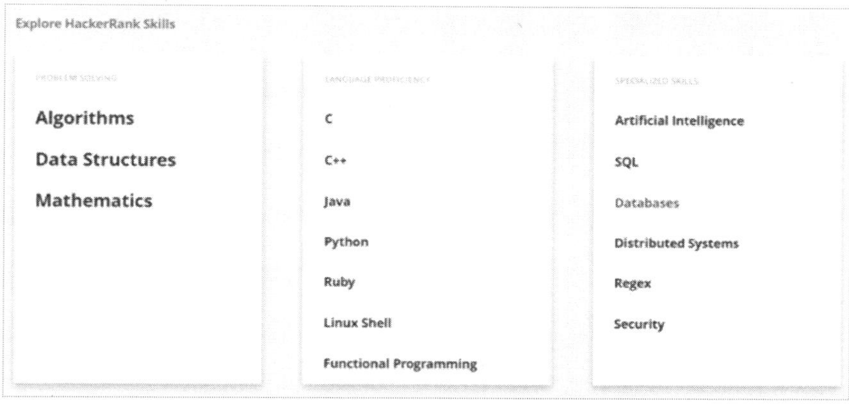

그림 10-1 Hackerrank 문제 카테고리

위와 같은 목록이 있는데, 왼쪽에 "Data Structures"가 보일 것이다. 이 부분을 클릭해보자. 클릭하면 배열부터 시작하여 자료구조에 관련된 문제 목록이 나오고 처음부터 하나씩 풀어나가면 될 것이다.

두 번째로 소개할 사이트는 LeetCode[72]이다. 여기서도 다양한 문제들을 접할 수 있다. 무엇보다 필자가 이 사이트를 선호한 이유는 문제풀이 문서가 아주 잘 정리되어 있다는 점이다. 이 사이트를 이용함에 있어 필자가 주고싶은 팁은, 만일 문제를 고민하는데 2시간이 넘어간다면, 문제해답을 보라는 것이다. 만약 그 이상의 시간동안 고민하고 여러 가지 방법들을 써보다 보면 사실 조금 지치고 재미도 없어진다. 우리가 풀어야 할 문제들은 너무도 많다. 그 문제를 해결 못한다고 해서 다음에 다시는 그런 문제를 접할 수 없는 것은 아니니, 편하게 문제 해설을 보도록 하자. 문제 해설을 그냥 보고 분석만 하지 말고, Github나 자신의 노트 등에 잘 정리를 해두자. 그리고 그 다음날에 다시 문제를 풀어보자. 완전히 외웠다면 모르겠지만, 사실 정리를 잘 해두었다면 내용을 기억나지만 코드는 정확히 기억이 안난다. 그 기반으로 코딩을 해보도록 하자. 그러면 다음에도 기억이 어느 정도 날 것이고 비슷한 문제를 해결해 본다면 연습이 완벽히 될 것이다.

앞서 언급했듯이, LeetCode의 장점은 문제 풀이의 문서가 정말 잘 되어 있다는 점이다. LeetCode를 가입하고 나면, 상단 메뉴에 "Problems"라는 메뉴가 있고 진입을 하면 시스템 디자인, OO 디자인, 운영체제, 알고리즘, DB, 쉘 등의 문제들이 게시판의 형태로 나와 있다.

72) https://leetcode.com

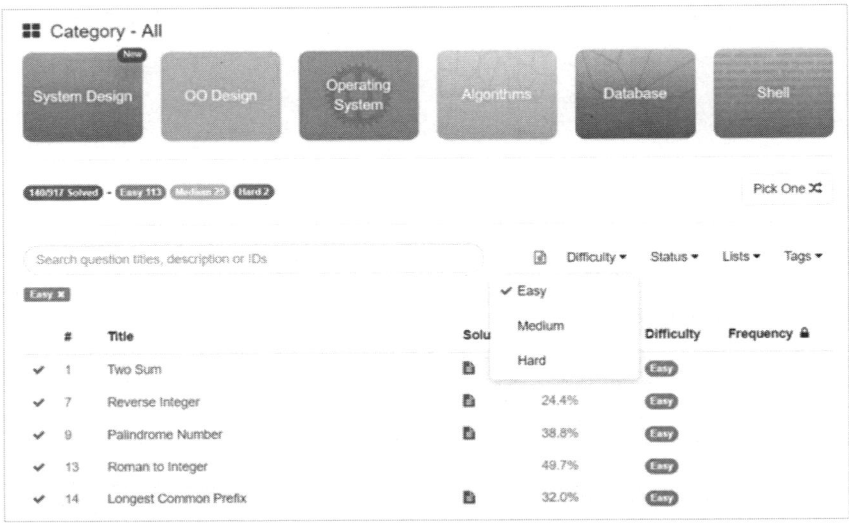

그림 10-2 LeetCode 문제

위의 화면에서 Easy 로 정렬을 한다면, 쉬운 문제들만으로 정렬이 된다. LeetCode는 쉬운 문제로 정렬이 된다고 해도 사실 쉽지 않은 문제가 초반에 나올 수 있으니 쉬운 문제도 못 푼다고 걱정하지는 말자. 각 제목을 클릭해서 문제를 풀면 되는데, 실제 문제를 풀지 못했을때는 어떻게 하는지 알아보자. 위의 캡쳐된 이미지에서 보면 문제 제목 다음에 "Solution"이라는 곳이 있는데, 문서 모양의 아이콘이 있거나 없거나 한다. 문서 모양의 아이콘이 있다면 Leetcode에서 제공한 해결책을 볼 수 있고, 없다면 다른 방법을 이용해야 한다. 우선 LeetCode에서 제공하는 문서를 보도록 하자. 1번 문제를 클릭하고 들어가서 문제 메뉴 중에 "Solution"을 클릭하자.

그림 10-3 LeetCode 해결책 확인

해당 탭에 이동을 하면 문제 해결책을 확인할 수 있을 것이다. 기본적으로 문서에는 Brute-force 접근법부터 다양한 방식으로 해당 알고리즘의 복잡도를 줄여가면서 어떻게 문제를 조금 더 나은 상태로 바꿀 수 있는지에 대한 설명이 되어 있다. 일반적으로 알고리즘 문제를 구현하는데 있어서 처음에 연습할 때는 Brute-force 접근법을 이용하여 풀고, 어떤 부분의 복잡도를 줄일 수 있는지 계속적으로 발전 시켜 나가는 방법을 많이 사용한다. 이를 위해서는 아주 좋은 접근의 문서를 제공한다고 볼 수 있다.

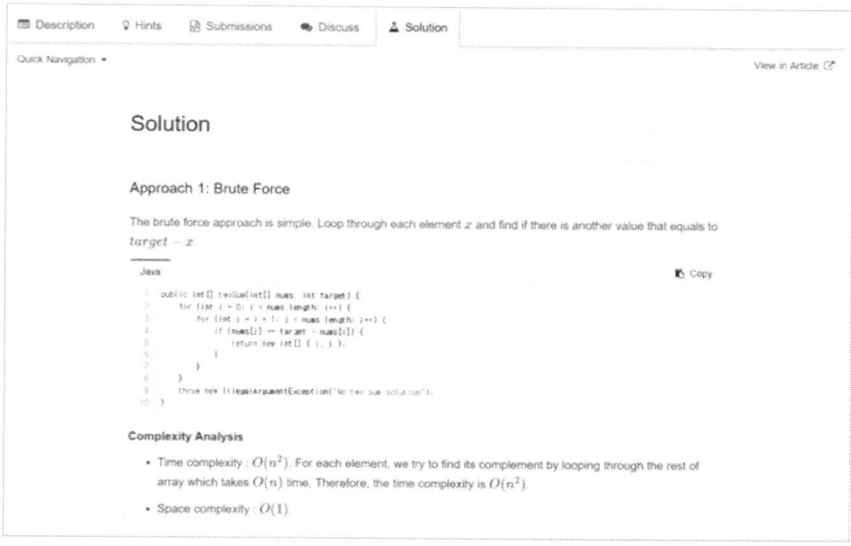

그림 10-4 LeetCode 해결책 분석

그리고, 만약, Solution을 제공하지 않는다면, "Discussion"이라는 탭에서 문제 해결책을 찾아 볼 수 있다. 여기서는 앞서 제공되는 문서처럼 친절하게 모든 접근법을 제공하는 것은 아니지만, 충분히 해석가능하고 좋은 예제 코드와 논의 등을 볼 수 있다.

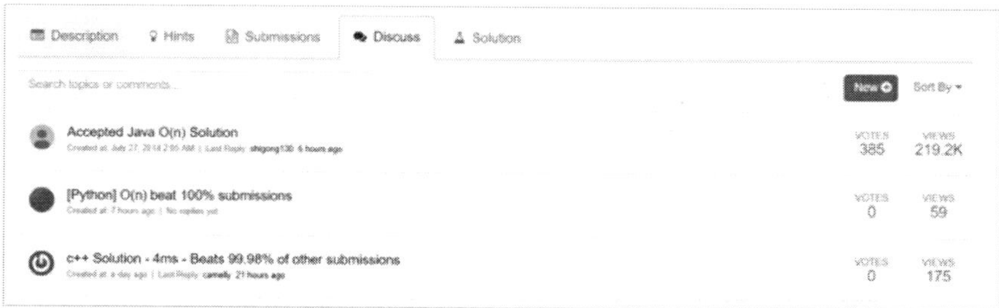

그림 10-5 LeetCode 커뮤니티 활용

게시판처럼 운영이 되며, 다양한 언어로 해결한 사람들의 코드들을 볼 수 있다. 코드만 보더라도 많은 설명이 될 것이며, 좋은 배움이 될 수 있을 것이다.

10.1.3 자료 구조/알고리즘 연습 방법

이 절에서는 필자가 터득한 자료 구조와 알고리즘의 학습 방법을 공유한다. 또한 어떤 순서로 공부하면 좋을지 소개한다.

필자도 자료 구조와 알고리즘을 학습하기 위해 앞서 소개한 온라인 코딩 사이트를 포함해서 많은 문제풀이를 진행했다. 하지만, 자료 구조와 알고리즘 학습의 특성상 그리고 개발자의 특성상 오랫동안 꾸준히 하기 힘이 들기 마련이다. 그러다 보니, 학습을 하고 어느 정도 시간이 흘러 다시 진행하려다 보면, 앞서 본 내용들이 기억이 잘 안날 수 도 있다. 계속 이런 식으로 매번 앞 부분만 하게 되어 흥미를 잃게 되고, 개발 능력향상에 도움이 안 될 수 있다.

이런 문제를 방지하기 위해, 문제풀이 연습을 항상 기록을 해두자. 먼저 필자가 추천하는 자료 구조와 알고리즘 학습 및 문제풀이에 대한 편리한 기록법을 공유한다. 필자가 언급한 가장 큰 학습에 문제는 흐름이 끊겼을때, 어떻게 하면 다시 시작할 때 쉽게 지난 학습에 대한 노트를 찾아 보고 내용을 기억해낼 수 있을까이다. 그렇다면 우선, 찾기 쉬운 곳에 자신의 노트를 남겨둬야 한다. 또한 노트가 쓰기 쉬워야 한다. 즉, 적을 때마다 문제풀이 보다 많은 시간이 투자가 되지 않도록 해야 꾸준하게 기록을 하게 된다. 그래서 선택한 도구는 StackEdit[73]라는 온라인 마크다운 편집기이다. 온라인에서 쉽게 사용이 가능하고, 저장은 자신의 Google Drive/Github/Gitlab 등을 지원한다. 즉, StackEdit를 사용해서 온라인으로 마크다운을 쉽게 작성하고 저장은 Github의 특정 저장소에 하면, Github 저장소는 계속 사용한다면 잊지 않고 다시 찾아 보기도 좋다.

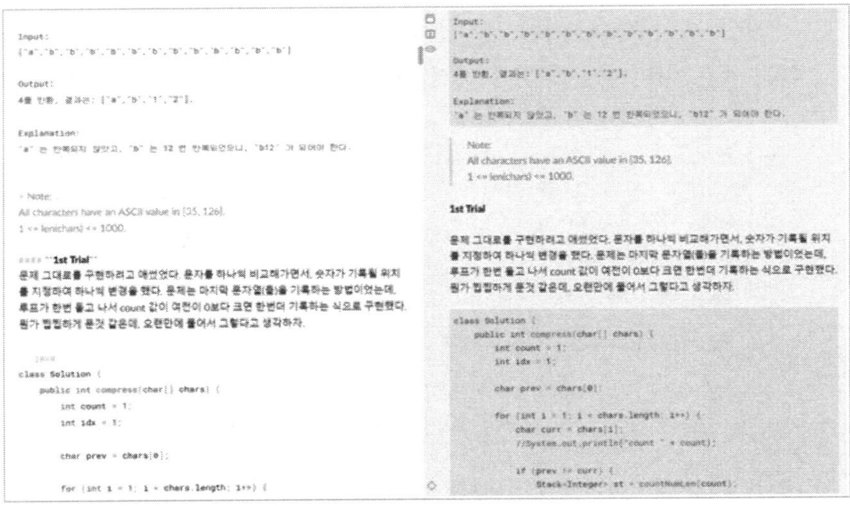

그림 10-6 StackEdit.io 활용

위 그림에서 왼쪽 화면이 마크다운을 사용한 것이고, 오른쪽이 마크다운이 출력되는 모습이다. 마크다운의 장점은 코드에 하이라이트를 쉽게 적용할 수 있다는 점이다. StackEdit.io의 사용을 추천한다. 앞서 5.4.2절에 소개한 Atom 에디터는 자신의 PC 응용 프로그램으로 마크다운을 작성하고 저장을 하기위해 Git 명령을 통해

73) https://stackedit.io

Github 로 저장하지만, StackEditor 는 이것을 자동화 해주고, 언제 어디서는 브라우저만 있다면 사용할 수 있다는 장점이 있다.

지금까지 자료 구조와 알고리즘을 잘 기록하는 방법을 알아보았다. 이제부터 어떤 순서로 학습을 진행하면 좋을지에 기술한다.

1. Big O 표기법(Big O Notation)
   - 칸 아카데미의 점근적 표기법[74]에 대한 내용 학습
2. 연결 리스트(Linked List) - 자료구조
   - 연결 리스트 학습
   - Youtube의 hackerrank 채널에서 연결리스트 동영상[75]
   - Hackerrank에서 자료구조 연결리스트 관련 문제 풀이
     (연결리스트 순회/삽입/삭제/역순회/요소 찾기/크기 등)
3. 스택(Stack) - 자료구조
   - 스택은 큐와 함께 학습
   - 배열 혹은 연결리스트로 스택 구현
4. 큐(Queue) - 자료구조
   - Youtube의 hackerrank 채널에서 스택과 큐 동영상[76]
   - 배열 혹은 연결리스트로 큐 구현
5. 힙(Heap) - 자료구조
   - “Introduction to algorithm” 강의 목록에서 “Heap & Heap sort” 참고
   - 배열/이진트리로 힙 구현
6. 재귀(Recursion) - 알고리즘
   - 칸아카데미의 재귀 알고리즘 학습[77]
   - codingbat.com에서 Recursion-1/2[78] 풀이
7. 검색(Search) - 알고리즘
   - 선택(Selection), 거품(Bubble), 삽입(Insertion), 병합(Merge), 퀵(Quick) 정렬 학습
   - 칸아카데미의 검색 학습[79]
8. 그래프(Graph) - 알고리즘

74) https://ko.khanacademy.org/computing/computer-science/algorithms/asymptotic-notation/a/asymptotic-notation
75) https://www.youtube.com/watch?v=njTh_OwMljA Youtube에서 "hackerrank linked list"로 검색
76) https://www.youtube.com/watch?v=wjI1WNcIntg Youtube에서 "hackerrank stack"으로 검색
77) https://ko.khanacademy.org/computing/computer-science/algorithms#recursive-algorithms
78) https://codingbat.com/java/Recursion-1 / https://codingbat.com/java/Recursion-2 문제 풀이
79) https://ko.khanacademy.org/computing/computer-science/algorithms

- 그래프 이론
- DFS(Depth First Search - 깊이 우선 탐색)/BFS(Breadth First Search - 너비 우선 탐색)
- Introduction to Algorithm의 DFS/BFS 참고
- 칸아카데미에서 그래프 부분 참조

9. 동적 프로그래밍(Dynamic Programing) - 알고리즘
   - Introduction to Algorithm의 동적프로그래밍 참고
   - Fibonacci 수열을 시간 복잡도 O(n)으로 구현하기

이론적으로 학습하거나 기본적인 문제 풀이만 하고 정리해두자. 필자는 Hackerrank 또는 LeetCode 사이트에서 Easy 문제를 기준으로 풀어나가며 정리를 했다. 문제 풀이에 대한 정리를 하다보면, 앞서 학습했던 기본적인 문제를 다시한번 검토하게 되고 어느새 체득하게 되는 느낌이 들 때가 올 것이다.

10.2 C / C++ / Python / JAVA 언어

개발 언어라는 것은 단순히 책으로 공부하고 연습하는 것으로는 한계가 있다. 이것은 영어책을 두어권을 본 후 외국인과 대화를 할 수 있을 것 같다는 느낌이 들기 어려운 것과 동일하다. 그래서 필자는 개발 언어를 공부할 때 1) 개발 언어가 가지고 있는 기본적인 중요한 부분을 인지하고, 2) 사용법을 간단히 파악해 본 다음에 3) 해당 개발 언어로 작은 프로젝트 하나를 진행하는 것이 좋다고 생각한다.

그럼 이제 질문은 그 작은 프로젝트는 어떻게 만들어 볼 것인가 이다. 필자 작은 프로젝트로 이전 장에서 소개한 오픈 소스 프로젝트에 참여하는 것도 좋다고 생각한다. 개발 언어를 어느 정도 연습하고, Github에서 그 개발 언어로 진행 중인 프로젝트들을 정렬하고 그 중 괜찮아 보이는 것을 무작정 빌드하고 분석을 진행해 봐도 좋을 것이다. 그러다 보면 개발 언어를 어떻게 사용하는지, 중요한 부분의 실제 사용법이 어떻게 되는지 이해할 수 있다.

그렇다면 실제 프로젝트에 참여하기 위해서는 개발 언어를 어느 정도까지 공부하면 되는가? 필자가 이러한 질문에 대한 대답을 Sololearn이라는 사이트에서 찾았다. 안드로이드/iOS 모바일 앱에서도 지원이 되는 사이트이다. www.sololearn.com 사이트에 접속해 보자.

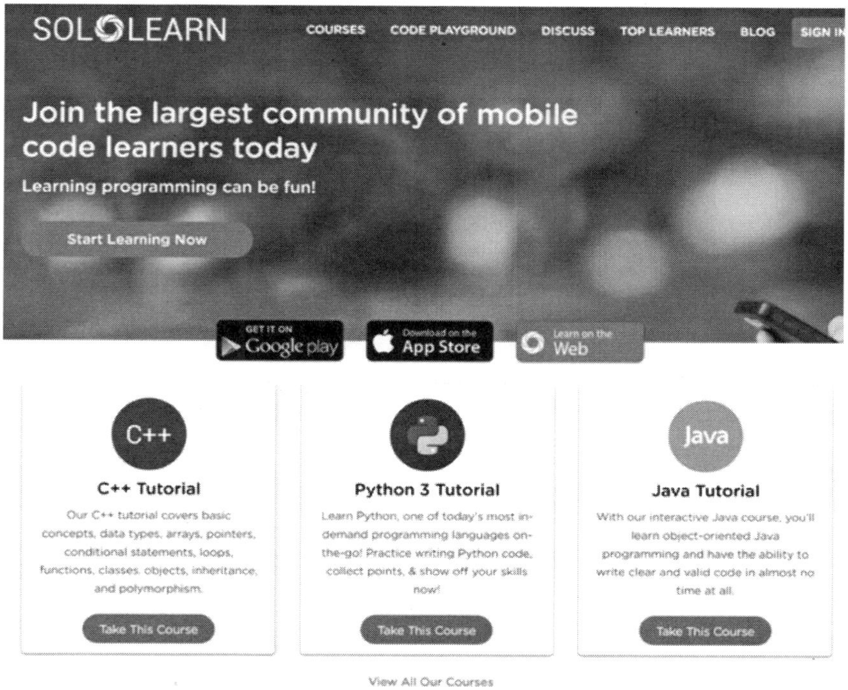

그림 10-7 Sololearn 홈페이지

가운데에 보면, 각종 모바일 앱으로 다운로드 받을 수 있고, 아래 대표적인 언어들이 소개된다. 이미지 맨 아래에 “View All Our Courses”를 클릭하면 지원가능한 언어를 모두 볼 수 있다. 나열하면, C++/JAVA/Python/Javascript/php/C#/SQL 등이 있다. 원하는 언어는 모두 있다고 볼 수 있다.

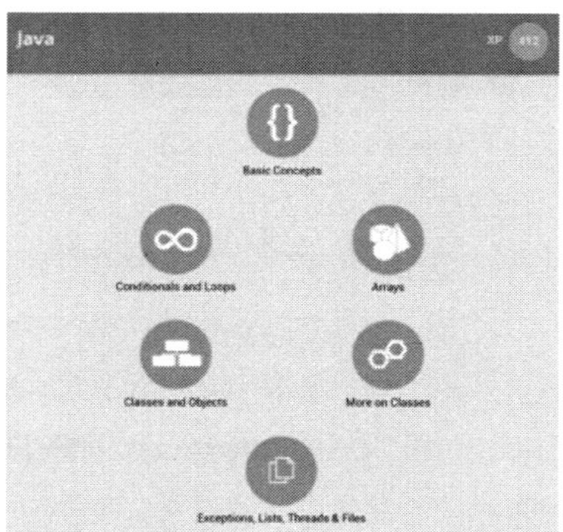

그림 10-8 Sololearn 개발언어 학습

이 사이트의 강점은 하나의 개발언어를 선택하면, 그 언어의 컨셉을 설명하고 관련된 Quiz 를 바로 풀어 이해에 도움을 준다는 것이다. 필자가 수행했던 JAVA 언어 코스를 선택하면, 큰 카테고리로 기본 컨셉, 배열, 클래스 등의 메뉴가 나온다. 맨처음 "Basic Concepts"를 모두 마쳐야 다음 Conditional and Loops로 진행할 수 있다. Basic Concepts로 이동하면, 또 다른 하위 메뉴가 나온다.

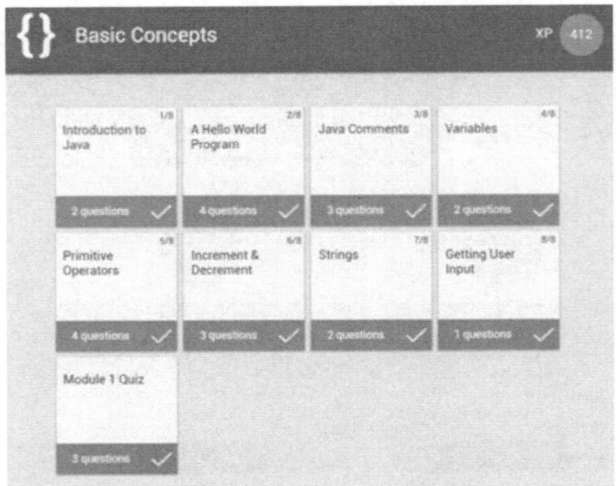

그림 10-9 Sololearn 개발언어 세부 학습 목록

책에서 흔히 볼 수 있는 목록으로 구성이 되어 있으며, 진입하면 설명과 함께 기억에 오래 남기기 위해 Quiz를 풀 수 있도록 되어 있다. 이중에서 문자열(Strings)에 진입하면,

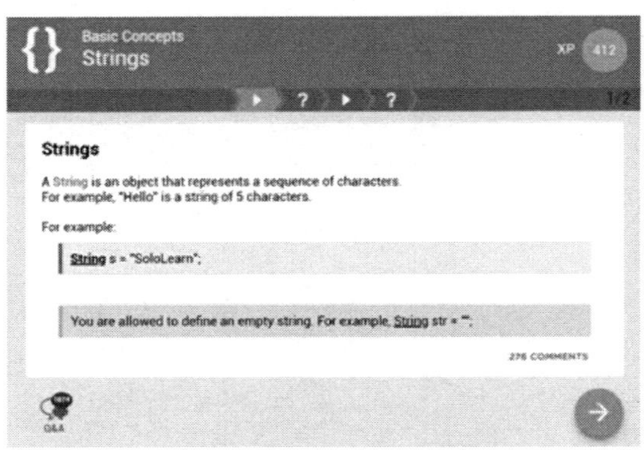

그림 10-10 Sololearn 개발언어 학습 예제

으로 나오면서 문자열은 어떻게 초기화 할 수 있는지에 대한 설명이 나온다. 아주 초반부 이므로 기초적인 설명 위주로 되어 있으며, 설명을 다 읽은 다음에 화살표 모양을 클릭하면 해당 설명에 대한 퀴즈를 풀 수 있도록 한다. 보면 알 수 있지만, 한번

읽고 실습하는 범위가 아주 간단하고 기억하기 좋은 범위 내에서 진행을 한다. JAVA 관련된 내용을 보는데 많은 시간이 소요되지는 않지만, JAVA 개발 언어에 대한 이해를 충분히 할 만큼 했다고 본다. JAVA를 통해 이제 개발을 진행해 보면서 sololearn에서 배운 내용을 확장하고 더 배워 나가면 될 것이다. 개발 언어는 도구라는 말을 많이한다. 그 도구를 전문적으로 사용하기 위해서는 많은 시간과 노력은 필요하지만, 어떤 식으로 해야 효과적으로 사용할 수 있는지에 대한 고민은 지속적으로 하는 것이 필요하다.

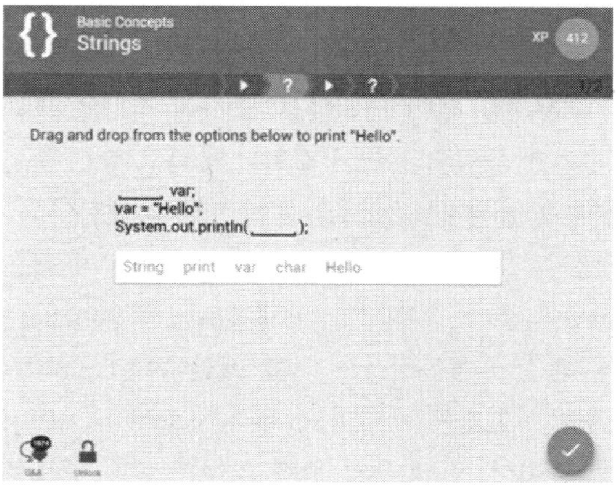

그림 10-11 Sololearn 개발언어 퀴즈 예제

필자가 소개하는 sololearn의 개발 언어를 배우는 방식이 누군가에게는 어려운 방법이 될 수도 있지만, 이 방법은 시간 측면에는 효율적이다. 책을 보는 것도 좋지만, 책 중심으로 진행되는 것은 시간이 많이 들고, 실제 프로젝트에 참여해서 개발을 하면 잘 기억이 나지 않아 다시 찾아봐야 하는 일들을 반복하게 될 것이다. 이런 점에서는 sololearn 을 통해, 딱 중요한 부분만을 정독하고 퀴즈로 학습한 뒤에, 프로젝트를 하며 확장하는 것이 개인적으로는 좋은 방법이라고 생각한다. 특별히 오픈 소스 프로젝트를 참여하기가 어렵다면, 자료 구조나 알고리즘 문제를 해당언어로 풀어보면서 연습을 하는 것도 좋은 방법이다.

사실 개발언어를 학습하는 방법은 다양하기 때문에, 여러가지 방법을 시도해보고 자신에게 맞는 방법을 찾는 것도 중요하다. 또한 빠르게 습득하는 것도 중요하다. 관련 일을 하다보면, 자신이 해왔던 개발 언어가 아닌 다른 개발 언어를 빠르게 적용해야 하는 경우도 발생하기 때문이다.

10.3 영어

글로벌 시대에 모든 산업이 그럴테지만 특히 IT 산업은 전세계와 경쟁하고 협업해야 한다. 입사를 해 보면 알겠지만 대부분의 매뉴얼이 영어로 되어 있고, 외국인 개발자와 논의를 해야하는 경우도 자주 발생한다. 오픈 소스 프로젝트도 마찬가지이다. 대부분의 문서가 영어로 되어 있고, 리뷰와 논의도 영어로 진행된다. 한글화가 많이 진행되고 있기는 하지만 다양한 개발자와 의견 개진을 위해서는 영어를 피할 수 없다.

그럼, 영어에 약한 개발자는 어떻해야 하는가? 필자도 오픈 소스 프로젝트에 참여하기 전에 이 문제를 많이 염려하였다. 사실 필자는 초등학교에서부터 대학 졸업 때까지 영어 수업을 들었으나 영어 실력이 좋다고 할 수는 없다. 하지만 오픈 소스 프로젝트의 대부분에 개발자들은 토론 중에 영어를 못한다고 구박하는 경우는 없다. 오히려 어색한 영어라도 반갑게 맞아주며, 좀 더 자신의 내용을 자신있게 표현해 보라고 용기를 북돋우어 준다. 오픈 소스 프로젝트는 핵심이 많은 개발자들의 참여이며, 참여가 많을수록 품질이 높아진다는 것을 메인테이너 스스로가 잘 알기 때문이다.

개발 언어와 마찬가지로 영어도 자주 노출이 되어야 실력이 향상된다. 필자도 계속 영어 공부중이며, 일상 생활 중에 영어를 어떤 식으로든 사용하려고 노력하고 있다. 본인의 경험으로는 오픈 소스 프로젝트가 영어를 공부하고 실력을 키우는 또 하나의 좋은 장인 것 같다. 오픈 소스 프로젝트가 좋은 이유 중에 하나는 개발언어로 어느 정도 대화를 할 수 있다는 것이다. Github 에서 이슈 게시판을 보면, 하나의 이슈에 등록된 내용이 거의 실행 문제 및 에러 로그를 캡쳐해서 올린 것이다. 또 한가지 좋은 이유는 다른 개발자와 소통이 주로 문서나 이메일을 통해 이루어 지기 때문에 대화를 할 때 보다는 시간이 충분히 주어진다라는 것이다. 일단 쓰고 문장을 만들어 구글 검색도 해보면서 연습을 많이 해보도록 하자.

영어에 노출되는 또 다른 좋은 방법은 Youtube 채널이다. Youtube에는 그 유명한 마이클 샌덜 교수의 "정의란 무엇인가"라는 강의만 있는 것이 아니다. MIT, 버클리, 스탠포드 등 좋은 대학의 양질에 강의들이 존재한다. 예를 들어 CMU 대학의 Onur Multu 교수의 "컴퓨터 구조" 강의는 Youtube에 있는 명강의 중에 하나이다. 필자가 자주 보는 CS Dojo[80]라는 채널이 있는데, 일본 개발자 분이 코딩 관련 방송을 하는 채널이다. 발음도 친숙하고 영어 연습을 많이 하신 분이다. 자신이 어떻게 영어를 배웠는지에 대한 영상[81]도 있다.

---

80) https://www.youtube.com/channel/UCxX9wt5FWQUAAz4UrysqK9A CD Dojo 채널

81) https://www.youtube.com/watch?v=0OAu6V1akIU

필자의 생각으로는 영어나 개발언어나 배우고 나서 많이 사용하고 발전 시켜 나가야하는 점에서는 동일하다고 생각한다. 오픈 소스 프로젝트에 참여하는 것이 개발언어와 개발 능력 향상에도 도움이 되겠지만, 영어라는 부분에 대해서도 많은 신경을 쓰게 해주고 실력을 키우는데 도움이 될 것이다.

연습문제

1 [자료구조/알고리즘] 잘 알려진 정렬 알고리즘의 복잡도를 알아보자.
(퀵 정렬, 병합정렬, 삽입정렬, 선택정렬 등)

2 [자료구조/알고리즘] 아래 코드의 시간 복잡도를 구해보자.

```
int a = 0;
    for (i = 0; i < N; i++) {
        for (j = N; j > i; j--) {
            a = a + i + j;
        }
    }
```

3 [자료구조/알고리즘] 연결 리스트를 이용해서 아래 class method를 구현해보자.

- int size() : 총 연결리스트의 크기
- bool empty() : 리스트가 비어 있으면 true, 아니면 false 반환
- value_at(index) - n번째 아이템의 값을 반환 (리스트의 인덱스는 0부터 시작함.)
- push_front(value) - 리스트의 맨 앞에 아이템 하나 추가
- pop_front() - 맨 앞의 아이템 제거 및 그 아이템의 값을 반환
- push_back(value) - 리스트의 맨 앞에 아이템 추가
- pop_back() - 리스트의 맨 뒤의 아이템 제거 및 값 반환
- front() - 리스트 맨 앞 아이템의 값 반환
- back() - 리스트의 맨 뒤 아이템의 값 반환 get value of end item
- insert(index, value) - 주어진 인덱스의 위치에 값을 추가
- erase(index) - 주어진 인덱스에 있는 노드 삭제
- value_n_from_end(n) - 맨 뒤에서 n번째에 있는 노드의 값을 반환 한다.
- reverse() - 리스트의 순서 뒤집기
- remove_value(value) - 주어진 value를 처음 찾은 인덱스의 아이템 삭제

4 [자료구조/알고리즘] 두 개의 스택으로 큐를 구현해보자.

5 [자료구조/알고리즘] 이진 트리 검색(배열)을 구현하자. N개의 정수형 요소들 중에 특정 값을 찾는 것을 구현하자.

6 [자료구조/알고리즘] 그래프에서 DFS(깊이 우선 탐색)/BFS(너비 우선 탐색)을 알아보고 간단하게 구현해보자. (인접리스트 및 인접 매트릭스 방식)

7 Hackerrank 사이트에 가입하고 자료구조/알고리즘 문제를 풀어보자.

11장

주목할 만한 오픈 소스 소프트웨어 프로젝트

많은 오픈 소스 프로젝트 중에 필자가 사용해보거나 초보자가 참여하면 좋은 프로젝트들을 소개한다. 그리고, 최근 소프트웨어 개발 동향을 2018년 주목 받았던 오픈 소스 프로젝트를 통해 살펴보자.

11.1 리눅스 커널 프로젝트

필자가 참여한 오픈 소스 프로젝트이다. C 언어와 어셈블리 언어로 개발되어 다양한 아키텍처를 지원하는 리눅스 커널은 메모리 관리, 스케줄러, 장치 관리 등의 운영체제 핵심을 알아갈 수 있고 배울 수 있는 좋은 오픈 소스 프로젝트 중 하나이다. 단지 운영체제 내용 뿐만 아니라 hash, radix tree, MD5 등과 같은 알고리즘의 실제 사용 예를 볼 수 있으며, 프로그래밍 수업에서 배운 가상 함수 구조체가 얼마나 효과적인지를 느낄 수 있는 장소이다.

코딩 스타일 관련 수정에 참여를 할 수 있도록 staging 디렉토리를 운영하고 있어 진입장벽이 다른 대형 프로젝트(Android, Chrome, Firefox 등)에 비해 높지 않다는 것이 장점이다. 개발을 위해서는 실제 물리적 장비가 필요하여 검증하는 부분에서 제약사항이 많이 있기는 하지만, 가상화 환경을 통한 검증 가능한 모듈들도 있어 개발에 용이한 점도 있다. 아직도 활발히 개발 진행중인 프로젝트이며 많은 개발자들의 참여로 질문이나 패치에 대한 리뷰에 대한 응답이 굉장히 빠르다. 아주 간단한 패치도 하루에서 이틀 정도면 리뷰 답변을 받을 수 있다. 8장을 참조하자.

- 프로젝트 페이지: https://www.kernel.org/

11.2 Exercism 프로젝트

개발 언어를 배우면서 오픈 소스 프로젝트에 참여할 수 있는 프로젝트이다. Github에서 Exercism 페이지[82]를 진입하면, 지원하는 개발언어 별 저장소가 따로 있고 기여가 가능하다. Execism.io의 메인 프로젝트인 Exercism/cli는 Go 개발 언어로 개발되어 있다. 어떤 오픈 소스 프로젝트든지 많이 사용을 해봐야 문제점이나 새로운 기능에 대한 아이디어가 떠오르고, 그에 따라 참여가 자연스레 일어나게 된다. Exercism.io 프로젝트는 이런 점을 잘 살려준다. 개발자는 해당 웹 페이지에서 자신이 원하는 개발언어를 배우면서 발견되는 문제점을 찾아 보고하거나 직접 내부를 분

82) https://github.com/exercism?page=1

석하여 패치를 만들어 보는 기회를 가질 수 있다.

Exercism이 Go 개발 언어로 만들어져 있으니, Go 개발 언어를 배우면서 프로젝트에 참여할 수 있는 기회이다. 뿐만 아니라, 다른 개발언어들도 많아 지원하여 공부의 기회를 제공하고 멘토링 시스템도 운영한다. 이 시스템은 멘토가 되어 참여하는 개발자들을 가이드 할 수 있는 기회를 제공하며, 이를 통해 팀 구성 및 자신의 실력을 향상시킬 수 있는 기회를 제공한다. 필자의 경험으로는 개발 언어를 배울 때 보다 가르칠 때 더 실력이 급격히 향상되는 것 같다. Exercism 관련 모든 모듈이 오픈 소스로 되어 있지만, 한글은 지원하지 않으니 이와 관련해서 진행해도 좋지 않을까하는 개인적인 생각이 있다.

그림 11-1 Exercism 홈페이지

- 프로젝트 github 페이지: https://github.com/exercism
- Exercism 홈페이지 : https://exercism.io

11.3 FreeCodeCamp

앞서 소개한 Exercism과 같은 이유로 추천을 하는 오픈 소스 프로젝트이다. 이 프로젝트는 Javascript 기반 웹 페이지 프로젝트이며, Javascript 개발 언어를 배우고자 한다면 꼭 한번 방문해보시길 바란다. 기본적인 HTML부터 고급 Javascript/데이터베이스를 실습을 통해 배울 수 있으며, 작은 프로젝트를 통해 개발 언어의 학습을 완벽하게 체득할 수 있도록 도와준다. 이 모든 사이트의 내용이 오픈 소스로 되어 있으며, 여전히 개발이 많이 진행되고 있는 것도 장점이다. Facebook을 통해 한국 커뮤니티[83]가 운영되고 있다.

83) https://www.facebook.com/groups/free.code.camp.seoul/

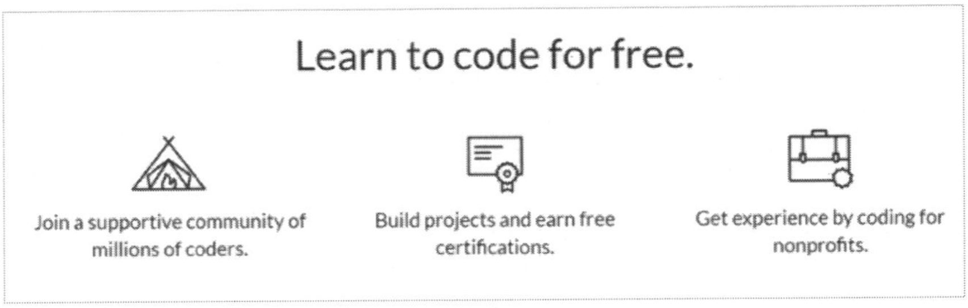

그림 11-2 FreeCodeCamp 홈페이지

- 프로젝트 github 페이지 : https://github.com/freeCodeCamp/freeCodeCamp
- freecodecamp 홈페이지 : https://www.freecodecamp.org/

11.4 2018 년도 주목받은 오픈 소스 프로젝트 소개

리서치 사이트에서 진행했던 오픈 소스 프로젝트의 2018년 순위들을 살펴보자. 활발한 혹은 주목받았던 오픈 소스 프로젝트들을 보면 최근 기술 동향을 확인 할 수 있다. 검색 키워드로는 “Top open source project”로 했다. 많은 블로그와 뉴스 등으로 정리된 링크들을 볼 수 있는데[84], 그 중 대표적인 내용을 설명하면 다음과 같다.

11.4.1 TensorFlow

머신 러닝과 관련된 오픈 소스 프레임워크로 가장 주목을 받았던 프로젝트이다. 구글에서 2015년에 개발되어 공개되었으며, Python으로 머신 러닝 관련 응용 프로그램을 제작할 수 있도록 하는 프로젝트이다. 머신 러닝 관련 문서들과 사용법이 잘 정리되어 있으며, 사용법 또한 어렵지 않다. 특히 성능이 보장된 머신 러닝 관련 서비스를 구축하고 개발하기에 좋다.

- TensorFlow 홈페이지 : https://www.tensorflow.org/

11.4.2 Vue.js

Web에서 UI를 만들기 위한 반응형 Javascript 프레임워크 엔진이다. Github에 star를 10만개 이상 받은 주목받고 있는 프로젝트 중에 하나이다. Web UI를 만드는 여

84) http://blog.honeypot.io/most-exciting-open-source-projects-2018/

러 Javascript 엔진 중에 하나이지만, 성능적인 측면에 좋은 성능과 개발 편의성에서 좋은 점수를 받는 것으로 보인다. 또한 한글화[85]된 개발 공식 문서가 존재하여, 쉽게 배울 수 있다는 점도 장점이다.

• Vue.js Github 페이지: https://github.com/vuejs/vue

11.4.3 Kubernetes

리눅스 컨테이너[86]를 관리, 배포, 스케줄링 해주는 도구이다. 대형 시스템에서 서버를 배포 하거나 실행 관리해주는 필수 도구로 각광받고 있다. 근래에는 Docker 등과 같이 프로세스 레벨 가상화를 통한 응용 프로그램 및 서버 프로그램을 고립된 상태로 실행시킬 수 있도록 해주는 기술들이 많이 사용되고 있으며, 이를 관리하는 도구인 Kubernetes도 주목을 받는 것이다.

• Kubernetes Github 페이지: https://github.com/kubernetes/kubernetes

11.4.4 Polymer

웹 페이지나 웹 앱에서 웹 컴포넌트를 생성하기 위한 오픈 소스 Javascript 라이브러리이다. Polymer 프로젝트는 구글 개발자들이 개발하였으며, Github로 공유하고 있다. 사용하고 배우기 쉬운 장점이 있어, 최근 개발자들로부터 각광을 받고 있는 라이브러리이다.

• Polymer Github 페이지: https://github.com/Polymer/polymer

11.4.5 Visual Studio Code

5장에서 소개한 Visual Studio Code이다. 개발 편집기로 최근에 많이 사용되고 있으며, Microsoft 사가 개발한 오픈 소스 프로젝트이다. 강력한 편집기능과 각종 플러그인을 제공하여 다양한 개발 언어를 사용하고 디버깅 하는데 좋은 환경을 제공해준다. TypeScript라는 Web 페이지 언어로 개발되었으며, 다양한 플랫폼(리눅스, 윈도우즈, MacOS 등)에서 사용을 지원한다. Web 페이지로 만들어진 Web 응용 프로그램을 Electron 이라는 도구로 데스크탑 앱으로 변환하여 배포하고 있다. Web 페이지 언어로 개발되어 플랫폼에 의존적인 코드가 거의 없고. 이때문에 다양한 플랫폼으로 쉽게 제공된다.

• Visual Studio Code Github 페이지: https://github.com/Microsoft/vscode

---

85) https://kr.vuejs.org/

86) https://www.redhat.com/ko/topics/containers/whats-a-linux-container

12장

에필로그

오픈 소스 프로젝트에 대한 기여는 여러가지 장점이 많다. 최근 개발 동향을 파악할 수 있으며, 다른 개발자들이 만든 좋은 코드를 볼 수도 있다. 어쩌면 더 좋은 것은 자신의 이름이 프로젝트에 기록으로 남는다는 것이다. 하지만 이를 위해서는 준비해야 할 것이 있다. 본 책은 이러한 준비 과정을 도와주기 위해 작성되었다. 구체적으로 오픈 소스 프로젝트 검색, 개발 환경 구축, Git을 통한 협업 방법, 기여 예제, 최근 주목받는 오픈 소스 프로젝트 사례 등을 소개하였다. 이까지 읽은 독자들에게 도움이 되었기를 희망한다.

이 책에서 여러 가지 내용들을 소개하였지만, 필자가 바라는 가장 중요한 것은 독자들이 "오픈 소스 프로젝트에 참여가 그리 어렵지는 않겠구나"라는 생각을 갖는 것이다. 오픈 소스 기여라는 것이 굉장한 기능을 개발해야 할 수 있는 것만은 아니다. 작은 기여 하나 하나가 해당 오픈 소스 프로젝트를 건강하고 사용성있게 만들어주는 것이다. 또한 온라인으로 다양한 개발자들과 같은 주제로 토의할 수 있다는 것도 좋은 장점중에 하나이다. 같은 오픈 소스 프로젝트에 참여하는 것은 같은 관심사를 가진 사람들의 모임이라고 볼 수 있기 때문에 많은 이야깃거리를 나눌 수 있고 배울 수 있는 사람들을 만날 수 있다.

오픈 소스 프로젝트는 또한 경력을 쌓게 해준다. 공개되어 있고 인정할 수 있는 경력사항을 만들어 주어, 해당 프로젝트를 진행하는 단체나 회사에서 채용이 되기도 한다. 그리고 오픈 소스 프로젝트는 다양한 개발자들이 모여 하나의 결과물을 만들어내는 과정이라, 논의를 통해 좋은 방향으로 나아갈 수 있도록 하는 규칙과 도구들을 경험할 수 있다. 이는 회사나 단체에 참여했을 때도 적용할 수 있는 좋은 경험이 될 것이다.

대부분의 회사들이나 학교, 단체에서 오픈 소스 프로젝트를 복제하고 다른 프로젝트와 조합을 하여 새로운 것을 만들어 내지만, 정작 가져다 사용한 오픈 소스 프로젝트의 내부와 업그레이드에 대해서는 많은 관심을 쏟지 않는다. 사실 오픈 소스 프로젝트에 참여하면, 해당 프로젝트에 사용하는 모듈의 품질이 좋아진다는 것은 자명한 사실이다. 꼼꼼히 분석하고 오픈 소스 프로젝트에 참여한다면, 개발자 자신의 역량 향상과 생산되는 프로그램의 품질 보장이라는 두 마리 토끼를 잡을 수 있을 것이다. 오픈 소스 프로젝트를 사용하는데만 그치지 말고, 조금씩 관심을 가지고 작은 부분에서 부터 기여할 수 있도록 하자.

마지막으로, 오픈 소스 프로젝트에 참여하는 것의 장점들 중에 가장 좋았던 것은 자기 주도적으로 판단하고 고민하고 방향을 결정하는 점이라고 필자는 생각한다. 어떤 부분에 대해 논의를 할지, 어떤 기능을 개발할지, 어떻게 하면 좋은 품질을 가질 수 있을지 스스로 생각하고 자신을 발전시킬 수 있는 것이 오픈 소스 프로젝트에 참여의 결실 중에 하나인 것이다.

찾아보기